U0746788

商周青銅器
銘文暨圖像集成

高明題

第一卷

續編

吳鎮烽 編著

鼎鬲甗簋

上海古籍出版社

圖書在版編目(CIP)數據

商周青銅器銘文暨圖像集成續編／吳鎮烽編著. —
上海：上海古籍出版社，2016.9(2025.3重印)
ISBN 978-7-5325-8064-4

Ⅰ.①商… Ⅱ.①吳… Ⅲ.①青銅器(考古)—金文
—商周時代—圖集 Ⅳ.①K877.32

中國版本圖書館 CIP 數據核字(2016)第 080684 號

責任編輯：顧莉丹
裝幀設計：嚴克勤
技術編輯：富　強

商周青銅器銘文暨圖像集成續編
(全四册)
吳鎮烽　編著
上海古籍出版社出版發行
(上海市閔行區號景路159弄1-5號A座5F　郵政編碼201101)
(1)網址：www.guji.com.cn
(2)E-mail：guji1@guji.com.cn
(3)易文網網址：www.ewen.co
上海世紀嘉晉數字信息技術有限公司印刷
開本787×1092　1/16　印張128.25　插頁20
2016年9月第1版　2025年3月第6次印刷
ISBN 978-7-5325-8064-4
K·2195　定價：1380.00 元
如有質量問題,請與承印公司聯繫

總 目 錄

前　言

　　《商周青銅器銘文暨圖像集成》（以下簡稱《銘圖》）2012 年出版後，廣受好評，並獲得當年全國優秀古籍圖書一等獎和第三屆（2013 年）中國出版政府獎提名獎。這套書出版後的三年間，筆者又收集到一批商周青銅器銘文，共 1509 件，其中未發表的公私藏品（主要是私家藏品）742 件，佔到總數的一半，今擬將這些資料彙編成冊，取名爲《商周青銅器銘文暨圖像集成續編》（以下簡稱《續編》），分爲四卷出版，以饗讀者。

　　《續編》中許多資料對上古史和古文字學研究具有很重要的價值。例如：曾侯諫器組、曾侯狀器組、曾侯宝器組、曾侯子器組、曾侯丙缶、曾侯與編鐘以及曾公子棄疾器組、曾子伯選器組、大曾文之孫叔齋器組（包括曾子叔齋匜、盤）、曾伯克父器組、曾公子叔浚簠等，都是新出現的西周早期到戰國時期曾國公室禮器銘文，爲曾國世系增加了五位曾侯。其中曾侯子是春秋早期一位曾侯，或以爲是曾侯的兒子，我以爲非也。曾侯子的“子”和曾侯乙的“乙”、曾侯丙的“丙”一樣，應該是曾侯的私名。曾侯乙是用天干的第二位“乙”作爲名字，曾侯丙是用天干的第三位“丙”作爲名字，而曾侯子則是用地支的第一位“子”作爲名字。所以，他是春秋早期的一位曾侯、曾國國君，而不是某一曾侯的兒子。

　　按照古代禮制，曾侯的長子應稱爲曾大子（也就是太子），次子以下均稱爲曾公子或曾子，如上面提到的曾公子叔浚、曾子伯選、曾子叔齋等。曾侯與編鐘的出土學術價值非常高，銘文中有“曾侯朕（與）曰：伯括上嘗，左右文武，達殷之命，撫定天下，王逝命南公，營宅汭土，君庇淮夷，臨有江夏”，説明南宮括是曾國的始封君，也稱南公，在汭這個地方建設封國的都邑。南宮括是周文王手下著名的“八士”之一。他曾大力協助文王、武王伐滅商紂，撫定天下，立下了很大的功勞。他一直在朝輔佐周王，就封曾國的可能是他的長子。葉家山曾國墓地出土的曾侯狀簋，銘文有“狀作烈考南公寶尊彝”，也説明南公是其父親。“汭土”就是今湖北隨棗走廊一帶。“君庇淮夷，臨有江夏”表明江漢地區統歸南公掌管，東南部的淮夷諸族，均在其管理之下。銘文中“吳恃有衆庶行亂，西征南伐，乃加於楚，荆邦既削，而天命將虞。有嚴曾侯，業業厥聖，親薄武功，楚命是靖，復定楚王"，當即文獻記載的公元前 506 年吳師入郢，楚昭王逃奔隨國之事。銘文記述了楚昭王復國時曾侯也曾起了重要作用。這段銘文也使我們瞭解到在周初開疆拓土，大規模封建諸侯時，把南公封於南土的曾，讓其鎮守南方，其重要性與召公封於燕鎮守北方，周公、太公封於魯、齊鎮守東方是一樣的，可見南公在周王朝的地位與周公、召公、太公等人相當，是國之重臣。這些重要史實都未見於史書記載，為研究西周史提供了珍貴的資料。

另外，"大曾文"的稱謂也是第一次出現。叔嗇自稱為"大曾文"之孫，在同坑出土的盤、匜銘文中又自稱為"曾子叔嗇"，有沒有可能這個"大曾文"就是曾伯文簠的"曾伯文"？我認為極有可能。之所以稱為曾伯文而不是曾侯文，是因為他在鑄簠之時尚未即位曾侯，亦未立為太子。從叔嗇的父親已是曾侯來看，曾子叔嗇的爺爺曾伯文也一定當過曾侯。他是叔嗇的祖父，故叔嗇尊稱他為"大曾文"。

《續編》收錄的遹尊，是一位香港收藏家從美國購回的商代晚期青銅器。該尊形制雖為三段式，但頸部特長，圈足較矮，腹部與圈足的界限比較明顯，但其粗細幾乎與頸部沒有多大區別，紋飾也起伏不大，特別是頸部的獸面蕉葉紋的底紋較淺，腹部和圈足的紋飾也平滑無棱角，沒有常見的高浮雕狀的挺拔高峻氣勢，但其腹部和圈足的紋飾構圖卻異乎尋常，不是三個單元而是兩個單元，形成了前後對稱和左右對稱。腹部前後各飾兩組獸面紋，每組獸面紋由兩個鼓睛咧嘴獠牙外露的獸面組成，上下重疊。上面的獸面體短角長，角呈乙字形曲折，與常見的蛇紋相似，下面的獸面寬綽，獸角上翹。上面兩組獸面紋之間增飾一個下卷角雙腿前抱的小獸，下部兩組獸面之間增飾一對勾喙立鳥，鳥爪相互套合，處於分範的縫隙上，這種現象在商周紋飾中極為少見。圈足飾相互對稱的兩組夔龍紋，獸面和夔龍均有臣字眼，是典型的商代晚期特徵。

尊內底鑄銘文 36 字，銘文是："辛未，婦隋（尊）匜（宜）才（在）鬲大（太）室，王鄉（饗）酉（酒），奏庸新匜（宜）欤（坎），才（在）六月，魶十冬（終）三朕（朕）。遹㛸（前），王賓（賞），用乍（作）父乙彝。大万（萬）。"

銘文中的"婦"常見於商代甲骨文，是指商王的配偶。《殷虛書契前編》（以下簡稱《前編》）8.12.3："戊辰卜，王貞：婦鼠冥（娩）余子？"《前編》1.25.3："己亥卜王，余弗其子婦姪子。"《殷虛文字甲編》668："辛丑，獻祀婦好。"該銘文中的"婦"同樣是指商王的配偶。從地位顯赫和時代近於殷末推測，該婦極有可能是殷紂王的寵妃妲己。

"隋"即尊，祭名。《戩壽堂所藏殷虛文字》26.3："辛亥卜，貞，其衣？翌日其祉，尊于室，其衣。"《鐵雲藏龜》1.6.7："癸丑卜，其尊豆告于唐牛。"均是其例。"尊"也有置酒、陳設之義。《儀禮·士冠禮》："側尊一甒，醴在服北。"鄭玄注："置酒曰尊。"胡培翬正義："置酒謂之尊，猶布席謂之筵，皆是陳設之名。"《逸周書·嘗麥》："宰坐，尊中于大正之前。"朱右曾校釋:"宰乃奠中于兩楹間。尊猶奠也。"給祖先神靈置酒敬奉肴羞,也就是祭祀。

"宜",亦祭名。《殷虚書契後編》上19.15有"共宜于妣辛,一牛"。《天亡簋》:"丁丑,王饗,大宜。"《禮記·王制》:"天子將出,類乎上帝,宜乎社,造乎禰。"鄭玄注:"類、宜、造,皆祭名,其禮亡。"《尚書·泰誓》:"宜于冢土。"傳:"祭社曰宜。冢土,社也。"宜,也可解作酒肴。《爾雅·釋言》:"宜,肴也。"《詩·鄭風·女曰雞鳴》:"弋言加之,與子宜之。"毛傳:"宜,肴也。"給祖先神靈敬奉酒肴,亦祭祀也。

尊、宜作爲祭名,可以分用,也可以連用,如《万兆方彝》(亦名康方彝、戍鈴方彝)"戍鈴尊宜于酈(召)",《令簋》"作册矢令尊宜于王姜"等。"作册矢令尊宜于王姜"是用於活人的,因爲王姜此時還在世。此處的"尊"則解作敬奉,"宜"則解作酒肴。"尊宜于王姜"就是給王姜敬奉酒肴。另外,還可以在尊、宜二者之間加上祭祀對象。如《四祀邲其卣》的"尊文武帝乙宜",可以翻譯爲"置酒肴以祭祀文武帝乙"。

"酈",地名,亦作酈、酈、酈、酈,見於商代晚期的宰椃角、戍嗣子鼎、敄方鼎,西周早期的利簋、酈監引鼎等,是商代晚期到周初的重要城邑,商王在此建有太廟太室,常常在此舉行祭祀活動。《金文編》以爲此字是"闌"字之繁,有人認爲闌在殷墟附近,也有人認爲在殷之別都朝歌(今河南淇縣)附近。于省吾先生認爲"酈"即管蔡之"管",管叔所封之地,在鄭州管縣,即今鄭州市西北。雷晉豪先生在其《金文中的"酈"地及其軍事地理新探》中,同意于先生讀酈爲"管",但他認爲該地不是漢代的管縣,而是戰國時期的趙顯侯所都之中牟,在今河南鶴壁市淇濱區大河澗鄉。《周書·大匡》及《文政》均言武王克殷以後在管。該句銘文是說:商王后妃在酈地的太室舉行祭祀。

"王鄉(饗)酉(酒)",即王饗酒。商王以酒醴宴饗參加祭祀的臣卿。從尊的時代特徵近於殷末推測,該王極有可能就是殷紂王。

"奏庸新圉歟",即奏庸新宜坎。奏,演奏。庸,今作"鏞",過去均解釋爲大鐘。《詩·商頌·那》:"庸鼓有斁,萬舞有奕。"毛傳:"大鐘曰庸,斁斁然盛也。"其實,從出土的實物來看,在商代庸就是大鐃。卜辭中"其帛(置)庸壴(鼓)于既卯"(《甲骨文合集》30693,以下簡稱《合集》)和"庸壴(鼓)其罘(逮)熹壴(鼓)尊"(《合集》31017)就說明這一點。陳夢家先生在《西周銅器斷代》中就把商代的大鐃稱爲"鏞"。裘錫圭先生在《甲骨文中的幾種樂器名稱》一文中也認爲商代卜辭裏所說的庸,就是一般稱爲大鐃的樂器。"鐃"的放置是口向上甬向下,甬端植於座中。"植於座中"就是"置庸"。卜辭中的"其置庸鼓于既卯"就是把鐃和鼓放置在鐃座和鼓座上。

多枚鐃組成一套便稱爲編鐃。小型編鐃比較常見,一般由三枚組成一套,婦好墓曾出土一套編鐃爲五枚。到了西周,鐃就演變成爲鐘,周代及其以後所說的庸,也就是大鐘了。本銘中的奏庸,就是演奏鐃樂。卜辭中也有"奏庸"、"庸奏"和"作庸",

都是演奏鐃樂。如:《合集》31023"其奏庸,□美,又(有)正",《合集》31014"叀庸奏,又(有)正",《合集》31018"万其籹(作)庸,屮叀☑",《合集》30270"于翌日,壬酉籹(作)庸,不菁(遘)大鳳(風)"。周初的天亡簋也有"不(丕)顯王乍(作)眚,不(丕)緐(肆)王乍(作)庸"之句。裘錫圭先生認爲"乍眚"即"作笙",演奏笙樂;"乍庸"即"作鏞",演奏鏞樂。

"新宜坎"當爲樂曲名。《逸周書·世俘》:"癸酉,薦殷俘王士百人。籥人造,王矢琰,秉黄鉞,執戈。王奏庸大享一終,王拜手稽首。王定,奏其大享三終。甲寅,謁戎殷于牧野,王佩赤白旂,籥人奏《武》。王入,進《萬》,獻《明明》三終。乙卯,籥人奏《崇禹生開》三鍾終,王定。"《國語·魯語下》:"夫先樂金奏《肆夏》'樊'、'遏'、'渠',天子所以饗元侯也。"韋昭注:"金奏,以鐘奏樂也;肆夏一名樊,韶夏一名遏,納夏一名渠,此三夏曲也。""新宜坎"與"大享"、"明明"、"崇禹生啟"、"武"、"萬"、"樊"、"遏"、"渠"所處的詞位相當,應該就是樂曲名。它是一個樂曲名呢?抑或是兩個、三個樂曲名,如"新宜"、"坎",或者是"新"、"宜"、"坎"?是否也可以理解爲新的"宜坎"樂曲,都是有可能的。

古代樂舞是聯繫在一起的,奏庸樂,必然要跳庸舞。《合集》12839就有"□雨,庸無(舞)☑"的記載,庸舞就是邊奏庸邊跳舞。文獻記載的商代著名樂舞有"大濩"、"桑林"。殷墟卜辭就有不少關於"大濩"的記載,如《前編》1.3.5:"乙亥卜,貞,王賓大乙濩,無尤。"羅振玉云:"濩,謂祭用大濩之樂也。"(《殷墟書契考釋》上十一)《前編》7.32.4:"□□卜,貞,翌日洒隻,日月歲,一月。"郭沫若云:"隻字殆假爲濩,用濩樂助祭也。"(《卜辭通纂》316)大濩樂舞是表現商湯滅夏的公德,故用它來祭祀以示尊祖不忘。此樂與"大濩"和"桑林"有無關係,因資料有限,目前尚不清楚。

"䌛十冬三朕(朕)",䌛讀爲由。經由,經過。《廣韻·尤韻》:"由,經也。"《論語·爲政》:"視其所以,觀其所由,察其所安。"何晏注:"由,經也。"《孫子·九變》:"塗有所不由,軍有所不擊。"由又有"爲"、"從事"之義。《墨子·非命中》:"子墨子言曰:凡出言談,由文學之爲道也,則不可而先立義法。"孫詒讓《閒詁》:"由、爲義相近。下篇云:'今天下之君子之爲文學出言談也。'"

"冬",即終。在古代,奏畢一章之樂謂之一終,如《儀禮·大射禮》:"小樂正立于西階東。乃歌《鹿鳴》三終。"《儀禮·鄉射禮》:"歌《騶虞》若《采蘋》,皆五終,射無筭。"《禮記·鄉飲酒義》:"工入,升歌三終。"孔穎達疏:"謂升堂歌《鹿鳴》、《四牡》、《皇皇者華》,每一篇而一終也。"《逸周書·世俘解》:"王不革服,格于廟,秉語治庶國,籥人九終。"

"朕"通"成","朕"是侵部定紐,"成"是耕部禪紐,耕侵通轉,定禪旁紐。若此,則"三朕"即"三成"。《儀禮·燕禮》"大師告于樂正曰正歌備",鄭玄注:"正歌者,升歌及笙各三終,間歌三終,合樂三終爲一備。備亦成也。"合樂三終就是歌唱與樂器演奏同時進行。這就是説每一章樂曲爲一終，一備（一個組合）樂曲稱爲"成"，也就是説演奏完一組樂曲稱爲一成，演奏三組樂曲即爲三成，當然一組樂曲演奏三遍也可以稱爲三成。《禮記·樂記》："且夫《武》，始而北出，再成而滅商，三成而南。"鄭玄注："成，猶奏也。每奏《武》曲一終爲一成。"若此，則"由十終三朕"可解釋爲演奏了十首樂曲，反覆演奏了三遍。

邁，作器者，其身份是大万，万人之長，是這場奏庸樂舞的主要擔當者和指揮者。"前"即前，前引，引導。《儀禮·特牲饋食禮》："尸謖祝前，主人降。"鄭玄注："前，猶導也。"《詩·邶風·簡兮》有"簡兮簡兮，方將萬舞，日之方中，在前上處"，此"邁前"與《簡兮》的"在前上處"相當，是説邁排列在舞蹈隊列的前面，擔任前導。

大万，裘錫圭先生認爲是万人之長。万是商代從事樂舞的一種人，稱爲万人。《合集》3028"貞：更万吳令，十三月"中的万吳，《万佼鼎》"万佼作尊，大万"中的万佼。其中的"吳"、"佼"，以及《万犰方彝》中的"犰"都是万人的私名，"万"是其職業。

銘文大意是：某年六月辛未，商王的后妃在寓地的太室用宜祭祭祀祖先，商王舉行隆重的酒宴，期間演奏新宜坎樂章，一共演奏了十章樂曲，演奏了三遍，大万邁擔任前奏有功，王給予了賞賜，於是鑄造了先父宗廟的祭器以爲紀念。

《禮記·郊特牲》云："殷人尚聲，臭味未成，滌蕩其聲，樂三闋，然後出迎牲。聲音之號，所以詔告於天地之間也。"邁尊正是記載商人在祭祀祖先的儀式中演奏大鐃樂曲的實録，銘文反映了商人與周人的部族崇尚不同。周人尚嗅，殷人尚聲。周人在祭祀祖先時，往往用祼鬯或焚香（用艾蒿與黍稷一起燃燒）來讓鬯酒、艾蒿與黍稷犧牲的馨香氣味通達天地之間，使神靈嗅聞之，以招迎祖先神靈。殷人在祭祀中則崇尚以音樂方式來達到溝通人與鬼神的目的，所以祭祀中樂舞是重要的儀典之一。因此，深入地研究邁尊銘文對於研究商代祭祀禮儀和樂舞有着重要的意義。

《續編》收録的太保都鼎，銘文是："大（太）保都乍（作）專姬寶隣（尊）彝。"太保家族是周之支族，與周同姓姬氏，第一代太保名奭，食邑於召，稱召公，周武王滅商以後封於燕，以元子就封而次子留在周室世襲太保之職，世代爲召公。這位太保爲專姬作器，專姬也是姬姓，説明專姬可能是太保都的姊妹或者姑母。《集成》10054曾著録過一件太保鄹盤，將太保的名字隸定爲"鄹"，由太保都鼎得知，該盤中所謂的"鄹"應該就是"都"字，故應改名爲"太保都盤"。太保都鼎口呈桃圓形，窄沿尖唇，深腹圓底，口沿上有一對扭索狀立耳，三條柱足。頸部飾雲雷紋襯底的獸面紋，獸角呈曲蛇形；太保都盤直口深腹，平折沿，無耳，高圈足。盤壁和圈足均飾一周連珠紋和三列雲雷紋組成的列旗脊獸面紋帶。兩件器物的時代都在西周早期，最晚不能晚於康王，斷定在康王晚期最爲合適。所以他應是召公奭的次子，即第二代太保。

《續編》收録的西周中期青銅器，重要的有戚簋、衍簋和一對槐簋，還有懋尊、懋卣，都是重要的新資料。

懋尊、懋卣爲一組器物,兩器所表現的造型和紋飾風格一致,銘文相同。銘文是:"隹(唯)六月既望(望)丁子(巳),穆王才(在)奠(鄭),蔑懋曆(曆),易(賜)犬(緄)帶。懋拝(拜)頡(稽)首,敢(敢)對揚(揚)天子休,用乍(作)文考日丁寶隣(尊)彝。"

　　銘文記載,在某年的六月既望丁巳日,周穆王在鄭地勉勵懋,並賜予一條緄帶。懋行跪拜大禮,稱揚穆王的賜命,於是鑄造了祭祀父親日丁的禮器。

　　銘文雖很簡單,但反映的問題很重要。

　　1. 首先是懋尊、懋卣的時代問題。銘文記穆王在鄭,賞賜給懋緄帶,事情發生在穆王在世之時,這就確定了它的時代不能早於穆王。按照"穆王"係諡號説,鑄器肯定在穆王過世之後,那就是恭王時期。另根據器形和紋飾表現出來的早期特徵,所以只能在恭王初年,不能再晚。

　　2. 懋尊是大口筒狀三段式,通體有四道扉棱,屬於張長壽、陳公柔、王世民《西周青銅器主要類型分期圖譜》的Ⅰ型1式。這種形制的尊最早出現在商代晚期,流行於西周武、成、康時期,如商代晚期的亞辈父辛尊、衛簋父辛尊和西周早期的亞其疑尊、商尊等。

　　懋卣屬於《分期圖譜》的Ⅱ型1式b,扁圓體罐形卣,橫截面呈橢圓形,斂口鼓腹,蓋沿下折作束腰形,花苞形鈕,提梁兩端有圓雕獸頭,通體有四道扉棱。這類卣也產生於商代晚期,主要流行於商代晚期到西周早期前段,如商代晚期的亞址卣、户卣和西周早期的商卣、冉业父丁卣。其造型特徵變化並不大,所裝飾的鳥紋也大同小異。只是銘文字體呈現了西周昭、穆時期的特點。

　　如果没有"穆王在鄭"之語,我們會很自然地將它們斷定爲西周早期之物,現有銘文作證,可知這種形制的尊、卣的時代可以晚到穆王時期,以至於到了恭王初年。這就爲我們認識《分期圖譜》的Ⅰ型1式尊和Ⅱ型1式b卣的形制,以及《鳥紋圖譜》中的Ⅰ型7式173小鳥紋、Ⅲ型3式332長尾鳥紋,下限可延續到恭王時期提供了有力的證據。這兩件新的恭王時期尊、卣的標準器,對於今後青銅器斷代中穆、恭時期青銅器特徵有了新的認識。

　　3. 懋尊、懋卣銘文的"穆王在鄭",以及新近發現的兩件旂簋銘文的"王格鄭宫",進一步印證了《古本竹書紀年》"穆王以下都於西鄭"和"穆王所居鄭宫、春宫"記載的真實性。

　　4. 懋尊、懋卣出現的"帶"字原始構形"茶",爲"帶"字的確釋提供了有力的證據,對研究西周賞賜制度有重要的意義。銘文中的"緄帶"是色絲編織成的束帶,是大帶的一種。另外,害簋記載周王賜給害的"貴朱帶",是華美紋飾的朱紅色大帶,都説明了上古禮服中帶類是很講究的,是賞賜臣下的重要物品。

　　衍簋和一對槐簋,均爲西周中期後段之物。二者形制、紋飾完全相同,尺寸大小、皮殼銹色也十分接近,傳出晉南,有可能是同一墓地出土。其形制爲斂口鼓腹,一對衡環獸首耳,一環失落,矮圈足連鑄三條尾上卷的獸面扁足,蓋面呈弧形隆起,上有圈狀捉手。蓋沿和器口沿均飾以雲雷紋填底的竊曲紋,蓋上和器腹均飾瓦溝紋。二者銘文內容相關聯,所任官職相同,氏稱一致,極有可能是同一家族之人。

衍簋,通高22.3、口徑18.1、兩耳間距26.8釐米,內底鑄銘文81字,銘文是:"隹(唯)三月初吉戊寅,王才(在)宗周,各(格)于大(太)室,燓(榮)白(伯)內(入)右衍,王命女(汝)曰:'死(尸)嗣(司)王家,易(錫)女(汝)同(絅)衣、赤舃、幽黃(衡)、鑾鍏(勒),易(錫)女(汝)田于盍、于小水。'衍頴(稽)首,叔(敢)對剴(揚)天子不(丕)顯休,用乍(作)朕(朕)文考奠(鄭)丼(邢)季寶段(簋),子=(子子)孫=(孫孫)寽(其)禼(萬)年永寶用,趙(遣)姑罘乍(作)。"

衍簋記載某年三月初吉的戊寅日,周王在宗周太室,册命衍主管王室事務,並賜給禪衣、赤紅色的朝靴、暗黑色繫帶和飾有青銅配件的馬轡。衍為了感謝周王的恩惠,就和夫人遣姑一起鑄造了祭祀過世父親鄭邢季的寶簋。

槐簋,通高22、口徑18.2、兩耳相距26.5釐米,也是內底鑄銘文,共76字,銘文是:"隹(唯)正月初吉丁亥,王才(在)宗周,各(格)于大(太)室,卿(卿)事內(入)右槐(槐),命乍(作)典(册)尹册命槐(槐)曰:'易(錫)女(汝)幽黃(衡)、鑾鍏(勒),用死(尸)嗣(司)王家。'槐(槐)揲(拜)頴(稽)首,叔(敢)對剴(揚)天子不(丕)顯休,用乍(作)朕(朕)皇且(祖)文考寶段(簋),用追孝百神,寽(其)子=(子子)孫=(孫孫)永寶用。奠(鄭)丼(邢)槐(槐)。"

槐簋銘文記載某年正月初吉的丁亥日,周王在成周太室,册命槐掌管王室事務,並賜給暗黑色繫帶和青銅馬轡。槐就鑄造了這件寶簋,既感謝周王的恩惠,也用以祭祀過世的祖父和父親。

另外,臺北故宮博物院收藏一件康鼎,銘文是:"唯三月初吉甲戌,王才(在)康宮,燓(榮)白(伯)內(入)右康,王命死(尸)嗣(司)王家,命女(汝)幽黃(衡)、鑾革(勒),康揲(拜)頴(稽)首,叔(敢)對剴(揚)天子不(丕)顯休,用乍(作)朕(朕)文考釐白(伯)寶隣(尊)鼎,子=(子子)孫=(孫孫)寽(其)萬年永寶用。奠(鄭)丼(邢)。"

康鼎銘文記述某年三月初吉甲戌,由榮伯擔任右者,周王在康宮册命康"尸司王家",即管理王室事務,並賜給暗黑色繫帶和青銅馬轡。康行叩頭大禮,感謝周王的恩惠,鑄造了祭祀過世父親釐伯的尊簋。

衍簋稱其父親為"鄭丼(邢)季",槐簋和康鼎銘末又都署有"鄭丼(邢)",說明衍、槐和康是同一氏族人。從形制、紋飾以及銘文分析,兩簋的形制與西周青銅器分期圖譜Ⅳ 3 式簋的形制、紋飾完全相同,都是西周中期後段典型的獸首衡環耳的圈三足式。鼎的形制與圖譜的Ⅴ4 式所列舉的晉侯鼎比較接近,深圜底,三足呈現柱足向蹄足過渡的形式,所不同的是康鼎係立耳,晉侯鼎係附耳而已。從紋飾方面看,三器完全相同,都是雲雷紋襯底的竊曲紋。銘文內容也有相同之處,周王册命衍、康、槐三人掌管的執事都是"尸司王家",且衍和康在接受册命時都是榮伯擔任右者,三器的銘文書體也比較相似,就連"勒"字構形,衍簋和槐簋也完全一樣,這在其他青銅器銘文中尚未見到,絶對不是一種偶然現象,這説明三器的時代都處在西周中期後段這個大的時段内;同時可以確定三人乃同一家族之人,但三人是兄弟還是祖孫三代關係,尚不清楚。

在西周,兄弟幾人同時在王朝任職是有例證的,如伯獄簋(《銘圖》05315)中的伯獄和衛簋(《銘圖》05368)中的衛是兄弟倆,大體同時在王朝任職,伯獄的上司是周師,衛的上司是仲侃父。但未見弟兄幾人同時掌管同一事務的現象,所以弟兄三人怎麼會都是"尸司王家"呢?商周時期有世官制度,若是祖孫三代,同司一職是完全符合制度的,但從形制、紋飾和銘文字體等方面,怎麼也看不出它們之間有大的時代差異來,銘文内容也没有積極的信息可以證明,他們之間的關係只能依靠現有資料來推斷。衍簋銘文記載周王在册命他"尸司王家"之後,賜給他"田于盍、于小水"應該就是賜給衍的采地,可能就是鄭邢衍這一分支的初封,其時代定在懿王世。康鼎記載康接受册命時,與衍接受册命時一樣,都是榮伯擔任右者,其時代與之相去不遠,所以他有可能是衍的兒子,定爲孝王世比較合適,則康鼎的"文考釐伯"就是衍。如此,槐的生世當在夷王世了。以上推斷是否合乎實際,有待今後出現新的資料來驗證。

戚簋也是新近出現的一件西周時期重要青銅器。通高 14.2、口徑 21.2、腹深 13、兩耳相距 33.7 釐米。口微斂,有子口,下腹外鼓,蓋面隆起,沿下折,頂部有圈狀捉手,腹部有一對獸首耳,下有方垂珥,圈足沿外撇,其下連鑄三個象鼻獸面小足。蓋沿和器口沿之下飾竊曲紋,以雲雷紋襯底,蓋面和器腹飾瓦溝紋。蓋、器對銘,各 70 字(其中重文 2)。銘文是:"隹(唯)王正月初吉庚寅,王才(在)成周大(太)室,單白(伯)内(入)右戚,散(微)史册命戚,王曰:'易(錫)女(汝)赤市(韍)、朱亢(衡)、攸(鋚)勒,用官嗣(司)霝(霍)駛(駛-使),用楚(胥)乃長。'戚捧(拜)手頴(稽)首,魝(對)毁(揚)王休,用乍(作)朕(朕)文考宯(憲)白(伯)寶段(簋),才(其)子=(子子)孫=(孫孫)永寶用宮(享)。"

從形制、紋飾、銘文内容和字體風格看應在西周中期。在已知的西周青銅器中,它和西周中期後段我簋的形制、紋飾、銘文書體都十分相似。銘文中出現的單伯是恭、懿時期的執政大臣,見於裘衛盉和揚簋。裘衛盉被公認是恭王時期的作品。揚簋的形制是典型的西周中期後段流行的弇口圈三足簋,圈足下都是卷鼻形獸面小足,紋飾爲竊曲紋帶和瓦溝紋,特別是銘文字體與戚簋如出一人之手。同時,周王册命揚和册命戚都是單伯擔任儐相。陳夢家的斷代體系中將揚簋歸入懿王時期,再結合到兩簋所裝飾的竊曲紋出現在懿王時期,瓦溝紋流行於西周中期後段到西周晚期的情況,把戚簋和揚簋的時代定在懿王世是比較合適的。揚簋銘文記載揚的父親是"烈考憲伯",戚的父親是"文考憲伯",可以確定揚與戚爲兄弟關係,都是憲伯的兒子。

戚簋銘文中記載周王任命戚"官嗣霍駛",首次見於金文,"霍駛"也未見諸史書。

"霍"即"霍",疾速之義。《玉篇·雨部》:"霍,鳥飛急疾皃也。"引申爲疾速、急速。漢司馬相如《大人賦》:"煥然霧除,霍然雲消。"

"霍"字之後一字應爲"駛"字。該字的寫法有些特殊,左邊從"馬"十分清楚,右邊所從的"吏"字中間一豎不通過"口"字,其下所從的"又"與上部分離。這種結構與伯晨鼎、師旂鼎、弭伯簋的"吏"字基本相同,故可斷定爲"駛"。"駛"也有疾速之義,《說文新附·馬部》:"駛,疾也。從馬吏聲。"《龍龕手鑑·馬部》"駛"同"駛",亦通"使"。"霍使"就是疾使、速使的意思,疾速傳達王命或傳遞文書的使臣。

"用楚乃長"。"楚"讀爲"胥"。胥有輔助之義。《爾雅·釋詁》:"胥,相也。"《方言》:"胥,輔也。"《廣雅·釋詁二》:"胥,助也。""用楚乃長"是說協助你的長官履行職責,說明周王冊命戚的職責是掌管霍駛,而不是擔任霍駛。

"霍駛"有可能是西周時期傳驛的一個分支機構,設有數員或數十員,並設有長官統領,戚是其副職。

傳驛,又稱傳遽,商代已有之,商代甲骨文中的"遷"字,于省吾先生考證爲古代的"駟"字,爲傳車驛馬之名。卜辭《后》下7.13的"傳氏盂伯",洹子孟姜壺的"齊侯命大子乘遽來句宗伯",都是商周時期設有傳驛的佐證。《周禮·秋官》載:"行夫掌邦國傳遽之小事,美惡而無禮者。凡其使也,必以旌節,雖道有難而不時,必達。"鄭玄注:"傳遽,若今時乘傳騎驛而使者也。美,福慶也;惡,喪荒也;此事之小者無禮,行夫主使之。道有難,謂遭疾病他故,不以時至也,必達王命,不可廢也。"孫詒讓說:"傳遽謂乘輕車傳達王命或報告消息。"《周禮·秋官》又載:"行夫,下士,三十二人。"可以看出行夫是一種低級的信使,其級別只是下士,是周王朝設置的,以禮儀爲主,前往諸侯國傳達有關福慶或喪荒等事,其上司爲大司寇。

"霍駛"應與"行夫"有所區別,它是傳達緊急王命或文書的專設機構,當與唐宋時期的急遞、駛卒之類的性質相近。《夢溪筆談·官政一》說:"驛傳舊有三等,曰步遞、馬遞、急腳遞。急腳遞最遽,日行四百里,唯軍興則用之。"《韓非子·外儲說》記載西周初年封太公望於齊。太公望到了營丘(臨淄)要殺兩位不服統治的"賢士",周公在魯國聞訊,覺得殺了他們影響太大,就乘"急傳"赴齊加以阻止。"急傳"一般是信使乘坐輕車疾馳傳達命令或傳送文書,此因事關重大,差信使恐不能阻止太公望,所以周公便親自乘"急傳"前往。在周代,諸侯國的職官和各種機構的設置大都參照中央王朝,這種"急傳"就是類似"霍駛"的一種傳遞緊急命令、消息或文書的設置。

在西周冊命銘文中"右者"(擯相)與受命者職務之間有一定的統屬關係,"右者"往往是受命者的上級長官,受命者往往是"右者"的下級屬吏。如《呂服余盤》的"備仲入右呂服余,王曰:服余,令汝更乃祖考事,胥備仲司六師服"。從上述周王冊命戚是單伯擔任"右者"來看，戚應當爲司徒單伯的僚屬，協助單伯管理霍駛。由此看來，西周時期的霍駛是由司徒掌管的，與行夫由大司馬掌管有所不同。

"霍駛"的發現很重要，它爲研究西周職官制度和傳驛制度提供了重要的資料。

《續編》收錄的晉公盤，是一件很重要的春秋中期之初的銘文，它和傳世的著名晉公盞同爲晉公嫁女的媵器。晉公盞在主要的金文著錄書中均有收錄，郭沫若、楊樹達、唐蘭、李學勤、謝明文諸位先生都做了很好的研究，有許多精闢的見解。但由於盞銘有兩處老補丁，許多關鍵字漫漶不清，致使各家説法不一，尤其作器者是哪位晉公，至今沒有讓人信服的結論。晉公盤的發現甚爲重要，有助於搞清上述許多問題。

該盤通高 11.7、口徑 40、兩耳相距 45 釐米。淺腹平底，窄平沿外折，腹側有一對附耳，耳內側有一對橫梁與盤沿相連，耳飾重環紋，盤底的邊緣設置三個圓雕裸體人形支足。裸人雙膝跪地，雙臂向後背負着盤體。盤內壁飾四條浮雕魚紋，外壁飾無目竊曲紋；內底中央飾一對浮雕龍，相互盤繞成圓形；雙龍的中心有一隻立體水鳥，雙龍之外有四隻立體水鳥和四隻浮雕烏龜，水鳥與烏龜相間；再向外有四隻圓雕跳躍青蛙和四條游魚，青蛙與游魚相間；最外圈有四隻蹲姿青蛙、三隻浮雕游泳青蛙和四隻圓雕爬行烏龜，青蛙、烏龜相互間隔。這些圓雕動物都能在原處 360 度轉動，鳥嘴可以啓閉，栩栩如生，頗富情趣。

該盤的造型、裝飾與上海博物館收藏的太師盤（又稱子仲姜盤）有諸多相似之處，盤腹較淺，兩個附耳甚高，並且切近盤沿，盤腹裝飾無目竊曲紋，內底裝飾浮雕、圓雕的游魚、青蛙、水鳥和烏龜，立體的均可轉動，只是太師盤壁裝飾有兩條圓雕攀緣曲角龍，晉公盤則沒有，太師盤圈足下是三隻圓雕卷尾虎，晉公盤圈足下是三個圓雕裸體踞坐人。從二者所表現的特徵看，其時代爲春秋中期偏早之物。

晉公盤銘文與晉公盞基本相同，但繩子往往從細處斷，晉公盤也有一個補丁，恰巧也在晉公盞缺字之處，幸好有所錯位，兩銘可互相校補，使許多關鍵問題得以解決。盤內壁刻銘文七處，每處三行，共 180 字左右，銘文如下："隹（唯）王正月初吉丁亥，䣈（晉）公曰：'我皇且（祖）䣈（唐）公瘫（膺）受大命，左右武王，散（殷－教）戜（畏－威）百繇（蠻），廣闊（闢）三（四）方，至于不（丕）廷，莫 [不] 秉（?）㷉。王命䣈（唐）公，建庀（宅）京自（師），君百虘乍（作）邦。我剌（烈）考憲公，克口㲋獻，彊武魯宿，龗（靈－令）名不口，號₌（赫赫）才 [上]，台（以）厥（嚴）稾（寅）䦎（恭）天命，台（以）䜌（乂）朕（朕）身，孔靜䣈（晉）邦。'公曰：'余隹（唯）今小子，叙（敢）帥井（型）先王，秉德龡（秩） [秩]，哲（協）燮萬邦，諒（哀） [哀] 莫不日頔（卑）龏（恭），余咸畜胤（俊）士，乍（作）馮（朋）左右，保辥（乂）王國，剌㒷龕厥，台（以）厥（嚴）號若否。乍（作）元女孟姬宗彝般（盤），䊪（將）廣啓邦，虔䦎（恭）盟（盟）祀，卲（昭）倉（答）皇卿（卿），哲（協）剝（順）百莃（職）。隹（唯）今小子，謷（敕）辥（乂）爾家，宗婦楚邦，烏（於）屈（昭）萬年，䣈（晉）邦隹（唯）翰（翰），永康（康）寶。'"

商周青銅器銘文暨圖像集成續編

晉公盤的發現甚爲重要，它不僅解決了晉公盦銘文中許多因漫漶不清而聚訟紛紜的詞語釋讀問題，更重要的是明確了作器晉公的身份及其時代背景。

唐蘭、郭沫若、楊樹達諸先生依據盦銘中有晉公自稱"余雒今小子"認爲"雒"當讀爲"午"，史書記載晉定公名"午"，故認爲作器者就是晉定公。李學勤先生將"余雒今小子"改釋爲"余蜼(唯)今小子"(烽案：其字確爲"雒"，但應從張政烺先生讀爲"唯")，認爲"蜼"讀爲"唯"，不是人名，否定了定公説，並提出平公説。依據《左傳》昭公四年記載，即位不久的楚靈王派椒舉到晉國，表示願與諸侯結歡，同時請婚於晉，晉平公許之。次年，晉平公親自送女出嫁楚國。於是定此晉公爲晉平公彪。作器年代是晉平公二十一年(前537年)。

晉公盦銘文在"我剌(烈)考"之後幾個關鍵字漫漶，所以鑄器的晉公成了懸案。盤銘則明確是"我剌(烈)考憲公"，爲解決這一問題提供了重要依據。文獻記載晉國沒有憲公，而有獻公。憲公即獻公，"獻"、"憲"均爲元部曉紐，雙聲疊韻，故相通假。《隸釋·咸陽靈臺碑》"驛憲鮋漁"，洪适釋："憲當讀爲獻。"《四庫全書》所收《逸周書·謚法解》云："博聞多能曰獻。聰明叡哲曰獻。"《史記正義·謚法解》和《汲冢周書周公謚法解》(晉孔晁注)均作"博聞多能曰憲"。

晉獻公，晉武公之子，名詭諸。晉武公本爲曲沃武公，其祖上是晉文侯(姬仇)的弟弟成師，晉昭侯元年(前745年)封其叔父成師於曲沃，稱爲桓叔，勢力强大，民心歸附，其城邑比晉國國都翼城還大，一直謀求取代晉國君位，歷經莊伯和武公，幾經失敗，到晉侯湣二十八年(前679年，也就是武公三十七年)終於滅掉翼城晉國。兩晉複合爲一，並將次年改爲三十八年，遷入翼城，第二年去世，其子詭諸繼位，是爲晉獻公。晉獻公在位26年，卒於魯僖公九年(前651年)，時處春秋早期之末。因此，嫁女作器的晉公應該是晉獻公之子惠公夷吾或者文公重耳。

惠公夷吾是文公重耳的異母弟，在獻公末年立儲的變亂中逃到梁國，獻公死後，依靠秦、齊的勢力回國繼位。據史書記載看，在位的十四年中，主要安定國内、處理周王室的變亂以及與秦國的關係。這時，楚國國力還不是很强盛，晉國與楚國既未結盟，來往亦少，也沒有發生過大的衝突。晉、楚聯姻沒有政治上的需求。況且，惠公即位時不過十七、八歲，死時也就三十二、三歲，不可能有成年女兒出嫁。所以，惠公夷吾嫁女於楚王的可能性較小。

我認爲此晉公極有可能是晉文公重耳。銘文中晉公自述"秉德秩秩，協燮萬邦，哀哀莫不日卑恭，余咸畜俊士，作朋左右，保乂王國，刺糞畾屃，以嚴龏若否"的話語，都與晉文公重耳一生的作爲相合。文公重耳精明能幹，十七歲時就有賢士趙衰、狐偃咎犯(其舅父子犯)、賈佗、先軫和魏武子等五人。獻公二十二年(前655年)因驪姬陷害，文公被追殺，於是逃到他的母國——狄國，跟隨他的有十多位賢士，後來都是治國的棟梁。狄國把討伐咎如所獲的叔隗嫁給他，生伯鯈、叔劉。在狄五年，晉獻公去世。有人就勸他回國繼位,他認爲父親去世,若不能守喪且貪戀君位,恐起禍端,於是謝絕了。其弟夷吾繼位後又派人追殺,於是離開狄國,流亡齊國五年,後經曹、宋、衛、鄭,到達楚國,並受到楚成王盛情接待,在楚住了幾個月,後受秦邀請離楚赴秦。惠公於其在位十四年(前637年)九月去世。十二月,秦穆公派兵送重耳回國,即位晉侯,這時重耳出國逃亡十九年,時年三十六歲。他的一生兩次被追殺,顛沛流離,最終又得到君位,勵精圖治,施展抱負,成爲春秋五霸之一。

在楚國,楚成王以相當於諸侯的禮節接待文公,臨走時又以厚禮相贈。楚成王曾説:"子即反國,何以報寡人?"重耳説:"羽毛齒角玉帛,君王所餘,未知所以報。"成王説:"雖然,何以報不穀?"故而極有可能重耳爲了報答楚成王的盛情接待,並希冀獲得楚國的支持,便在即位後的前幾年將女兒嫁給楚成王。再後就不可能了,因爲晉國在重耳的主持下逐漸興盛起來,並與秦、齊等大國結盟,於魯僖公二十八年(前632年)四月,會同齊師、秦師與楚人戰於城濮,楚師敗績。晉國此時强盛,成爲霸主,晉、楚從此交惡。

《續編》還收録了十九年相邦瘠戈,是一件值得探討的器物。該戈2007年出土於西安市未央區譚家村香客林小鎮戰國墓,是考古發掘品。戈呈直援上揚,前部略顯肥大,後部較窄,中脊凸起,胡很長,闌側有三長穿一小穿,胡的中部有一個波狀子刺,將胡分成兩個弧形刃,銘文是:"十九年,相邦瘠,攻(工)室屖,左乍(作)攻(工)暲,朕(冶)牟(觸)散(造)。"澳門蕭春源的珍秦齋也收藏有一件形制相同的戈(見《銘圖》32卷340頁),銘文是:"十七年,相邦瘠,攻(工)室復,右卲(冶)克散(造)。"兩件戈形制基本相同,銘文中監造官都是相邦瘠,製造時間僅相隔一年,主持製造者爲工室負責人("左作工"當爲工師之類),鑄造者是"冶",且將鑄器稱爲"造"。

這兩件戈具有多國特點,但也與目前見到的各國兵器銘文有許多不同之處。首先從形制上看,它們是典型的戰國晚期燕式戈,銘文中"工"字寫作"攻",也見於燕國兵器,如燕王詈戈的"右攻(工)君(尹)其"、"攻(工)眾"等,但其銘文格式、銘文字體卻與燕戈不同。這兩件戈的字體狹長有美術意味,類似於戰國晚期魏國的十九年亡智鼎、廿七年趙亡智鼎、寧缶、虘令周奴鼎等,與中山王三器的字體也有相似之處。監造官爲相邦,常見於秦、趙兵器。工室的設置不見於其他國家,而只見於秦國,是手工業機構,但鑄造者稱"冶"卻不是秦國工匠的稱謂,秦國稱"工"不稱"冶"。秦國兵器銘文中使用"造"字,一般是放在監造者之後,如相邦冉造、相邦吕不韋造、丞相斯造等,參廿一年相邦冉戈:"廿一年相邦丨(冉)造,雝(雍)工帀(師)葉。雝(雍),懷德。"而放在工匠名之後是韓國兵器的特點,如鄭令韓炗戈"五年,鄭令韓炗,司寇張朱,右庫工師皂高,冶尹瀟散(造)",但韓國"造"字均寫作"散"。趙國兵器不稱"造",而稱"敚(執)齋(劑)"。趙國的典型銘文格式,如相邦趙狐戈:"廿九年,相邦肖(趙)狐,邦左庫工帀(師)鄖哲,卲(冶)匜耸敚(執)齋(劑)。"趙國兵器中"大工尹"的"工"字均作"攻",有"左攻(工)師",但没有"左作攻(工)"。魏國兵器銘文未見使用"造"字,典型格式如部令垠戈:"廿三年,部(梧)命(令)垠、右工帀(師)齒、后(冶)良。"這兩件戈的"冶"字寫法流行於三晉兵器銘文,不見於其他國家,而"邦"字寫法卻與秦國廿一年、卅二年等相邦冉戈相同,與晉系的"相"字相去較遠,也與趙國的"相"字下均增飾二横畫不同。

申茂盛先生在其《西安北郊香客林小鎮出土"十九年"相邦瘤戈考釋》(見《文博》2012年第6期)中根據監造者爲相邦,以及工室等因素斷定十九年相邦瘤爲秦器,推測相邦瘤是昌平君或丞相王綰。李學勤先生在其《〈珍秦齋藏金(吳越三晉篇)〉前言》中認爲"瘤"字中間从卯形,按照睡虎地秦簡"坐"字上从卯形定爲"痤"字,只是省去"坐"下的"土"而增从"肉",以表痤瘡之意。李先生認爲相邦瘤就是見於《戰國策·魏策》和《史記·商君列傳》中的公孫痤,魏武侯十五年(前381年)任相,至惠王前元十年(前360年)而卒。戈銘十七年自屬魏武侯,即公元前379年。董珊先生在其《讀珍秦齋藏吳越三晉銘文札記》(載《珍秦齋藏金(吳越三晉篇)》)中也認爲此戈屬魏,但以爲"瘤"字从广从肉、卯,應是《説文》中"瘤"字的異體,瘤通留、卯,相邦瘤就是見於《史記·魏世家》和《秦本紀》的芒卯,魏昭王六年(前290年)出任司徒,不晚於昭王十七年(前279年)又升任相邦。

我認爲此戈從總體上分析與秦國兵器差距較大,不能由"相邦"和"工室"就斷定其爲秦器。這兩件戈魏國因素較多,除字體之外,稱鑄造工匠爲"冶"也常見於魏器,如卅年厵令癰鼎的冶巡、大梁司寇綏戈的冶痍等,魏國設相也見於文獻記載,至於銘文格式,魏國也有不循常規的格式出現,如本編收録的大陰令鄲疇戈就有"上庫工帀(師)公行遂(率)䚩(冶)人屠所爲"之句,最主要的還是相邦瘤的釋讀,秦國没有人物與其相合者,而魏國的公孫痤、芒卯在字形和音讀上則没有任何問題。釋痤釋瘤、卯,均可通,考慮到這種燕式戈主要流行在燕王職(燕昭王)和燕王戎人(燕惠王)時期,即公元前311年至前272年,在此之前似未見到胡部有子刺的戈,所以李學勤先生所説的公孫痤時代稍嫌過早,而以董珊芒卯説的時代較爲接近。

《續編》收録的楚王鼎(此前《銘圖》也收録了一件楚王鼎,與此鼎銘文相同)、加嬭簋(同坑出土4件,其他殘破未收録)和隨大司馬戲有戈,對於探討爭論已久的曾、隨關係有着重要意義。此前,在青銅器銘文中,一直未出現作爲國名的"隨"以與文獻記載相對應,因而關於曾、隨關係的討論,有種種的推測。傾向性的觀點是曾、隨爲一國兩名;另一種觀點認爲曾、隨是並存於江漢流域的兩個國家。最近董珊先生又提出"隨"是曾國國都的名稱,國都名"隨"逐漸取代了國名"曾",故傳世文獻只見後起的新國名"隨"的新觀點。這實際上還是曾、隨一國兩名觀點的翻版。楚王鼎的發現、隨大司馬戲有戈的出土爲研究曾、隨的關係提供了重要的實物資料。

楚王鼎,有人也稱爲隨仲羋加鼎,其銘文是:"唯王正月初吉丁亥,楚王酓(熊)墜

（隨）中（仲）嬭（芊）加飤䋣，其眉壽無期，子孫永寶用之。"銘文記述楚王爲次女出嫁所鑄的媵器。"隨"是其女夫家的國族名，"中"是其女在姊妹間的排行，"嬭"即"芊"，在古代女子稱姓不稱氏，所以女子名中都有父親國族的姓，"加"是其私名。私名可以放在姓前，也可以放在姓後。所以嬭加與加嬭應是一人。有人將該鼎的時代定在春秋中期偏晚的楚共王之時，大體不誤。

加嬭簠是加嬭自作器。加嬭還見於王子申盞蓋，字作"嘉嬭"。王子申與嘉嬭（或稱嬭加）爲兄妹關係，王子申就是楚共王的兒子。那麼，楚王鼎的楚王就是楚共王。王子申盞也有可能就是王子申爲其妹妹嬭加出嫁所作的媵器。嬭加既是楚女，則其名字前所冠之"隨"就是夫國之稱，應即文獻記載的漢東姬姓隨國。

目前見到的與隨國有關的青銅器只有兩件楚王鼎和一件隨大司馬戲有戈，但這幾件春秋中期的青銅器意義很重大。隨大司馬戲有戈銘文是"隨大司馬戲有之行戈"，這是隨人自稱"隨"；楚王鼎銘文有"楚王媵隨仲嬭加飤䋣"，是楚王爲嫁女到隨國所作的媵器，是楚人稱對方爲"隨"。新蔡簡甲三 25 有"鄭憲習之以隨侯之……"的記載。曾國青銅器銘文中也有大量曾國人自稱"曾"，如：曾孫邵簠的"曾孫邵之行𠤲"，又有他人稱曾國的現象，如楚王酓章鎛的"楚王酓章作曾侯乙宗彝"。也就是說曾國和隨國這兩個國名，無論他們自己還是別人，同時各自明確地分稱"曾"和"隨"，並不相混。所以，有人認爲曾還是"曾"，隨還是"隨"，不能將兩者合二而一。看來，曾、隨是二國還是一國還得爭論下去。目前出土的隨器比較少，隨着考古工作不斷開展，希望今後能有更多的有關隨國的青銅器或墓葬被發現。

傳世和出土的吳國器物以兵器最爲常見，有銘文的禮器僅有五件吳王夫差鑑和一件吳王夫差盃，且都是春秋晚期器物。《續編》收錄的吳叔襄鼎、吳氏季大鼎、吳季大甗、吳季大簠、吳季大盂、季大盤、季大匜等屬春秋早期吳國公室之物，爲研究吳國歷史增添了新的重要資料。

另外，魯侯器組、陳侯器組、黃子妻器組、黃子戍器組、宋公𨟻鼎、外伯鬲、薛仲蕾簠、鈇應姬鼎、召簋、左右簋、周晉盤、徐王容居戟、邶公邵㑄戈等，都是很重要的新資料，對於先秦史研究都有重要意義。

商周金文是研究上古史的珍貴資料，對於研究者來說，資料越多越好。欣逢盛世，近年來新的商周金文層出不窮，過去劉雨先生曾感嘆說"十來年就會出現千餘件青銅器銘文"，現在三年多時間就出現 1500 多件新銘文，可謂盛哉！將這些珍貴資料整理出版，爲古文字學和歷史學研究者提供幫助，我感到十分榮幸。

吳鎮烽

2014 年 6 月 30 日於西安豐景佳園書齋

2016 年 2 月 10 日補充改定

凡　例

　　一、本書是《商周青銅器銘文暨圖像集成》出版之後，陸續發現的商周金文資料的彙編。資料主要來源於有關的考古報告、圖録，期刊、書報以及自己鑑定文物時所見到的商周青銅器等，資料時限截至 2015 年 12 月底。

　　二、本書體例依《商周青銅器銘文暨圖像集成》不變。

　　三、本書所録青銅器銘文的時代下限到秦始皇統一中國之前，即公元前 221 年，共分十二期。

商代早期：相當於商代二里崗文化時期（前 16 世紀—前 15 世紀中葉）

商代中期：二里崗文化時期之後到小乙

商代晚期：武丁世—帝辛世

西周早期：武王至昭王

　　　　早期前段：武王、成王二世

　　　　早期後段：康王、昭王二世

西周中期：穆王至夷王

　　　　中期前段：穆王、恭王二世

　　　　中期後段：懿王、孝王、夷王三世

西周晚期：厲王至幽王

春秋早期：公元前 770—前 7 世紀上半葉

春秋中期：公元前 7 世紀上半葉—前 6 世紀上半葉

春秋晚期：公元前 6 世紀上半葉—前 476 年

戰國早期：公元前 476—前 4 世紀上半葉

戰國中期：公元前 4 世紀中葉—前 3 世紀上半葉

戰國晚期：公元前 3 世紀上半葉—前 221 年

　　三、本書以彙集銘文拓本（包括照片）和器物圖像資料爲主，無銘文的資料一律不收。

　　四、銘文拓本盡量按原大製版，一部分銘文拓本、摹本和照片，因資料來源所限，並非原大。器物圖像一般長寬均不超過 10 釐米。

　　五、本書編排一般一器一頁，字數少的兩、三器一頁，銘文拓本（包括照片）多者，一器兩頁或多頁。

　　六、因古文字的特殊需要，全書統一使用繁體字。數據均按中華人民共和國法定計量書寫。

　　七、著録書目、期刊一般使用簡稱，名稱較短者則使用全稱，書後附《引用書刊目録及簡稱表》。

第一卷　目　録

商周青銅器銘文暨圖像集成續編

01. 鼎

（0001-0231）

0001. 戈鼎

【時　　代】商代晚期。

【收 藏 者】某收藏家。

【尺　　度】通高23釐米。

【形制紋飾】窄沿方唇,深腹圓底,口沿上有一對立耳,三條柱足粗壯,腹部鑄有六條
扉棱,飾下卷角獸面紋,以雲雷紋襯底,足部飾陰綫蟬紋。

【著　　録】未著録。

【銘文字數】內壁鑄銘文1字。

【銘文釋文】戈。

0002. 戈鼎

【時　　代】商代晚期。

【出土時地】2015 年 12 月出現在西泠印社秋季拍賣會。

【收　藏　者】某收藏家。

【尺　　度】通高 16.3 釐米。

【形制紋飾】口微斂,窄口沿,口沿上有一對小立耳,鼓腹分檔,三條柱足粗壯。通體
　　　　　　光素。

【著　　錄】未著錄。

【銘文字數】內壁鑄銘文 1 字。

【銘文釋文】戈。

0003. 正鼎（龏鼎）

【時　　代】商代晚期。

【出土時地】2012 年 6 月陝西寶雞市渭濱區石鼓鎮石嘴頭村石鼓山西周墓（M3.5）。

【收　藏　者】寶雞市渭濱區博物館。

【尺度重量】通高 22.1、口徑 16.8 釐米，重 2.73 公斤。

【形制紋飾】口微斂，腹微鼓，窄沿方唇，口沿上有一對立耳，淺分襠，三條柱足較高。腹部飾三組下卷角獸面紋，兩側各有一個倒置的夔龍紋，均以雲雷紋襯底。

【著　　錄】文物 2013 年 2 期 38 頁圖 49.3。

【銘文字數】內壁鑄銘文 1 字。

【銘文釋文】龏（正）。

0004. 興鼎

【時　　代】商代晚期。

【收 藏 者】海外某收藏家。

【尺　　度】通高 18.7 釐米。

【形制紋飾】口微斂,窄薄沿,口沿上有一對小立耳,深腹分襠,三條柱足較高。頸部飾蟬紋,腹部飾三組牛角獸面紋,均以雲雷紋襯底。

【著　　錄】未著錄。

【銘文字數】內壁鑄銘文 1 字。

【銘文釋文】興。

0005. 戈鼎（鉞鼎）

【時　　代】商代晚期。

【收 藏 者】海外某收藏家。

【尺　　度】通高 20.3 釐米。

【形制紋飾】直口深腹，窄沿方唇，口沿設一對立耳，三條柱足粗壯。頸部飾六組下卷角獸面紋，腹部光素。

【著　　錄】未著錄。

【銘文字數】內壁鑄銘文 1 字。

【銘文釋文】戈（鉞）。

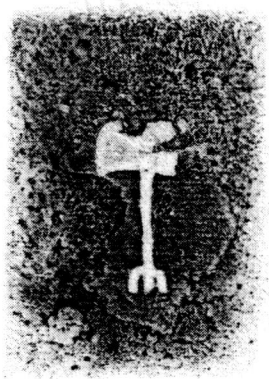

0006. 堯鼎

【時　　代】商代晚期。

【收 藏 者】某收藏家。

【尺　　度】通高 18、口徑 15、腹深 9.5 釐米。

【形制紋飾】直口方唇,深腹圓底,口沿上有一對小立耳,三條柱足較高。頸部飾三列
　　　　　雲雷紋組成的帶狀獸面紋。

【著　　錄】未著錄。

【銘文字數】內底鑄銘文 1 字。

【銘文釋文】堯(豎－剚)。

0007. 㲂鼎

【時　　代】商代晚期。

【出土時地】2015 年 3 月出現在紐約蘇富比春季拍賣會。

【收 藏 者】1930 年代藏於英國倫敦 James K.Cull 伉儷,後歸 MAX Loehr。

【尺　　度】通高 17.1 釐米。

【形制紋飾】斂口鼓腹,窄沿方唇,口沿上有一對立耳,分襠,三條柱足。腹部飾三組
　　　　　　下卷角獸面紋,以雲雷紋襯底,每組兩側填以倒置的夔龍。

【著　　錄】未著錄。

【銘文字數】內壁鑄銘文 1 字。

【銘文釋文】㲂(嚻 - 剽)。

鼎

9

0008. 史鼎

【時　　　代】商代晚期。

【出土時地】傳河南安陽出土。Orvar Karlbeck 於 1934 年 11 月購自上海，1935 年歸瑞典斯德哥爾摩某收藏家。2015 年 12 月出現在法國巴黎蘇富比秋季拍賣會。

【收　藏　者】瑞典斯德哥爾摩某收藏家。

【尺　　　度】通高 27.2 釐米。

【形制紋飾】直口深腹，窄沿方唇，口沿上有一對立耳，三條柱足粗壯，腹部有六條扉棱。頸部飾蟬紋與浮雕圓渦紋相間，腹部飾三組下卷角獸面紋，均以雲雷紋襯底。

【著　　　錄】未著錄。

【銘文字數】內壁鑄銘文 1 字。

【銘文釋文】史。

0009. 史鼎

【時　　代】商代晚期。

【出土時地】1957年入藏。

【收　藏　者】故宮博物院。

【尺度重量】通高16.9、兩耳相距14.2釐米,重0.86公斤。

【形制紋飾】斂口鼓腹,窄薄沿,口沿上有一對立耳,三條柱足上粗下細,一足係二次
　　　　　　鑄補。頸部飾粗綫雲雷紋,無底紋。

【著　　錄】辨僞420頁圖316。

【銘文字數】內壁鑄銘文1字。

【銘文釋文】史。

0010. 史鼎

【時　　代】商代晚期。

【收 藏 者】臺北震榮堂（陳鴻榮、王亞玲夫婦）。

【尺　　度】通高 24、兩耳相距 18.8 釐米。

【形制紋飾】口微斂，窄折沿，口沿上有一對較大的立耳，淺腹圜底，三條夔龍形扁足。腹部飾三列雲雷紋組成的獸面紋。

【著　　録】金銅器 51 頁鼎 06。

【銘文字數】內壁鑄銘文 1 字。

【銘文釋文】史。

0011. 葡鼎（簸鼎）

【時　　代】商代晚期。

【出土時地】2015 年 12 月出現在西泠印社秋季拍賣會。

【收 藏 者】原藏德國弗里茨·佩茲什柯家族。

【尺　　度】通高 27.5 釐米。

【形制紋飾】直口圜底，窄沿方唇，口沿上有一對立耳，三條夔龍形扁足。頸部飾三組雲雷紋組成的獸面紋。

【著　　錄】未著錄。

【銘文字數】內壁鑄銘文 1 字。

【銘文釋文】葡（簸）。

0012. 鳥鼎

【時　　代】商代晚期。

【收 藏 者】某收藏家。

【尺　　度】通高 23.2 釐米。

【形制紋飾】斂口圓唇，口沿上有一對較小的立耳，深圓腹，圜底下設有三條粗壯柱
　　　　　　足。頸部飾雲雷紋襯底的蛇紋，以浮雕圓渦紋爲間隔。

【著　　錄】未著錄。

【銘文字數】內壁鑄銘文 1 字。

【銘文釋文】鳥。

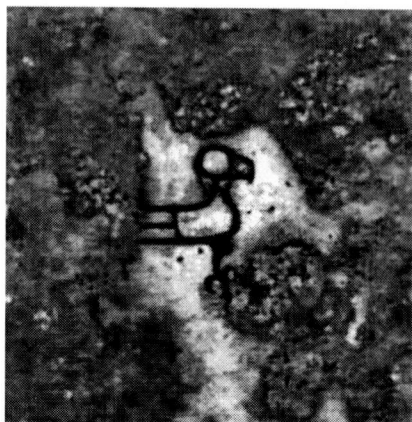

0013. 鳥鼎

【時　　代】商代晚期。
【收 藏 者】英國牛津大學亞士莫蘭博物館。
【尺　　度】通高 32、口徑 15.8 釐米。
【形制紋飾】口微斂，窄沿厚方唇，口沿上有一對立耳，分襠，三條柱足粗壯。頸部飾蟬紋，腹部飾三組牛角獸面紋，以雲雷紋襯底。
【著　　録】未著録。
【銘文字數】内壁鑄銘文 1 字。
【銘文釋文】鳥。

0014. 吾鼎

【時　　代】商代晚期。

【出土時地】2009年河南安陽市殷墟王裕
口村南地商代墓地（M103.2）。

【收　藏　者】中國社會科學院考古研究所。

【尺　　度】通高18.2、口徑15.4釐米。

【形制紋飾】口微斂，窄沿方唇，口沿上有
一對立耳，深腹圓底，三條柱
足。頸部飾獸面紋帶，腹壁
飾斜方格雲雷紋。

【著　　録】考古2012年12期15頁圖
22.1。

【銘文字數】内壁鑄銘文1字。

【銘文釋文】吾（玨）。

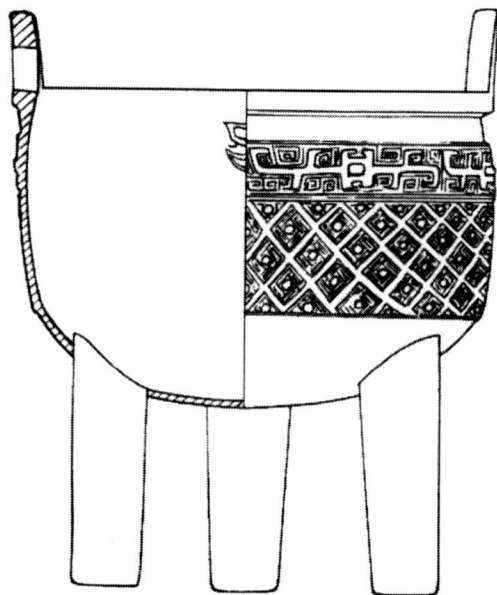

0015. 夨鼎

【時　　代】商代晚期。

【出土時地】2010 年 11 月陝西子洲縣裴家灣鎮關王岔村商代墓。

【收　藏　者】子洲縣文物管理所。

【尺度重量】通高 20、口徑 13.9、腹徑 15.7 釐米,重 1.86 公斤。

【形制紋飾】直口微斂,窄口沿,口沿上有一對立耳,深腹圓底,三條柱足上粗下細。
頸部飾三組頭向下尾上卷的夔龍紋,兩兩相對,以雲雷紋襯底。

【著　　錄】文物 2015 年 1 期封 2.1。

【銘文字數】內壁鑄銘文 1 字。

【銘文釋文】夨。

【備　　注】館藏號:子洲 1113。

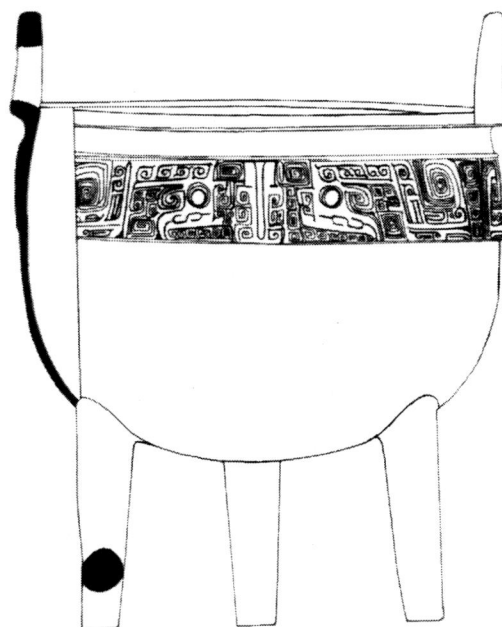

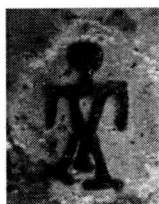

0016. 冄鼎

【時　　代】商代晚期。

【收　藏　者】海外某收藏家。

【尺　　度】通高 30.7、口徑 24.5、兩耳相距 25.5 釐米。

【形制紋飾】口微斂，窄沿方唇，口沿上有一對小立耳，深腹圜底，腹部微鼓，三條柱足
粗壯。頸部飾夔龍紋，間以浮雕圓渦紋。

【著　　錄】未著錄。

【銘文字數】內壁鑄銘文 1 字。

【銘文釋文】冄。

0017. 𠕄鼎

【時　　代】商代晚期。
【收　藏　者】海外某收藏家。
【著　　錄】未著錄。
【銘文字數】內壁鑄銘文 1 字。
【銘文釋文】𠕄。
【備　　注】圖像資料未公布。

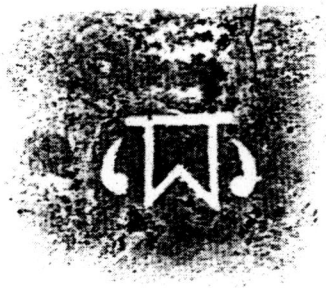

0018. 寶鼎

【時　　代】西周早期。
【收　藏　者】阜陽市博物館。
【尺度重量】通高 22、口徑 17.5 釐米,重 1.9 公斤。
【形制紋飾】斂口圓唇,口沿上有一對立耳,鼓腹分襠,三條柱
　　　　　　足。腹部飾三組雲雷紋襯底的獸面紋。
【著　　錄】安徽銘文 11 頁圖 2.1。
【銘文字數】內壁鑄銘文為銹所掩,僅見 1 字。
【銘文釋文】寶。
【備　　注】圖像資料未公布。

0019. 🐦鼎

【時　　代】西周晚期。
【出土時地】1987 年安徽桐城縣。
【收　藏　者】桐城市文物管理所。
【著　　錄】安徽銘文 313 頁圖 212.1。
【銘文字數】口沿刻銘文 1 字。
【銘文釋文】🐦。
【備　　注】圖像資料未公布。

0020. 户鼎

【時　　代】西周早期。

【出土時地】2015 年 9 月日本東京中央秋季拍賣會。

【收 藏 者】日本關西某收藏家。

【尺　　度】通高 22.5、口橫 17.8、口縱 14.5 釐米。

【形制紋飾】長方體,窄沿方唇,口沿兩端有一對立耳,直壁平底,四角鑄有扉棱,四條
　　　　　柱足。四壁上部飾一頭雙身龍紋,龍身彎曲處填以圓渦紋,左右及下部
　　　　　各飾三排乳釘紋,足上部飾浮雕牛角獸面紋。

【著　　錄】未著錄。

【銘文字數】內壁鑄銘文 1 字。

【銘文釋文】户。

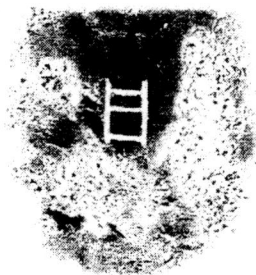

0021. 藝鼎

【時　　代】西周早期。

【收 藏 者】黑龍江省博物館。

【尺　　度】通高 23.7、口徑 18.7、兩耳間距 19.5 釐米。

【形制紋飾】侈口束頸，分襠鼓腹，口沿上有一對立耳，三足呈圓柱形。頸部飾列旗脊
　　　　　　獸面紋帶。

【著　　錄】未著錄。

【銘文字數】內壁鑄銘文 1 字。

【銘文釋文】帆（藝）。

0022. 竝鼎

【時　　代】西周早期。

【出土時地】2012 年 11 月出現在澳門大唐國際藝術品拍賣會。

【收　藏　者】某收藏家。

【尺　　度】通高 16.5、口徑 13.5 釐米。

【形制紋飾】直口窄沿，口沿上有一對立耳，淺腹圜底，三條夔龍形扁足，足尖外撇。
　　　　　　腹部飾三組柱角獸面紋，以雲雷紋襯底。

【著　　錄】大唐（2012）85。

【銘文字數】內壁鑄銘文 1 字。

【銘文釋文】竝。

0023. 冉鼎

【時　　代】商代晚期。

【收　藏　者】臺北震榮堂（陳鴻榮、王亞玲夫婦）。

【尺　　度】通高 34、兩耳相距 30 釐米。

【形制紋飾】口微斂，窄折沿，口沿上有一對立耳，微向外張，深腹圜底，三條獸面柱足較矮，且上粗下細。頸部飾一對夔龍組成的獸面紋，兩側填以鳥紋，足上部飾下卷角獸面紋，均以雲雷紋襯底。

【著　　錄】金銅器 54 頁鼎 09。

【銘文字數】內壁鑄銘文 1 字。

【銘文釋文】$\hat{A}$（冉）。

0024. 冉鼎

【時　　代】西周早期。

【收　藏　者】臺北震榮堂（陳鴻榮、王亞玲夫婦）。

【尺　　度】通高 49、兩耳相距 38.5 釐米。

【形制紋飾】形制似大盂鼎，斂口鼓腹，窄折沿，口沿上有一對立耳，圜底設有三條獸面柱足。頸部飾六組下卷角獸面紋，以雲雷紋襯底，足上部飾下卷角獸面紋及三周弦紋。

【著　　錄】金銅器 57 頁鼎 12。

【銘文字數】內壁鑄銘文 1 字。

【銘文釋文】 （冉）。

0025. 君鼎

【時　　代】春秋晚期。

【出土時地】2014 年 9 月日本東京中央秋季拍賣會。

【收 藏 者】原藏日本某收藏家。

【尺　　度】通高 39 釐米。

【形制紋飾】直口方唇,口沿上有一對立耳,作弧形向外張開,淺腹束腰,中部有一道
　　　　　箍棱,平底,三條蹄足内面削平,平蓋中部微隆,有銜環小鈕,兩旁有方形
　　　　　缺口以納兩耳。腹部裝飾四隻圓雕爬獸,爬獸似龍,長尾上卷,闊嘴屈頸,
　　　　　獸身飾雲雷紋、渦紋和鱗紋。鼎頸部、腹部和足上部均飾浮雕狀細密繁
　　　　　縟的蟠虺紋。

【著　　録】未著録。

【銘文字數】内壁鑄銘文 1 字。

【銘文釋文】君。

【備　　注】同墓出土 5 件,《銘圖》已著録 4 件(00292-00295)。

0026. 冉癸鼎（癸冉鼎）

【時　　代】商代晚期。

【出土時地】2015 年 3 月出現在保利（香港）春季拍賣會。

【收 藏 者】日本某收藏家。

【尺　　度】通高 20、兩耳相距 16 釐米。

【形制紋飾】直口，窄沿方唇，口沿上有一對立耳，深腹圓底，三條柱足粗壯。頸部飾目雲紋，腹部飾斜方格雷紋。

【著　　錄】未著錄。

【銘文字數】內壁鑄銘文 2 字。

【銘文釋文】癸久（冉）。

【備　　注】銘文應讀爲“冉癸”。

0027. 亞獏鼎 (亞獏鼎)

【時　　代】商代晚期。

【收 藏 者】中國國家博物館。

【尺　　度】通高 29、口徑 18.3 釐米。

【形制紋飾】橢長方體,口微斂,有較高
的子口,蓋面上有四個曲
尺形扉,口沿下有一對附
耳,下腹向外傾垂,四條柱
足粗壯。蓋沿飾一道弦紋,
器口下飾四組簡化獸面紋
和一道弦紋。

【著　　錄】銅藝術 67 頁 030。

【銘文字數】蓋內鑄銘文 2 字。

【銘文釋文】亞獏(獏)。

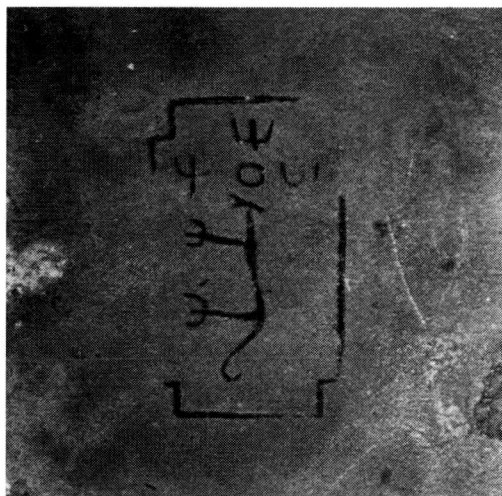

0028. 亞賽鼎

【時　　代】商代晚期。

【收 藏 者】英國牛津大學亞士莫蘭博物館。

【尺　　度】通高22.9、口橫17.8、腹深13.5釐米。

【形制紋飾】長方體,四壁向下漸有收分,窄沿方唇,口沿上兩端有一對立耳,平底,四條柱足細高。四壁上部飾雙身共首龍紋,龍身彎曲處填以圓渦紋,左右及下部飾三排乳釘紋,足上部飾浮雕獸面。

【著　　錄】未著錄。

【銘文字數】內壁鑄銘文2字("父辛"等3字係後刻)。

【銘文釋文】亞賽。

0029. 亞盉鼎

【時　　代】商代晚期。

【收 藏 者】海外某收藏家。

【尺　　度】通高 27、口徑 20.7、兩耳間距 22 釐米。

【形制紋飾】口微斂,窄沿方唇,口沿上有一對立耳,鼓腹圓底,腹部有六條扉棱,三條柱足粗壯。頸部飾夔龍紋,腹部飾三組下卷角獸面紋,均以雲雷紋襯底。

【著　　錄】未著錄。

【銘文字數】內壁鑄銘文 2 字。

【銘文釋文】亞盉。

0030. 弔黽鼎（叔黽鼎）

【時　　代】商代晚期。

【出土時地】傳民國時期河南安陽出土。

【收 藏 者】原藏日本，後在美國紐約蘇富
比拍賣，現藏香港某收藏家。

【尺　　度】通高 19.7、兩耳相距 16.5 釐米。

【形制紋飾】斂口鼓腹，窄沿方唇，口沿上有
一對立耳，分襠，三條柱足。頸
部飾一周蟬紋，腹部飾三組下
卷角獸面紋。

【著　　錄】未著錄。

【銘文字數】內壁鑄銘文 2 字。

【銘文釋文】弔（叔）黽。

0031. 子刀鼎

【時　　代】商代晚期。

【出土時地】2011年3月河北正定縣新城鋪鎮新城鋪機場。

【收　藏　者】正定縣文物保管所。

【尺　　度】通高19、口徑15.7釐米。

【形制紋飾】窄沿方唇,口沿上有一對立耳,深腹圓底,三條半圓柱足。頸部飾浮雕圓
　　　　　　渦紋間以四瓣目紋,以雲雷紋襯底。

【著　　録】文物報2013年2月13日8版圖5。

【銘文字數】內壁鑄銘文2字。

【銘文釋文】子刀。

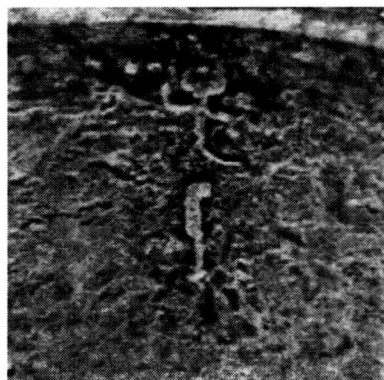

鼎

0032. ◆衛鼎

【時　　代】商代晚期。

【收　藏　者】原藏香港歐氏，現藏御雅居。

【尺　　度】通高 19.1、口徑 15.3、兩耳間距 15.9 釐米。

【形制紋飾】口微斂，窄沿方唇，口沿上有一對立耳，淺分襠，三條柱足粗壯。頸部飾蟬紋，腹部飾下卷角獸面紋，均以雲雷紋襯底。

【著　　錄】未著錄。

【銘文字數】腹壁鑄銘文 2 字。

【銘文釋文】◆衛（遷、狩）。

0033. ⿰彳吾 鼎

【時　　代】商代晚期。

【出土時地】2009 年河南安陽市殷墟王裕口村南地商代墓地（M103.10）。

【收　藏　者】中國社會科學院考古研究所。

【尺　　度】通高 13.1、口徑 10.1 釐米。

【形制紋飾】斂口圓腹，窄沿方唇，口沿上有一對立耳，深腹圓底，三條柱足粗壯。頸
　　　　　　部飾變形夔紋，以雲雷紋襯底，腹壁飾三角雲雷紋。

【著　　錄】考古 2012 年 12 期 15 頁圖 22.2。

【銘文字數】內壁鑄銘文 2 字。

【銘文釋文】⿰彳吾（侁）吾（玨）。

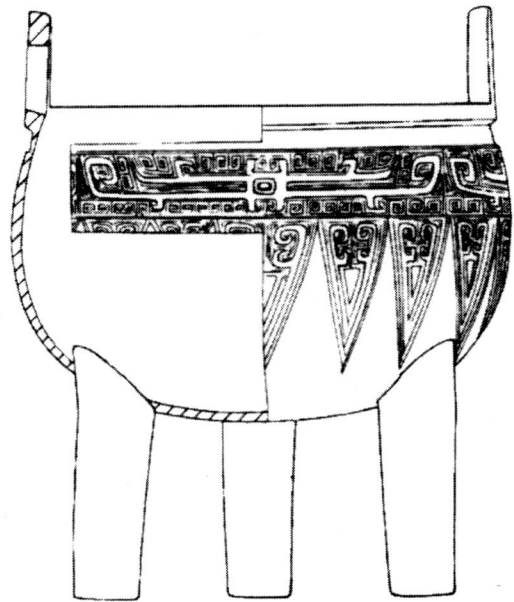

鼎

33

0034. 灾㬚鼎

【時　　代】商代晚期。

【出土時地】2009 年河南安陽市殷墟王裕口村南地商代墓地（M94.78）。

【收 藏 者】中國社會科學院考古研究所。

【形制紋飾】入葬前被打成數塊。圓形，窄沿方唇，口沿上有一對立耳，底部内側有修補痕，腹部飾獸面紋。

【著　　錄】考古 2012 年 12 期 20 頁圖 30.5。

【銘文字數】內壁鑄銘文 2 字。

【銘文釋文】灾㬚（玨）。

【備　　注】器物未修復，無圖像資料。

0035. ✱癸鼎（癸✱鼎）

【時　　代】商代晚期。

【收　藏　者】某收藏家。

【尺　　度】通高 20.5、口徑 16.7 釐米。

【形制紋飾】斂口方唇，口沿上有一對立耳，鼓腹分襠，三條柱足。頸部飾三列雲雷紋組成的獸面紋帶，腹部飾三組 T 字形角的獸面紋。

【著　　錄】未著錄。

【銘文字數】內壁鑄銘文 2 字。

【銘文釋文】癸✱。

0036. ⟨圖⟩辛鼎

【時　　代】商代晚期。

【出土時地】2006 年夏安徽望江縣賽日鎮南畈村。

【收　藏　者】望江縣博物館。

【形制紋飾】侈口圜底,口沿上有一對立耳,三條夔龍形扁足較高,上腹有六道短扉棱,飾三組雲雷紋組成的獸面紋帶。

【著　　錄】安徽銘文 317 頁圖 215.1。

【銘文字數】內壁鑄銘文 2 字。

【銘文釋文】⟨圖⟩辛。

【備　　注】"辛"字倒置。

0037. 母子鼎

【時　　代】西周早期前段。

【收　藏　者】某收藏家。

【形制紋飾】口微斂，窄沿方唇，口沿上有一對立耳，淺分襠，三柱足。體飾三組下卷
角獸面紋，以雲雷紋襯底。

【著　　録】未著録。

【銘文字數】內壁鑄銘文 2 字。

【銘文釋文】母子。

0038. 冀旋鼎

【時　　代】西周早期。

【收 藏 者】臺北震榮堂（陳鴻榮、王亞玲夫婦）。

【尺　　度】通高 21、兩耳相距 18 釐米。

【形制紋飾】斂口鼓腹，窄薄沿，口沿上有一對立耳，淺分襠，三條柱足細高。腹部飾
　　　　　　三組下卷角獸面紋，以雲雷紋襯底。

【著　　錄】金銅器 60 頁鼎 15。

【銘文字數】內壁鑄銘文 2 字。

【銘文釋文】𤕡（冀）旋（旋）。

0039. 父乙鼎

【時　　代】西周早期。

【出土時地】2014 年 3 月見於北京。

【收　藏　者】某收藏家。

【尺　　度】通高 20.5、口徑 16.6 釐米。

【形制紋飾】斂口，窄折沿，口沿設一對立耳，鼓腹分襠，三條柱足。腹部飾三組下卷
　　　　　　角獸面紋，每組兩旁增飾倒置的夔龍紋，均以雲雷紋襯底。

【著　　錄】未著錄。

【銘文字數】內壁鑄銘文 2 字。

【銘文釋文】父乙。

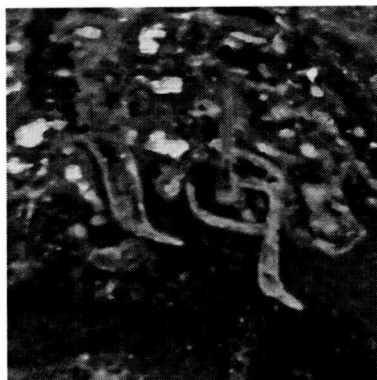

0040. 弔册鼎（叔册鼎）

【時　　代】西周早期。

【收 藏 者】某收藏家。

【尺　　度】通高 33.5、口徑 29.5 釐米。

【形制紋飾】窄沿薄唇，口沿上有一對立耳，深腹圜底，三條柱足。頸部飾三列雲雷紋組成的列旗脊獸面紋帶。

【著　　錄】未著錄。

【銘文字數】內壁鑄銘文 2 字。

【銘文釋文】弔（叔）册册（册）。

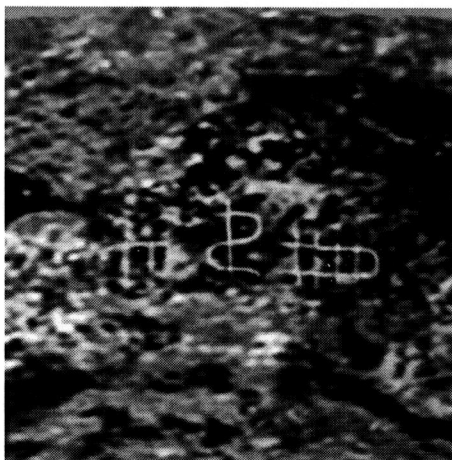

0041. 大豕鼎

【時　　代】西周中期。

【收　藏　者】黑龍江省博物館。

【尺　　度】通高 17.8、口徑 17、兩耳間距 17.7 釐米。

【形制紋飾】斂口鼓腹,窄沿方唇,口沿上有一對立耳,底部向下稍有弧度,三條柱足。頸部飾垂冠回首尾下卷作刀形的夔龍紋,以雲雷紋襯底。

【著　　錄】未著錄。

【銘文字數】內底鑄銘文 2 字。

【銘文釋文】大豕。

鼎

0042. 作旅鼎

【時　　代】西周中期。

【收　藏　者】某收藏家。

【形制紋飾】斂口窄沿，口沿上有一對立耳，下腹向外傾垂，三條柱足上粗下細。頸部飾兩道弦紋。

【著　　録】未著録。

【銘文字數】內壁鑄銘文 2 字。

【銘文釋文】乍（作）旅。

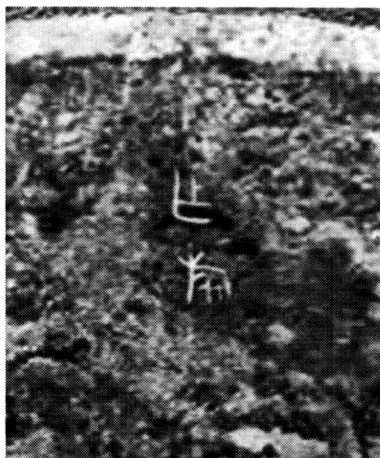

0043. 公孫鼎

【時　　代】戰國早期。

【出土時地】傳出山西介休縣。

【收　藏　者】某收藏家。

【尺　　度】通高 9、口徑 8.5、腹深 8.1 釐米。

【形制紋飾】此鼎屬弄器，特別小。子口內斂，圓腹圜底，三條蹄形足，一對附耳，弧形蓋，蓋面中部有一個銜環小鈕，環已失，外圍裝飾三個圓雕臥姿回首犀牛，犀牛體飾雲紋。鼎的口沿及腹部各飾一道寬帶紋，足上部飾獸面紋。

【著　　錄】未著錄。

【銘文字數】口沿下刻銘文 2 字。

【銘文釋文】公孫。

0044. 亞盉豕鼎

【時　　代】商代晚期。

【收 藏 者】海外某收藏家。

【尺　　度】通高 28、口徑 21、兩耳相距 22.3 釐米。

【形制紋飾】斂口鼓腹，窄沿方唇，口沿一對立耳微向外張，腹部有六道扉棱，圜底下
　　　　　設有三條柱足。頸部飾夔龍紋，腹部飾三組下卷角獸面紋，均以雲雷紋
　　　　　襯底，足部飾陰綫三角雲雷紋。

【著　　録】未著録。

【銘文字數】内壁鑄銘文 3 字（2 字在"亞"内）。

【銘文釋文】亞盉豕。

0045. 亞盉豕鼎

【時　　代】商代晚期。

【收 藏 者】某收藏家。

【尺　　度】通高21.2、口徑17.5×18.6、腹深8.5、兩耳相距18.1釐米。

【形制紋飾】斂口鼓腹,窄沿方唇。口沿上有一對立耳,分襠,三條柱足。腹部飾三組雲雷紋襯底的下卷角獸面紋,兩旁填以倒置的夔龍紋。

【著　　録】未著録。

【銘文字數】內壁鑄銘文3字。

【銘文釋文】亞盉豕。

0046. 婦姒啟鼎

【時　　代】商代晚期。

【出土時地】2015 年出現在南京。

【收　藏　者】某收藏家。

【形制紋飾】直口窄沿，口沿上有一對立耳，斂腹圜底，三條夔龍形扁足。頸部飾獸
面紋。

【著　　録】未著録。

【銘文字數】內壁鑄銘文 3 字。

【銘文釋文】帚（婦）姒戉（啟）。

0047. 鳥父甲鼎

【時　　代】商代晚期。

【出土時地】2012 年 6 月陝西寶雞市渭濱區石鼓鎮石嘴頭村石鼓山西周墓(M3.1)。

【收　藏　者】寶雞市渭濱區博物館。

【尺度重量】通高 33.5、口徑 26.8、腹深 16.4 釐米,重 9.2 公斤。

【形制紋飾】口微斂,腹微鼓,窄薄平沿,口沿上有一對立耳,圜底,三條柱足。頸部飾下卷角獸面紋,足上部飾下卷角大獸面,鼻梁高挺,均以雲雷紋襯底。

【著　　錄】考古與文物 2013 年 1 期 21 頁圖 38.3,文物 2013 年 2 期 38 頁圖 49.5。

【銘文字數】內壁鑄銘文 3 字。

【銘文釋文】鳥父甲。

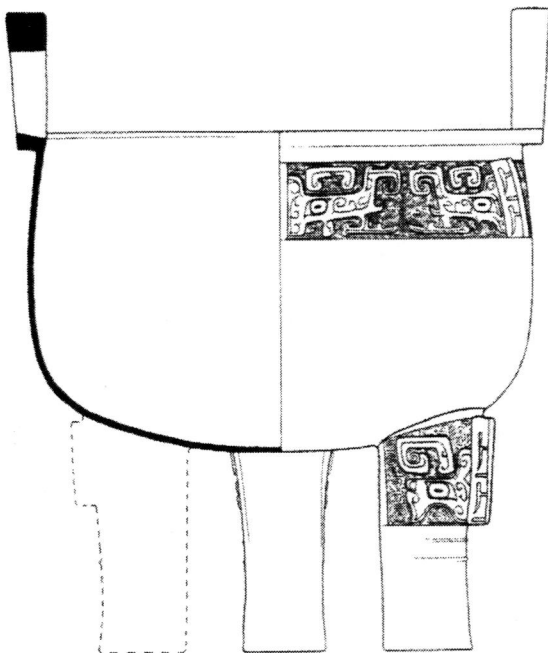

0048. 冀父丁鼎

【時　　代】商代晚期。

【出土時地】2008 年 9 月公布在盛世收藏網。

【收　藏　者】某收藏家。

【尺　　度】通高 28、口徑 23 釐米。

【形制紋飾】直口深腹,窄沿方唇,口沿上有一對扭索狀立耳,三條柱足。頸部飾四瓣
花,間以圓渦紋。

【著　　録】未著録。

【銘文字數】內壁鑄銘文 3 字。

【銘文釋文】冀父丁。

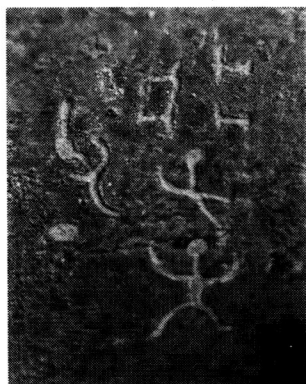

0049. 山父戊鼎（山戊父鼎）

【時　　代】西周早期。

【收 藏 者】臺北震榮堂（陳鴻榮、王亞玲夫婦）。

【尺　　度】通高 21、兩耳相距 17 釐米。

【形制紋飾】斂口鼓腹，窄薄沿，口沿上有一對立耳，淺分襠，三條柱足。腹部飾三組下卷角獸面紋，兩旁填以倒置的夔龍紋，以雲雷紋襯底。

【著　　錄】金銅器 63 頁鼎 18。

【銘文字數】內壁鑄銘文 3 字。

【銘文釋文】山戊父。

【備　　注】銘文應讀爲"山父戊"。

0050. 冓父己鼎（冓父己鼎）

【時　　代】商代晚期。

【收 藏 者】原藏吳大澂，現藏上海博物館。

【形制紋飾】體呈長方箱形，窄沿方唇，口沿上有一對立耳，平底四柱足，足上部飾浮
　　　　　雕獸面紋，體四角各有一道扉棱。四壁上部飾夔鳥紋，左右及下邊各飾
　　　　　三排乳釘紋。

【著　　錄】小校 2.16.8（小校 4.19.8 重出，誤爲卣），奇觚 6.3.2（誤爲卣），集成
　　　　　01609（集成 04965.1 重出摹本，誤爲卣器），愙圖注 080 頁上。

【銘文字數】内壁鑄銘文 3 字。

【銘文釋文】冓（冓）父己。

【備　　注】此器爲方鼎，與《銘圖》02542 冓父己鼎成對。《愙齋集古圖箋注》配有
　　　　　上海博物館新近照片。

0051. 萬父庚鼎

【時　　代】商代晚期。

【收　藏　者】某收藏家。

【形制紋飾】斂口深腹，窄沿方唇，口沿上有一對立耳，三條柱足。頸部飾夔龍紋，間以圓渦紋，腹部飾蟬紋。

【著　　録】未著録。

【銘文字數】內壁鑄銘文 3 字。

【銘文釋文】萬父庚。

0052. 冉父庚鼎

【時　　代】西周中期前段。

【出土時地】1993 年初河南平頂山市
薛莊鄉滍陽鎮義學崗應國
墓地（M213.8）。

【收藏者】河南省文物考古研究所。

【尺度重量】通高 22.4、口徑 17.4 釐
米，重 1.98 公斤。

【形制紋飾】斂口窄沿，口沿上有一對
立耳，微向外張，下腹向外
傾垂，底部稍圓，三條柱足
上粗下細。外底範綫呈外
弧三角形，自三角形中心
向三足附加一條寬帶形加
強筋，頸部飾兩道弦紋。

【著　　録】應國墓 383 頁圖 158。

【銘文字數】內壁鑄銘文 3 字。

【銘文釋文】𠦴（冉）父庚。

0053. 獸父辛鼎

【時　　代】商代晚期或西周早期。

【收 藏 者】某收藏家。

【形制紋飾】斂口鼓腹,窄沿方唇,口沿上有一對立耳,淺分襠,三柱足較高。腹飾三組雲雷紋襯底的下卷角獸面紋,兩旁填以倒置的夔龍。

【著　　錄】未著錄。

【銘文字數】內壁鑄銘文 3 字。

【銘文釋文】獸父辛。

0054. 家父辛鼎

【時　　代】西周早期。

【收藏者】黑龍江省博物館。

【形制紋飾】斂口鼓腹,窄薄沿,口沿上有一對立耳,淺分襠,三條柱足較高。腹部飾三組下卷角獸面紋,以雲雷紋襯底。

【著　　錄】未著錄。

【銘文字數】內壁鑄銘文3字。

【銘文釋文】家父辛。

0055. 戈父辛鼎

【時　　代】西周早期。

【收藏者】某收藏家。

【著　　錄】未著錄。

【銘文字數】內壁鑄銘文3字。

【銘文釋文】戈辛父。

【備　　注】銘文應讀爲"戈父辛"。

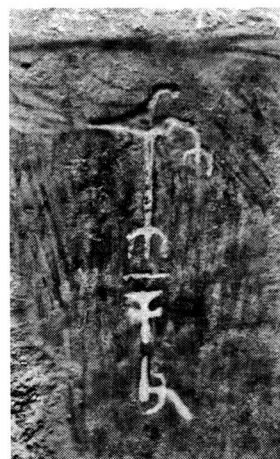

0056. 冉父癸鼎

【時　　代】商代晚期。

【出土時地】1927 年地方軍閥党玉琨（亦
作党毓坤）在陝西寶雞縣戴
家灣（今屬寶雞市金臺區陳倉
鄉）盜掘出土。

【收 藏 者】某收藏家。

【尺　　度】通高 34.7、口徑 29.1 釐米。

【形制紋飾】窄折沿，口沿上一對小立耳，
鼓腹圓底，三條粗壯的柱足。
頸部飾三組對鳥紋。

【著　　錄】寶戴 275 頁銘文二：4。

【銘文字數】內壁鑄銘文 3 字。

【銘文釋文】冉父癸。

0057. 徙父癸鼎

【時　　代】西周早期。

【收 藏 者】某收藏家。

【著　　錄】未著錄。

【銘文字數】內壁鑄銘文 3 字。

【銘文釋文】徙父癸。

【備　　注】藏家未提供器物圖像。《銘圖》
00935 有一件徙父癸鼎，係分襠
鼎，與此鼎不是同一件器物。

鼎

0058. 夆子乙鼎（子乙夆鼎）

【時　　代】西周早期。

【收藏者】某收藏家。

【尺　　度】通高近 80、口徑 57 釐米。

【著　　錄】未著錄。

【形制紋飾】造型與大盂鼎相同。高大魁偉，是西周大型鼎之一。斂口鼓腹，窄沿方唇，口沿上有一對立耳，圜底下設置三條柱足。頸部有六條扉棱，飾六組由夔龍組成的下卷角獸面紋，腹部飾變形蟬紋，足跟以扉棱爲鼻梁飾大獸面，以雲雷紋襯底，耳上飾"犬"形獸紋。

【銘文字數】口內壁鑄銘文 3 字。

【銘文釋文】子乙，夆。

0059. 亞示丁鼎

【時　　代】商代晚期。

【收　藏　者】某收藏家。

【形制紋飾】口微斂,窄沿方唇,口沿上有一對立耳,鼓腹分襠,三足呈圓柱形。腹部
　　　　　　飾三組下卷角獸面紋,兩旁填以倒置的夔龍,均以雲雷紋襯底。

【著　　錄】未著錄。

【銘文字數】內壁鑄銘文 3 字。

【銘文釋文】亞示丁。

鼎

0060. 𤔲祖丁鼎

【時　　代】商代晚期。

【收　藏　者】加拿大多倫多皇家安大略博物館。

【尺　　度】通高 10.7、口徑 9.1 釐米。

【形制紋飾】直口深腹,腹壁較直,窄沿方唇,口沿上有一對小立耳,圓底,三條柱足粗
　　　　　　壯。頸部飾夔龍紋。

【著　　錄】明藏 264 頁圖 4.9。

【銘文字數】內壁鑄銘文 3 字。

【銘文釋文】𤔲且(祖)丁。

【備　　注】館藏號: ROM960.234.33。

0061. 戈冃父鼎（戈同父鼎）

【時　　代】商代晚期。

【收 藏 者】某收藏家。

【尺　　度】通高 20.2、口徑 16、腹深 10.2 釐米。

【形制紋飾】斂口深腹，窄沿方唇，口沿上有一對立耳，圜底有三條柱足。頸部飾浮雕狀圓渦紋，間以目紋。

【著　　錄】未著錄。

【銘文字數】內壁鑄銘文 3 字。

【銘文釋文】戈冃（同）父。

0062. ⼦舌母鼎

【時　　代】商代晚期。

【收 藏 者】陝西師範大學博物館。

【尺　　度】通高 24.8、口徑 21.2、腹深 11.9 釐米。

【形制紋飾】口微斂,窄沿深腹,口沿上有一對立耳,圜底下設三條柱足。頸部飾獸面紋。

【著　　錄】未著錄。

【銘文字數】內壁鑄銘文 3 字。

【銘文釋文】⼦舌母。

0063. 大保鼎（太保鼎）

【時　　代】西周早期前段。

【收 藏 者】某收藏家。

【形制紋飾】釜形鼎，侈口束頸，口沿上有一對扭索狀立耳，淺腹圜底，三柱足甚高。
通體光素。

【著　　録】未著録。

【銘文字數】內壁鑄銘文 3 字。

【銘文釋文】大（太）俘（保）盤（鑄）。

【備　　注】據説同坑出土一對，形制、大小、銘文相同；另外還有一對鳥形扁足鼎
等。均有“太保鑄”或“作寶彝”等銘文。

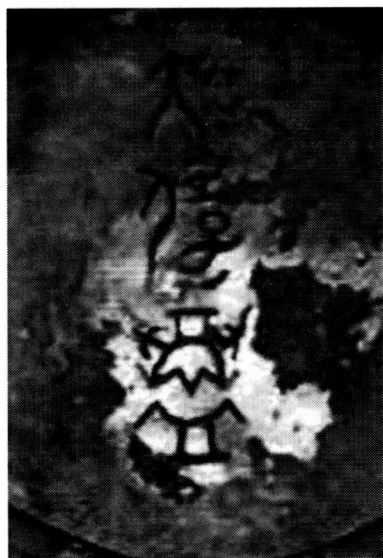

0064. 作寶鼎

【時　　代】西周早期前段。

【出土時地】2011年湖北隨州市曾都區淅河鎮蔣寨村葉家山西周墓地（M65.41）。

【收　藏　者】湖北省文物考古研究所。

【尺　　度】通高16.9、口徑13.5釐米。

【形制紋飾】體呈半球形，直口淺腹，腹部有六道扉棱，窄薄沿，方唇，口沿上有一對立
　　　　　　耳，底部設三條夔龍形扁足。腹部飾三組雲雷紋組成的列旗脊獸面紋。

【著　　錄】葉家山30頁。

【銘文字數】內底鑄銘文3字。

【銘文釋文】乍（作）寶鼎。

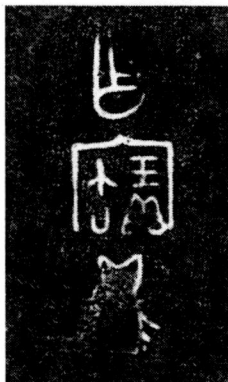

0065. 作寶鼎

【時　　代】西周中期。

【出土時地】2015 年 3 月出現在盛世收藏網。

【收 藏 者】某收藏家。

【尺　　度】通高 17.7、兩耳相距 18 釐米。

【形制紋飾】斂口，窄薄沿，口沿上有一對立耳，下腹向外傾垂，三條柱足較細。頸部
　　　　　　飾垂冠回首夔龍紋。

【著　　錄】未著錄。

【銘文字數】內壁鑄銘文 3 字。

【銘文釋文】乍（作）寶鼎。

0066. 作寶鼎

【時　　代】西周中期。

【出土時地】2015 年 9 月出現在盛世收藏網。

【收　藏　者】某收藏家。

【尺　　度】兩耳間距 19 釐米。

【形制紋飾】口微斂，窄沿方唇，口沿上有一對立耳，下腹向外傾垂，三條柱足上粗下細。頸部飾雲雷紋襯底的分尾長鳥紋。

【著　　錄】未著錄。

【銘文字數】內壁鑄銘文 3 字。

【銘文釋文】乍（作）寶鼎。

0067. 伯鼎

【時　　代】西周早期。

【出土時地】2010 年山西翼城縣隆
化鎮大河口西周墓地。

【收 藏 者】山西省考古研究所。

【尺　　度】通高 19.6、兩耳間距
16.7 釐米。

【形制紋飾】長方體，窄沿方唇，口
沿兩端有一對立耳，直
壁平底，四條柱足，體
四角鑄有"F"字形扉
棱。四壁上部飾雲雷
紋襯底的蛇紋，中部飾
勾連雷紋，左右及下部
飾三排乳釘紋，足上部
飾獸面紋。

【著　　錄】正經 30 頁。

【銘文字數】內壁鑄銘文 3 字。

【銘文釋文】白（伯）乍（作）齋。

0068. 作寶彝鼎

【時　　代】西周早期。

【收　藏　者】臺北震榮堂（陳鴻榮、王亞玲夫婦）。

【尺　　度】通高23、兩耳相距17釐米。

【形制紋飾】長方體，直口直壁，窄薄沿，口沿上有一對立耳，平底，四隅鑄有扉棱，四條柱足上粗下細。四壁上部飾一頭雙身龍紋，龍身彎曲處填以浮雕渦紋，以雲雷紋襯底，四壁左右和下部飾三排乳釘紋，柱足上部飾浮雕獸面紋。

【著　　錄】金銅器64頁鼎19。

【銘文字數】內壁鑄銘文3字。

【銘文釋文】乍（作）寶彝。

【備　　注】"彝"字下部被裁掉。

0069. 刀戈祖辛鼎

【時　　代】西周早期。

【出土時地】2013 年湖北隨州市曾都區淅河鎮蔣寨村葉家山西周墓地（M111.84）。

【收　藏　者】湖北省文物考古研究所。

【尺　　度】通高 56.5、口徑 42 釐米。

【形制紋飾】形似大盂鼎，斂口鼓腹，窄沿方唇，口沿上有一對立耳，圜底設三條獸面
　　　　　　柱足，足中部稍細。頸部飾下卷角獸面紋，以雲雷紋襯底。

【著　　錄】葉家山 119 頁。

【銘文字數】內壁鑄銘文 4 字。

【銘文釋文】刀戈且（祖）辛。

0070. 山丁乳册鼎

【時　　代】商代晚期。

【收 藏 者】原藏美國某私家,現藏
香港御雅居。

【尺　　度】通高19.1、口橫16釐米。

【形制紋飾】體呈長方箱形,平底,窄
沿方唇,口沿上有一對
立耳,體的四隅及四壁
中部各有一道扉棱,四
條柱足粗壯。四壁飾上
卷角獸面紋,以雲雷紋
襯底,四足飾陰綫蟬紋。

【著　　録】未著録。

【銘文字數】内壁鑄銘文4字。

【銘文釋文】山丁乳册。

0071. 亞口父己鼎

【時　　代】商代晚期。

【出土時地】1973 年收購。

【收 藏 者】故宮博物院。

【尺度重量】通高 20.5、兩耳相距 16.3
　　　　　　釐米，重 1.88 公斤。

【形制紋飾】斂口鼓腹，窄薄沿，口沿上
　　　　　　有一對立耳，三條柱足。頸
　　　　　　部飾三列雲雷紋組成的獸
　　　　　　面紋帶。兩耳係古人兩次
　　　　　　鑄補，未經加工磨修。

【著　　錄】辨偽 422 頁圖 317。

【銘文字數】內壁鑄銘文 4 字。

【銘文釋文】亞口父己。

0072. 子廟父丁鼎

【時　　代】西周早期前段。

【收 藏 者】某收藏家。

【形制紋飾】口微斂,腹微鼓,窄沿平折,口沿上有一對立耳,淺分襠,三柱足。體飾三組曲折角獸面紋,以雲雷紋襯底。

【著　　錄】未著錄。

【銘文字數】內壁鑄銘文 4 字。

【銘文釋文】子廟父丁。

0073. □仲鼎

【時　　代】西周早期。

【收 藏 者】某收藏家。

【形制紋飾】長方體。直口平底，窄
　　　　　沿方唇，口沿上有一對
　　　　　立耳，四条柱足。四壁
　　　　　上下飾獸面紋，左右飾
　　　　　夔龍紋，足部飾陰綫
　　　　　蟬紋。

【著　　錄】未著錄。

【銘文字數】內壁鑄銘文4字。

【銘文釋文】□中（仲）乍（作）彝。

0074. 師鼎

【時　　代】西周早期。

【出土時地】2011年湖北隨州市淅河
　　　　　　鎮蔣寨村葉家山西周墓
　　　　　　地（M1.5）。

【收 藏 者】湖北省文物考古研究所。

【尺度重量】通高28.2、口徑23.9釐
　　　　　　米，重4.705公斤。

【形制紋飾】口呈桃圓形，窄沿圓尖
　　　　　　唇，口微內斂，口沿上有
　　　　　　一對扭索狀立耳，鼓腹
　　　　　　圓底，三條柱足上粗下
　　　　　　細。頸部飾兩道弦紋，
　　　　　　其間爲浮雕圓渦紋。

【著　　錄】考古2012年7期37頁
　　　　　　圖9.6，葉家山154頁。

【銘文字數】內壁鑄銘文4字。

【銘文釋文】師乍（作）父癸。

【備　　注】"師"字反書。

0075. 射鼎

【時　　代】西周早期。

【收　藏　者】某收藏家。

【形制紋飾】口微斂，腹略鼓，窄沿圓唇，口
　　　　　　沿上有一對扭索狀立耳，圜底
　　　　　　設三條柱足。頸部飾浮雕圓渦
　　　　　　紋，間以夔龍紋。

【著　　　錄】未著錄。

【銘文字數】內壁鑄銘文 4 字。

【銘文釋文】射乍（作）寶彝。

0076. 天鼎

【時　　代】西周中期前段。

【收　藏　者】某收藏家。

【形制紋飾】口微斂，窄沿圓唇，口沿上有一對半環形立耳，三條柱足較細。頸部飾環帶紋，腹部飾勾連雷紋，足上部飾浮雕獸面紋。

【著　　録】未著録。

【銘文字數】內壁鑄銘文 4 字。

【銘文釋文】乍（作）寶鼎，天。

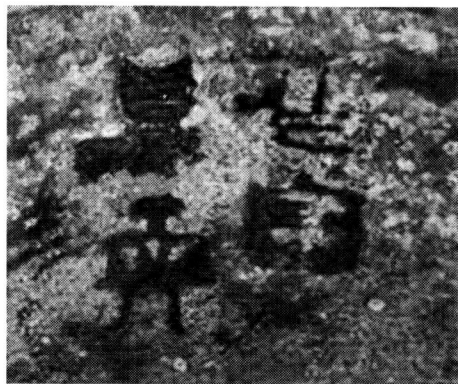

0077. 匽鼎

【時　　代】西周中期。

【收　藏　者】某收藏家。

【尺　　度】通高18、兩耳相距18釐米。

【形制紋飾】侈口尖唇,鼓腹圜底,口沿上有一對立耳,三條柱足。頸部飾分尾長鳥紋,
以雲雷紋襯底。

【著　　錄】未著錄。

【銘文字數】內壁鑄銘文4字。

【銘文釋文】匽乍(作)寶鼎。

0078. 仲鼎

【時　　代】西周中期。

【出土時地】2015 年 4 月出現在北京。

【收　藏　者】某收藏家。

【形制紋飾】斂口鼓腹，窄沿方唇，口沿上有一對立耳，底部微圓，下設三條柱足，頸部有一道箍棱。通體光素，外底有一層煙炱。

【著　　錄】未著錄。

【銘文字數】內壁鑄銘文 4 字。

【銘文釋文】中（仲）乍（作）寶鼎。

0079. 埼鼎（奇鼎）

【時　　　代】春秋晚期。

【出土時地】2013 年湖北隨州市曾都區文峰塔曾國墓地（M29.10）。

【收　藏　者】湖北省文物考古研究所。

【著　　　録】考古 2014 年 25 頁圖 16.2。

【銘文字數】內壁鑄銘文 4 字。

【銘文釋文】埼（奇）之阩（升）貞（鼎）。

【備　　　注】"埼"、"阩"二字反書。

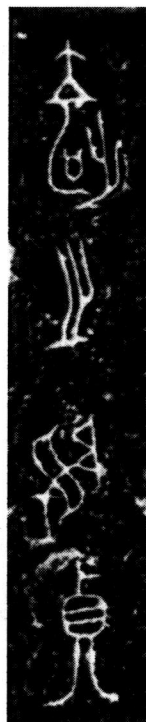

0080. 亞寏孤竹鼎

【時　　　代】商代晚期。

【出土時地】安徽臨泉縣博物館收購。

【收　藏　者】臨泉縣博物館。

【形制紋飾】方鼎。

【著　　　録】安徽銘文 26 頁圖 16.1。

【銘文字數】內壁鑄銘文 5 字。

【銘文釋文】亞寏晉（晉、孤）竹廼。

【備　　　注】"孤竹"原篆作"🔣🔣"。圖像未公布。

0081. 亞[?]天黽獻鼎（天黽亞[?]獻方鼎）

【時　　代】商代晚期。

【收 藏 者】某收藏家。

【尺　　度】通高 26.5、寬 21.7 釐米。

【形制紋飾】器型厚重，長方體，窄沿方唇，口沿兩端有一對立耳，平底下設四條粗壯的柱足，四壁中部和四角各有一道扉棱。四壁均飾上卷角獸面紋，以雲雷紋襯底，足飾陰綫蟬紋。

【銘文字數】內壁鑄銘文 5 字。

【銘文釋文】天黽亞[?]獻。

0082. 亞妘鼎（亞嬶鼎）

【時　　代】西周早期前段。

【出土時地】2011 年湖北隨州市淅河鎮蔣寨村葉家山西周墓地（M3.7）。

【收　藏　者】湖北省文物考古研究所。

【尺度重量】通高 21.7、口徑 16.9-17.2、腹深 8.8 釐米，重 2.18 公斤。

【形制紋飾】口呈桃圓形，窄沿方唇，口微內斂，口沿上有一對立耳，鼓腹分襠，三條柱
　　　　　　足。頸部飾三列雲雷紋組成的列旗脊獸面紋帶。

【著　　錄】考古 2012 年 7 期 37 頁圖 9.9，文物天地 2012 年 7 期 100 頁下，葉家山
　　　　　　243 頁。

【銘文字數】內壁鑄銘文 5 字。

【銘文釋文】亞嬶（妘）乍（作）寶彝。

0083. 曾侯鼎

【時　　代】西周早期前段。

【出土時地】2013 年 湖 北 隨 州 市曾都區淅河鎮蔣寨村葉家山西周墓（M28.156）。

【收 藏 者】湖北省文物考古研究所。

【尺度重量】通高 23.6、口縱 13、口橫 16.6、腹深 7.8-8.4 釐 米，重 2.445 公斤。

【形制紋飾】長方體，直口平底，窄沿方唇，口沿兩端有一對立耳，體四角各有一道扉棱，底部設四條柱足。薄板平蓋，中部有半環鈕，兩端各有一個長方缺口，以納立耳。四壁上部飾一頭雙身浮雕龍紋，以雲雷紋襯底，龍身彎曲處填以圓渦紋，四壁的左右及下部飾三排乳釘紋，四足上部飾浮雕獸面紋。

【著　　録】葉家山 56 頁，江漢考古 2013 年 4 期 10 頁拓片 2。

【銘文字數】蓋、器同銘，各 5 字。

【銘文釋文】甾（曾）矦（侯）乍（作）寶鼎。

蓋　　　　　器

0084. 鄂侯鼎（噩侯鼎）

【時　　代】西周早期。

【收 藏 者】臺北震榮堂（陳鴻榮、
　　　　　　王亞玲夫婦）。

【尺　　度】通高 22.5、兩耳相距
　　　　　　18 釐米。

【形制紋飾】口呈長方形。窄薄沿，
　　　　　　口沿上有一對立耳，淺
　　　　　　腹圜底，下有四條卷尾
　　　　　　鳥形扁足。腹部有八
　　　　　　條 C 形扉棱，飾鳥紋一
　　　　　　周，兩兩相對。

【著　　録】金銅器 59 頁鼎 14。

【銘文字數】內壁鑄銘文 5 字。

【銘文釋文】噩（鄂）厌（侯）乍（作）
　　　　　　寶彝。

0085. 楷侯鼎（楮侯鼎、黎侯鼎）

【時　　代】西周中期前段。

【收　藏　者】某收藏家。

【尺　　度】通高 17.1、口徑 16.2 釐米。

【形制紋飾】斂口鼓腹，窄沿圓唇，口沿上有一對立耳，圜底，三條柱足較短。頸部飾
　　　　　　一道粗弦紋。

【著　　錄】未著錄。

【銘文字數】內壁鑄銘文 5 字。

【銘文釋文】楮（楷、黎）厌（侯）乍（作）肇（旅）彝。

 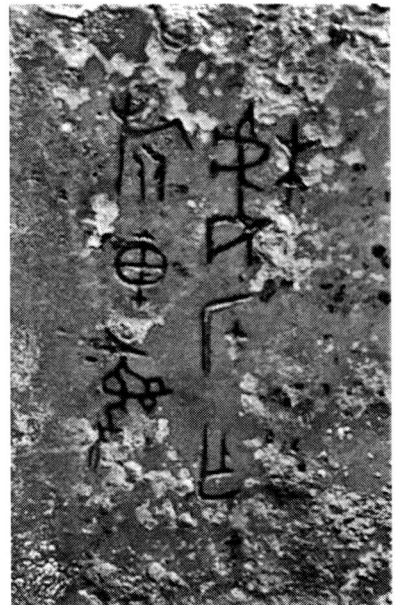

0086. 伯□鼎

【時　　代】西周中期前段。

【收 藏 者】某收藏家。

【尺　　度】通高 19、兩耳相距 18
　　　　　　釐米。

【形制紋飾】斂口平折沿,下腹向外
　　　　　　傾垂,口沿上有一對立
　　　　　　耳,三條柱足上粗下
　　　　　　細,底部弧度較大。頸
　　　　　　部飾分尾長鳥紋,以雲
　　　　　　雷紋襯底。

【著　　録】未著録。

【銘文字數】內壁鑄銘文 5 字。

【銘文釋文】白(伯)□乍(作)寶鼎。

0087. 燕伯鼎（匽伯鼎）

【時　　代】西周中期。

【收　藏　者】某收藏家。

【形制紋飾】斂口窄沿，口沿上有一對立耳，下腹向外傾垂，三條柱足上粗下細。頸部飾兩道弦紋。

【著　　錄】未著錄。

【銘文字數】內壁鑄銘文 5 字。

【銘文釋文】匽（燕）白（伯）乍（作）齊（齍）鼎。

0088. 劦册竹父乙鼎

【時　　代】西周早期。

【收 藏 者】香港中華古美術公司。

【尺　　度】通高 23、口橫 21.5、口縱
18.5 釐米。

【形制紋飾】長方體，直口平底，窄沿方
唇，口沿上有一對立耳，四
壁向下略有收分，四角及
四壁中部各有一道扉棱，
四條柱足較高。口沿下飾
夔鳥紋，腹壁飾上卷角獸
面紋，兩旁填以倒置的夔
龍紋，均以雲雷紋襯底，足
部飾陰綫蟬紋。

【著　　錄】未著録。

【銘文字數】內壁鑄銘文 5 字。

【銘文釋文】劦册竹父乙。

0089. 并伯鼎

【時　　代】西周中期。

【收 藏 者】某收藏家。

【形制紋飾】斂口，窄薄沿，口沿上有一對立耳，下腹向外傾垂，圓底，三條柱足上粗下
細。頸部飾鳥紋，以雲雷紋襯底。

【著　　録】未著録。

【銘文字數】內壁鑄銘文 5 字。

【銘文釋文】并白（伯）乍（作）旅鼎。

0090. 冎父戊父丁鼎

【時　　代】西周中期。

【收　藏　者】某收藏家。

【形制紋飾】斂口，窄沿方唇，口沿上有一對扭索狀立耳，鼓腹圓底，三條柱足上粗下細。頸部飾夔龍紋。

【著　　錄】未著錄。

【銘文字數】內壁鑄銘文 5 字。

【銘文釋文】冎父戊父丁。

0091. □改鼎

【時　　代】西周中期。

【出土時地】2015 年出現在西安。

【收　藏　者】某收藏家。

【形制紋飾】斂口圓唇,鼓腹圜底,口沿上有一對立耳,三條柱足上粗下細。頸部飾斜角目雲紋和一道粗弦紋。

【著　　錄】未著錄。

【銘文字數】內壁鑄銘文 5 字。

【銘文釋文】□改乍(作)妻(齍)鼎。

0092. 鄧子孫白鼎

【時　　代】春秋早期。

【出土時地】湖北穀城縣廟灘鎮擂鼓臺春秋墓地出土。

【收 藏 者】穀城縣博物館。

【尺　　度】通高 19、口徑 19.5 釐米。

【形制紋飾】體呈半球形,敞口窄平沿,口沿上有一對立耳,圜底,三條蹄形足。頸部飾橫鱗紋,腹部飾垂鱗紋。

【著　　錄】穀城 16 頁。

【銘文字數】內壁鑄銘文 5 字。

【銘文釋文】鄧(鄧)子孫白用。

【備　　注】銘文倒置。

0093. 中臣鼎

【時　　　代】西周早期前段。

【出土時地】2012 年 6 月陝西寶雞市渭
濱區石鼓鎮石嘴頭村石鼓
山西周墓（M3.81）。

【收　藏　者】寶雞市渭濱區博物館。

【尺　　　度】通高 21.8、口徑 14.6 釐米。

【形制紋飾】殘破。口微斂，腹微鼓，窄
沿方唇，口沿上有一對立
耳，淺分襠，三條柱足較高。
腹部飾三組下卷角獸面紋，
兩側各有一個倒置的夔龍
紋，均以雲雷紋襯底。

【著　　　錄】文物 2013 年 2 期 38 頁圖
49.8。

【銘文字數】內壁鑄銘文 6 字。

【銘文釋文】𠁩（中）臣尊（尊）鼎，帝后（后）。

0094. 戈鼎

【時　　代】西周早期。

【出土時地】2015年秋季出現在香港瀚海拍賣會。

【收　藏　者】原藏日本東京某收藏家。

【尺　　度】通高33、兩耳相距26釐米。

【形制紋飾】橫截面呈橢方形，子口鼓腹，一對附耳高聳，四條柱足，蓋面較平緩，弧度下折，有窄沿，頂部有圈狀捉手。蓋的折面和器口下均飾浮雕一首雙身龍紋，以雲雷紋襯底，龍身飾菱形雷紋。

【著　　錄】未著錄。

【銘文字數】蓋、器同銘，各6字。

【銘文釋文】乍（作）且（祖）丁隩（尊）彝，戈。

【備　　注】此爲蓋銘，除銘文"彝、戈"字外，餘皆反書。

蓋

鼎

0095. 豐姬鼎

【時　　代】西周早期。

【收 藏 者】某收藏家。

【形制紋飾】子口內斂，下腹向外傾垂，口沿上有一對附耳，三條柱足，蓋面隆起，上有三個倒置的夔龍形扁狀扉棱。蓋沿和頸部均飾三列雲雷紋組成的獸面紋帶。

【著　　錄】未著錄。

【銘文字數】蓋、器同銘，各 6 字。

【銘文釋文】豐姬乍（作）寶尊彝。

【備　　注】此為器銘，蓋銘未公布。

器

0096. 曾侯諫鼎

【時　　代】西周早期。

【出土時地】2011年湖北隨州市淅河鎮蔣寨村葉家山西周墓地（M2.3）。

【收　藏　者】湖北省文物考古研究所。

【尺度重量】通高22.5、口徑17.5-18、腹深9.9釐米，重2.5公斤。

【形制紋飾】口呈桃圓形，斂口鼓腹，窄沿方唇，口沿上有一對立耳，淺分襠，三柱足。腹部飾三組下卷角獸面紋，兩旁填以倒置的夔龍紋，以雲雷紋襯底。

【著　　錄】考古2012年7期37頁圖9.3。

【銘文字數】內壁鑄銘文6字。

【銘文釋文】甶（曾）厌（侯）諫乍（作）寶彝。

0097.　曾侯諫鼎

【時　　代】西周早期。

【出土時地】2013 年湖北隨州市曾都區淅河鎮蔣寨村葉家山西周墓地（M28.157）。

【收 藏 者】湖北省文物考古研究所。

【尺　　度】通高 22.8、口縱 15.2、口橫 18.1 釐米。

【形制紋飾】長方體，直口平底，窄沿方唇，口沿兩端有一對立耳，體四角及四壁中上部各有一道雙牙扉棱，底部設四條柱足。四壁上部飾小鳥紋，兩兩相對，均以雲雷紋襯底，四足上部飾陰綫垂葉紋。

【著　　錄】葉家山 58 頁。

【銘文字數】內壁鑄銘文 6 字。

【銘文釋文】曾（曾）厌（侯）諫乍（作）寶彝。

【備　　注】同墓出土 2 件，形制、紋飾、大小和銘文基本相同。

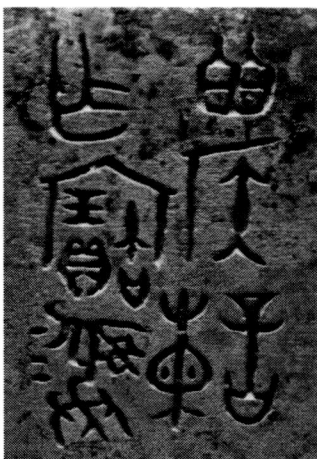

0098. 曾侯諫鼎

【時　　代】西周早期。

【出土時地】2013年湖北隨州市曾都
區淅河鎮蔣寨村葉家山
西周墓地（M28.165）。

【收 藏 者】湖北省文物考古研究所。

【尺度重量】通高23.6、口縱16.7、
口橫13.7、腹深8.5釐
米,重2.71公斤。

【形制紋飾】長方體,直口平底,窄
沿方唇,口沿兩端有一
對立耳,體四角及四
壁中上部各有一道雙
牙扉棱,底部設四條柱
足。四壁上部飾小鳥
紋,兩兩相對,均以雲雷
紋襯底,四足上部飾陰綫垂葉紋。

【著　　録】江漢考古2013年4期9頁拓片1。

【銘文字數】內壁鑄銘文6字。

【銘文釋文】曶(曾)医(侯)諫乍(作)寶彝。

0099. 曾侯諫鼎

【時　　代】西周早期。

【出土時地】2013 年湖北隨州市曾都區淅河鎮蔣寨村葉家山（M28.164）。

【收　藏　者】湖北省文物考古研究所。

【尺度重量】通高 29.4、口徑 21.4-21.6、腹深 13.8-15 釐米，重 3.76 公斤。

【形制紋飾】圓體，口微斂，窄薄沿，口沿設置一對扭索狀立耳，圓底，三條柱足較細。
頸部飾浮雕圓渦紋，間以夔龍紋，以雲雷紋襯底。

【著　　錄】江漢考古 2013 年 4 期 13 頁拓片 3。

【銘文字數】內壁鑄銘文 6 字。

【銘文釋文】曽（曾）厌（侯）諫乍（作）寶彝。

【備　　注】同墓出土 2 件，形制、紋飾、銘文、大小基本相同，M28.152 資料未公布。

0100. 曾侯諫鼎

【時　　代】西周早期。

【出土時地】2013 年湖北隨州市曾都區淅河鎮蔣寨村葉家山西周墓地（M28.181）。

【收 藏 者】湖北省文物考古研究所。

【尺度重量】通高 23、口徑 15.6-15.8、腹深 10.5 釐米，重 2.305 公斤。

【形制紋飾】口呈桃圓形，窄沿方唇，口沿設置一對扭索形立耳，淺分襠，三條柱足。體飾三組下卷角獸面紋，每組獸面紋兩側增飾倒置的夔龍紋，以雲雷紋襯底。

【著　　録】江漢考古 2013 年 4 期 13 頁拓片 3。

【銘文字數】内壁鑄銘文 6 字。

【銘文釋文】曽（曾）医（侯）諫乍（作）寶彝。

【備　　注】同墓出土 2 件，形制、紋飾、銘文、大小基本相同，M28.158 資料未公布。

0101. 曾侯諫鼎

【時　　代】西周早期。

【出土時地】2011年湖北隨州市淅河
　　　　　　鎮蔣寨村葉家山西周墓
　　　　　　地（M3.8）。

【收　藏　者】湖北省文物考古研究所。

【尺度重量】通高28.9-29.5、口徑
　　　　　　23.8-24.5、腹深15.5釐
　　　　　　米，重4.14公斤。

【形制紋飾】口呈桃圓形，窄沿圓唇，
　　　　　　口微內斂，口沿上有一對
　　　　　　扭索狀立耳，鼓腹圓底，
　　　　　　三條柱足上粗下細。頸
　　　　　　部飾浮雕圓渦紋間以夔
　　　　　　龍紋，以雲雷紋襯底。

【著　　錄】考古2012年7期37頁
　　　　　　圖9.8。

【銘文字數】內壁鑄銘文6字。

【銘文釋文】曾（曾）厌（侯）諫乍（作）寶彝。

0102. 史生鼎

【時　　代】西周早期。

【收　藏　者】某收藏家。

【尺　　度】通高 20.5、口徑 18.6、腹深 11.5 釐米。

【形制紋飾】口稍斂，窄沿方唇，口沿上有一對立耳，腹較淺，且向外傾垂，三條柱足上
　　　　　　粗下細，外底有三角綫加强筋。頸部飾雲雷紋組成的列旗脊獸面紋帶。

【著　　錄】未著錄。

【銘文字數】內壁鑄銘文 6 字。

【銘文釋文】史生乍（作）丁寶鼎。

0103. 仲叔父鼎

【時　　代】西周早期。

【收 藏 者】某收藏家。

【尺　　度】通高約 16、口徑約 13 釐米左右。

【形制紋飾】斂口鼓腹，窄平沿，口沿上有一對立耳（其中一耳出土時被挖裂變形），深腹圜底，三條柱足，外底有三角形加強筋。頸部飾兩條弦紋。

【著　　録】未著録。

【銘文字數】內壁鑄銘文 6 字。

【銘文釋文】中（仲）叔父乍（作）旜（旅）鼎。

0104. 繛鼎（原稱太保鼎）

【時　　代】西周早期後段。

【收 藏 者】原藏吳大澂。

【形制紋飾】方唇平沿，口沿上一
對立耳，體呈長方槽
形，四邊向下漸有收
分，四壁中部和四隅
各有一道 C 形扉棱，
四條鳥形扁足。口
下飾夔紋。

【著　　錄】愙圖注 066 頁。

【銘文字數】內壁鑄銘文 6 字。

【銘文釋文】繛（遵）乍（作）隩（尊）彝，大（太）㝝（保）。

【備　　注】"繛"疑爲除銹時誤剔筆道所致。方鼎在圖像左側。

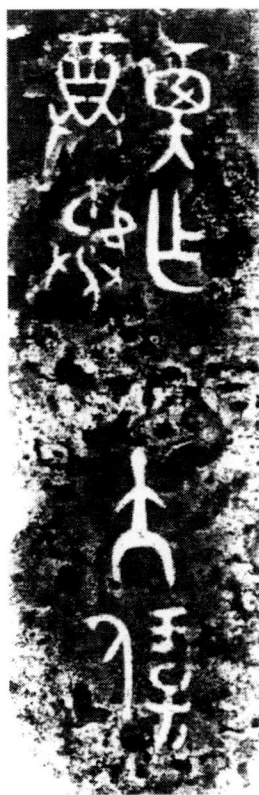

0105. 作父乙鼎

【時　　代】西周中期前段。

【收　藏　者】某收藏家。

【形制紋飾】口微斂,窄沿方唇,口沿
　　　　　上有一對立耳,圜底下
　　　　　設有三足,足上部鼓起,
　　　　　下部近似圓柱。頸部飾
　　　　　飄冠卷喙卷尾長鳥紋,
　　　　　以雲雷紋襯底。

【著　　錄】未著錄。

【銘文字數】內壁鑄銘文6字。

【銘文釋文】乍(作)父乙寶鼎,飤。

0106. 伯晉生鼎

【時　　代】西周晚期。

【出土時地】2004-2007 年山西絳縣橫水鎮橫北村西周墓地（M1016.32）。

【收　藏　者】山西省考古研究所。

【著　　錄】論衡 101 頁圖 8。

【銘文字數】內壁鑄銘文 6 字。

【銘文釋文】白（伯）晉（晉）生乍（作）隩（尊）鼎。

0107. 秦公鼎

【時　　代】春秋早期。

【出土時地】1993年秋甘肅禮縣永坪鄉趙坪村大堡子秦公墓地。

【收 藏 者】甘肅省博物館。

【形制紋飾】立耳折沿，淺腹，下腹外鼓，底近平，三隻獸面蹄足。頸部飾獸目交連紋，耳外側飾鱗紋，腹部飾垂鱗紋，足上部飾獸面紋。

【著　　録】未著録。

【銘文字數】内壁鑄銘文6字。

【銘文釋文】𥢕(秦)公乍(作)𩰫(鑄)用鼎。

【備　　注】殘破經修復。

0108. 黃子戌鼎

【時　　代】春秋晚期。

【收 藏 者】海外某收藏家。

【尺　　度】通高 20.5、兩耳相距 22 釐米。

【形制紋飾】直口窄沿,深腹圓底,口沿下有一對高附耳,弧形蓋,頂部中央有一個環形提鈕,周圍裝飾四個扭索狀圓環。上腹有一道綯扭索狀箍棱,底部設三條獸面高蹄足。通體飾蟠虺紋。

【著　　錄】未著錄。

【銘文字數】蓋、器同銘,各 6 字。

【銘文釋文】黃子戌之飤鼎(鼎)。

蓋

鼎

0109. 曾叔旂鼎

【時　　代】春秋晚期。

【出土時地】2013年湖北隨州市曾都區文峰塔曾國墓地（M35.19）。

【收　藏　者】湖北省文物考古研究所。

【形制紋飾】直口窄沿，口沿上一對立耳斜向外伸，直壁平底，三條獸面蹄足，內面削平。腹部飾三道垂鱗紋。

【著　　錄】考古2014年25頁圖16.1。

【銘文字數】內壁鑄銘文6字。

【銘文釋文】曾弔（叔）旂之行貞（鼎）。

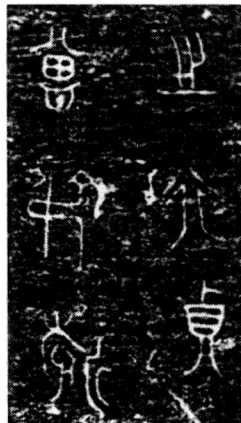

0110. 龍子図鼎

【時　　代】春秋晚期。

【出土時地】2014年出現在南京市。

【收 藏 者】某收藏家。

【尺　　度】通高23、兩耳相距27
釐米。

【形制紋飾】半球形體，窄薄沿，矮
子口，一對附耳微向外
曲張，蓋面隆起，頂部
有銜環小鈕，周邊有三
個扁環鈕，其上有雲頭
形裝飾，蓋沿平折；三
條蹄足較高。蓋面有
三道蟠螭紋，外部兩組
內外各圍一道絢索紋，

蓋沿亦飾絢索紋；腹部有一道箍棱，上下均飾蟠螭紋，上組的下邊有一
道絢索紋，下組上下各有一道絢索紋。

【著　　録】未著録。

【銘文字數】蓋、器同銘，各6字。

【銘文釋文】龍子図之豆（廚）鼎（鼎）。

蓋

器

鼎

0111. 羅子龍鼎

【時　　代】春秋晚期。

【收藏者】某收藏家。

【形制紋飾】子口微斂,深腹圓底,一對附耳高聳,三條獸面蹄足,蓋面呈弧形隆起,蓋的捉手作八輻輪狀。蓋面有三道絢索形箍棱,腹部有一道絢索形箍棱,蓋面和上腹均飾蟠螭紋,下腹飾垂葉紋,垂葉之內亦飾蟠虺。

【著　　録】未著録。

【銘文字數】蓋、器同銘,各 6 字。

【銘文釋文】羉(羅)子龍之飤䥶。

【備　　注】此爲蓋銘,器銘未提供。

蓋

0112. 妊鼎

【時　　代】商代晚期。

【出土時地】2011 年春陝西扶風縣
　　　　　法門鎮召陳村北西周墓
　　　　　（SFSM1.1）。

【收 藏 者】周原博物館。

【尺　　度】通高 19.3、口縱 12.4、口
　　　　　横 16.8、腹深 8.7 釐米。

【形制紋飾】體呈長方形，四角鑄有
　　　　　扉棱，直口平沿，口沿上
　　　　　有一對立耳，四壁向下
　　　　　漸有收分，底部微外鼓，
　　　　　四條柱足較細。頸的前
　　　　　後增飾浮雕獸頭，四壁
　　　　　上部飾相對的夔龍紋，
　　　　　以雲雷紋襯底，左右及
下部飾三排乳釘紋。該鼎殘破，但殘片齊全，未修復。

【著　　錄】周原第一輯彩版 31.1。

【銘文字數】內壁鑄銘文 7 字。

【銘文釋文】妊乍（作）孟恒父尊鼎。

鼎

0113. 矢伯隻鼎

【時　　代】西周早期。

【收 藏 者】原藏法國尼斯收藏家 L.D,
後歸法國戴克成（Christian
Deyder），其後又歸瑞士馬
塞爾、尚塔爾·格柏伉儷
（Marcel & Chantal Gerbe），
現藏香港御雅居。

【尺　　度】通高 23.5、口徑 18.2、耳距
18.4 釐米。

【形制紋飾】口微斂，窄薄沿，口沿上有一
對立耳，淺分襠，三條柱足粗
壯。腹部飾三組曲折角笑
臉獸面紋，以雲雷紋襯底。

【著　　録】王侯 12 頁。

【銘文字數】內壁鑄銘文 7 字。

【銘文釋文】矢白（伯）隻乍（作）父癸彝。

0114. 叔疑鼎（叔迻鼎）

【時　　代】西周早期。

【出土時地】2011 年湖北隨州市淅河鎮蔣寨村葉家山西周墓地（M15.3）。

【收 藏 者】湖北省文物考古研究所。

【尺度重量】通高 21.7、口徑 16.9-17.2、腹深 8.8 釐米，重 2.18 公斤。

【形制紋飾】口呈桃圓形，窄薄沿，口微內斂，口沿上有一對立耳，鼓腹圓底，三條柱足。頸部飾浮雕圓渦紋，間以四瓣花紋。

【著　　錄】考古 2012 年 7 期 37 頁圖 9.7，葉家山 247 頁。

【銘文字數】內壁鑄銘文 7 字。

【銘文釋文】弔（叔）迻（疑）啟（肇）乍（作）寶𨤲（尊）彝。

0115. 伯鼎

【時　　代】西周早期。

【收 藏 者】某收藏家。

【形制紋飾】斂口鼓腹，窄沿方唇，口沿上有一對立耳，圜底下設三條柱足。頸部有一道箍棱，通體光素。

【著　　錄】未著錄。

【銘文字數】內壁鑄銘文 7 字。

【銘文釋文】白（伯）乍（作）旂中（仲）日隮（尊）鼎。

0116. 康文公子鼎

【時　　代】西周中期。

【收 藏 者】某收藏家。

【形制紋飾】斂口垂腹,窄沿方唇,口
沿上有一對立耳,底部
弧度較緩,三條柱足。
頸部飾回首尾下卷作刀
形的夔鳥紋,前後增飾
浮雕獸頭。

【著　　録】未著録。

【銘文字數】内壁鑄銘文 7 字。

【銘文釋文】康文公子乍(作)寶彝。

0117. 曾嫚公臣鼎

【時　　代】春秋晚期。

【出土時地】2013 年湖北隨州市曾
都區文峰塔曾國墓地
（M46.5）。

【收 藏 者】湖北省文物考古研究所。

【形制紋飾】直口，窄沿方唇，頸部設
一對附耳，蓋面隆起，頂
部有小鈕銜環提手，周圍
有三個環鈕，圜底，三條
高細的蹄足。上腹部飾
一周粗弦紋。

【著　　録】江漢考古 2014 年 1 期
15 頁。

【銘文字數】蓋、器同銘，各 7 字。

【銘文釋文】曾嫚公臣之顫（頭－廚）貞（鼎）。

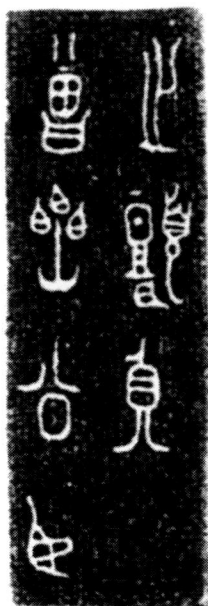

蓋 1　　　　　　　　　　　蓋 2

0118. 大差鼎

【時　　代】春秋晚期。

【出土時地】1994 年山西太原市晉源區金
勝村 M674。

【收 藏 者】山西省考古研究所。

【尺　　度】通高 50 釐米。

【形制紋飾】斂口鼓腹，一對附耳向外曲張，
圓底，下設三條蹄足。足上部
飾浮雕獸面紋，蓋面微隆起，中
部有銜環鈕，外圈有三個 "8"
字形捉手。蓋面有三道鼓起的
粗棱，其間均飾細小的蟠虺紋，
口沿和腹部各有一道箍棱，箍
棱之間和下腹飾蟠虺紋，兩耳
外側亦飾蟠虺紋。

【著　　録】國博館刊 2012 年 2 期 23 頁
圖 13。

【銘文字數】內壁鑄銘文約 7 字。

【銘文釋文】吳□□□大砼（差）□。

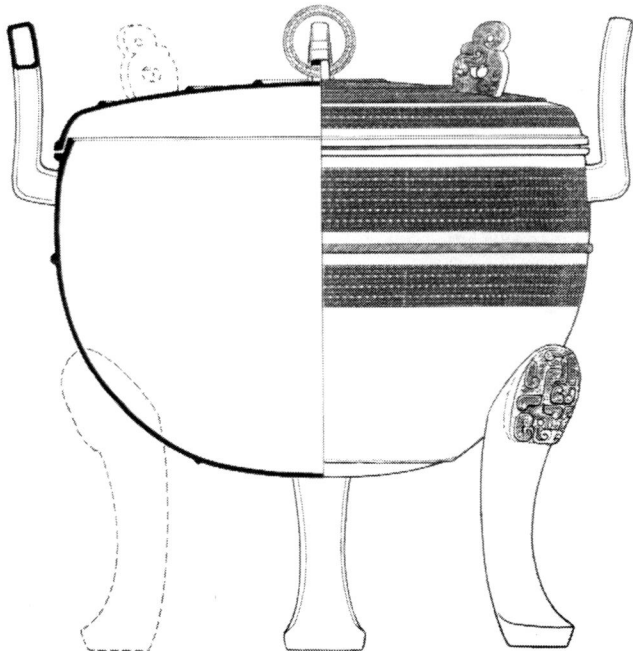

0119. 曾侯乙鼎

【時　　代】戰國早期。

【出土時地】1979年湖北隨縣擂鼓墩（今屬隨州市曾都區）曾侯乙墓（中室 c87）。

【收 藏 者】湖北省博物館。

【形制紋飾】敞口，厚方脣，耳作弧形外撇，淺腹束腰，平底，獸蹄形三足。中腰有凸綫
　　　　　紋帶，腹外有四條對稱的圓雕龍形附飾，足飾浮雕渦雲紋，器身飾鑲嵌的
　　　　　鳥首龍紋和勾連雲紋，耳面飾勾連雲紋，耳側飾鑲嵌梭形紋，鑲嵌物爲綠
　　　　　松石。

【著　　録】楚金 334 頁左。

【銘文字數】內壁鑄銘文 7 字。

【銘文釋文】曾矦（侯）乙詐（作）旹（持）甬（用）冬（終）。

0120. 宜信孺子鼎

【時　　代】戰國晚期·魏。

【收　藏　者】某收藏家。

【形制紋飾】體扁圓，子口內斂，一對附耳向外曲張，三條蹄足，蓋面上有三個環鈕。
腹中部有一道箍棱，通體光素。

【著　　錄】未著錄。

【銘文字數】蓋、器同銘，各 7 字（其中合文 1）。

【銘文釋文】宜訫（信）乳（孺）子，膚（容）厽（叄）分。

【備　　注】"乳（孺）子"二字爲合文。

蓋（放大）　　　　　　　　　　　器（放大）

0121. 曾侯鼎

【時　　代】西周早期。

【出土時地】2013年湖北隨州市曾都區淅河鎮蔣寨村葉家山西周墓地（M111.85）。

【收 藏 者】湖北省文物考古研究所。

【尺　　度】通高49、口橫35.5、口縱26.5釐米。

【形制紋飾】長方體，直口平底，窄沿方唇，口沿下兩端有一對附耳，體四角及口沿下各有一道雙牙扉棱，薄板平蓋，中部有環鈕，鈕四周裝飾四條扁體龍形扉，四柱足較細，上部裝飾浮雕獸面，獸角外

翹。口沿下飾六組浮雕狀獸面紋，四壁下部飾陽綫垂葉紋。

【著　　録】葉家山114頁。

【銘文字數】蓋、器同銘，各8字。

【銘文釋文】曽（曾）医（侯）乍（作）父乙寶隣（尊）彝。

蓋

器

0122. 義鼎

【時　　代】西周早期。

【收　藏　者】某收藏家。

【形制紋飾】口微斂,窄沿圓唇,一對
扭索狀立耳,下腹向外
傾垂,三條柱足。頸部
飾三列雲雷紋組成的列
旗脊獸面紋帶。

【著　　錄】未著錄。

【銘文字數】內壁鑄銘文8字。

【銘文釋文】義乍(作)父乙寶阝(尊)
彝,冊(冊)。

0123. 殺鼎（兇鼎，原稱叟鼎）

【時　　代】西周中期前段。丶

【出土時地】1993 年初河南平頂山市
　　　　　薛莊鄉滍陽鎮義學崗應
　　　　　國墓地（M2103.3）。

【收 藏 者】河南省文物考古研究所。

【尺度重量】通 高 19.8、口 徑 17.1 ×
　　　　　19.5 釐米，重 0.625 公斤。

【形制紋飾】斂口窄沿，口沿上有一對
　　　　　立耳，下腹微向外傾垂，
　　　　　圜底三柱足。外底範綫
　　　　　呈外弧三角形，三足之間
　　　　　附加一個內弧三角形加
　　　　　强筋，頸部飾三組小鳥紋
　　　　　與三組斜角雲雷紋。

【著　　録】應國墓 383 頁圖 158。

【銘文字數】內壁鑄銘文 8 字。

【銘文釋文】兇（殺）乍（作）聰（？）寶彝，萬年用。

【備　　注】《應國墓》將"兇（殺）"釋爲"叟"，似誤。

鼎

121

0124. 王子臣鼎

【時　　代】春秋晚期。

【收 藏 者】北京某收藏家。

【尺　　度】通高 51、口徑 54、兩耳相距 75 釐米。

【形制紋飾】侈口方唇，束腰平底，長方形立耳外張，三條獸面蹄足，鼎上體裝飾六條
昂首曲腰揚尾的扁體怪獸，怪獸口銜鼎沿，龍角翹起，鬚、尾飛揚。腰部
有一道箍棱，除足下部以外，通體飾羽翅紋，蹄足上部有高挺的扉棱。

【著　　録】未著録。

【銘文字數】內壁鑄鳥篆銘文 8 字。

【銘文釋文】王子臣乍（作）䵼（肆）彝，用冬（終）。

【備　　注】臺灣曹興誠已收藏一件，形制、紋飾、銘文相同，通高 52、兩耳相距 75.1
釐米。《銘圖》第 13 卷 0521 號已著録王子臣俎（原稱王子頤俎），係同一
人的器物。

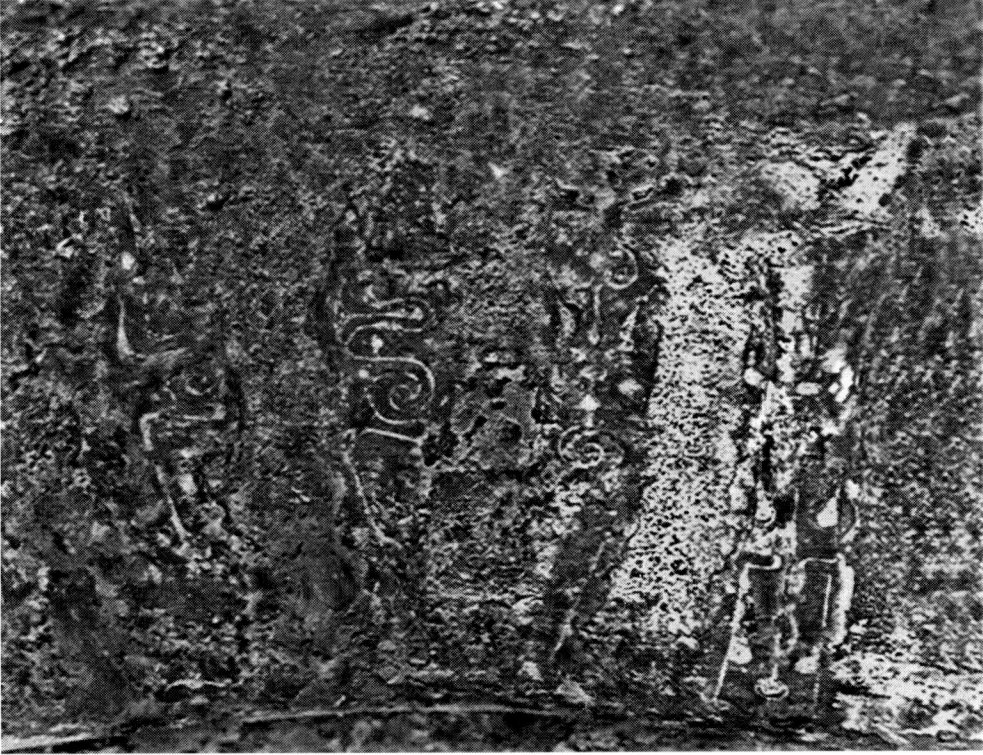

銘文前部

銘文後部

鼎

123

0125. 楚叔之孫定鼎

【時　　代】春秋晚期。

【收 藏 者】某收藏家。

【尺度重量】通高 28.5、兩耳相距 26 釐米,重約 4 公斤。

【形制紋飾】子口內斂,深腹圜底,窄平沿,一對附耳高聳,三條獸面蹄足,蓋面隆起,平折沿,頂部有輪形捉手,由六根弧形圓柱與蓋連接。蓋面有三道凸棱,其間飾蟠虺紋,腹部有一道箍棱,上下均飾蟠虺紋。

【著　　錄】未著錄。

【銘文字數】蓋、器同銘,各 8 字。

【銘文釋文】楚弔(叔)之孫定之豆(廚)鼎(鼎)。

【備　　注】此爲蓋銘,器銘未拍照。

蓋

0126. 曾公子棄疾鼎甲

【時　　代】春秋晚期。

【出土時地】2011年9月湖北隨州市東城區義地崗春秋墓地（M6.9）。

【收　藏　者】某收藏家。

【尺　　度】通高16.5、口徑13.5釐米。

【形制紋飾】子口，口沿下和腹部各有一道箍棱，一對長方附耳高聳，深腹圓底，三條
　　　　　　蹄形足外撇，蓋面隆起，蓋頂中央有雙頭共身螭龍銜環鈕，外圈有三個環
　　　　　　鈕，鈕上有螭龍凸起。蓋面滿飾花紋，中央兩絇索紋間有一周重環紋，其
　　　　　　外飾二周蟠虺紋，蓋沿飾一周變體蟠螭紋，螭身填以魚子紋，腹部箍棱上
　　　　　　下亦飾四組變體蟠螭紋，螭身填以魚子紋。

【著　　錄】江漢考古2012年3期7頁拓片一。

【銘文字數】蓋、器同銘，各8字。

【銘文釋文】曾公子厺（棄）疾之行貞（鼎）。

【備　　注】"厺（棄）疾"簡報釋爲"去疾"。

蓋1

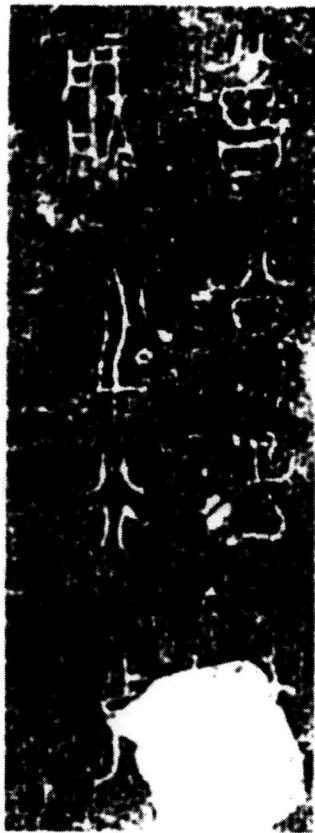

器1

蓋2

器2

0127. 曾公子棄疾鼎乙

【時　　代】春秋晚期。

【出土時地】2011 年 9 月湖北隨州市東城區義地崗春秋墓地（M6.10）。

【收 藏 者】隨州市博物館。

【尺度重量】通高 35.9、口徑 30.7、腹深 20.2 釐米，重 8.895 公斤。

【形制紋飾】子口，口沿下和腹部各有一道箍棱，一對長方附耳高聳，深腹圜底，三條
　　　　　蹄形足外撇，蓋面微隆起，蓋頂中央有雙頭共身螭龍銜環鈕，外圈有三個
　　　　　環鈕，鈕上有螭龍凸起。蓋面中央飾重環紋和絢紋各一周，其外飾二周
　　　　　蟠虺紋，蓋沿飾一周變體蟠螭紋，螭身填以魚子紋，耳飾蟠虺紋和絢紋，
　　　　　腹部箍棱上下亦飾四組變體蟠螭紋，螭身填以魚子紋，足上部飾獸面紋。

【著　　錄】江漢考古 2012 年 3 期 9 頁拓片二，文物天地 2013 年 6 期 61 頁。

【銘文字數】蓋、器同銘，各 8 字。

【銘文釋文】曾公子厾（棄）疾之行貞（鼎）。

鼎

蓋1   蓋2

器

0128. 大司馬國鼎

【時　　代】春秋晚期。

【出土時地】2013年湖北隨州市曾都區文峰塔曾國墓地（M32.8）。

【收　藏　者】湖北省文物考古研究所。

【形制紋飾】直口窄沿，口沿上一對立耳斜向外伸，直壁平底，三條獸面蹄足，内面削
　　　　　　平。腹部飾三道垂鱗紋。

【著　　　録】考古2014年25頁圖17。

【銘文字數】口沿鑄銘文8字。

【銘文釋文】曾大司馬國之行貞（鼎）。

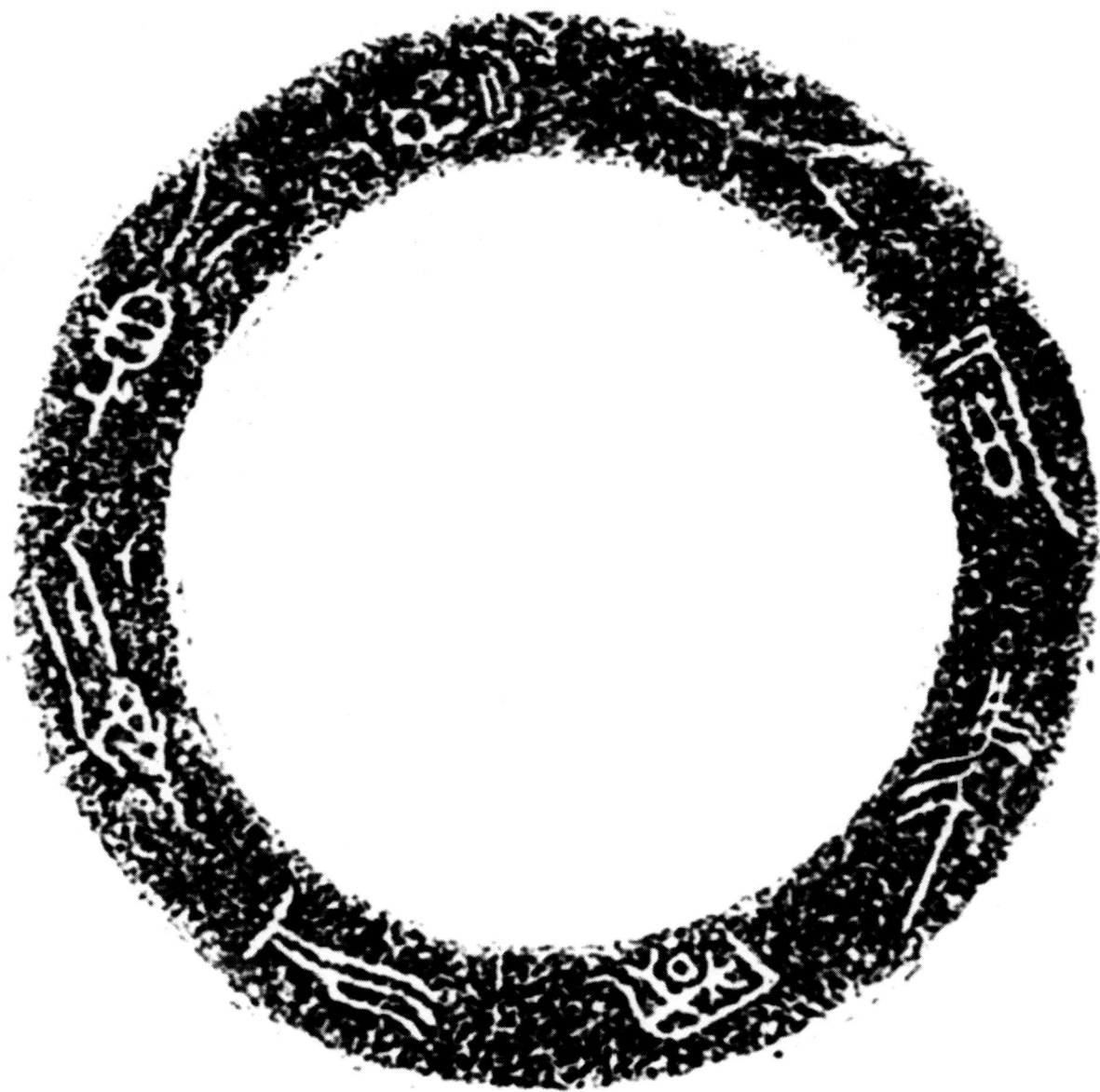

（原直徑24.5釐米）

0129. 鼀鼎

【時　　代】商代晚期。

【收　藏　者】某收藏家。

【形制紋飾】鼎口微斂,窄沿方唇,口沿上有一對立耳,深腹圜底,通體有六道扉棱,三條柱足。腹部飾三組獸面紋,獸面咧嘴利爪,以夔龍爲角,雲雷紋襯底,三足飾陰綫蟬紋。

【著　　録】未著録。

【銘文字數】内壁鑄銘文 9 字(其中合文 1)。

【銘文釋文】鼀乍(作)父辛寶隩(尊)彝,亞夫。

0130. 伯鼎甲

【時　　代】西周早期。

【出土時地】2011 年湖北隨州市淅河鎮蔣寨村葉家山西周墓地（M50.12）。

【收　藏　者】湖北省文物考古研究所。

【尺度重量】通高 23.3-23.7、口橫 18.6、口縱 14.5 釐米，重 2.23 公斤。

【形制紋飾】長方體，窄沿方唇，口沿上有一對立耳，腹壁向下漸收，四條柱足較高，四角鑄有雙牙扉棱。口沿下飾雙身共首龍紋，壁的兩側飾站立的鳳鳥紋。

【著　　錄】考古 2012 年 7 期 37 頁圖 9.4。

【銘文字數】內壁鑄銘文 9 字。

【銘文釋文】又六六一，白（伯）乍（作）寶隩（尊）彝。

【備　　注】第一字《簡報》釋爲“九”字，仔細觀察，此當爲“又六”2 字，第二器尤爲明顯。同墓出土 2 件，形制、紋飾、銘文相同，大小相若。

0131. 伯鼎乙

【時　　代】西周早期。

【出土時地】2013 年湖北隨州市曾都區淅河鎮蔣寨村葉家山西周墓地（M50.13）。

【收 藏 者】湖北省文物考古研究所。

【尺　　度】通高 23.7、口橫 18.6、口縱 14.5 釐米。

【形制紋飾】長方體，窄沿方唇，口沿上有一對立耳，腹壁向下漸收，四條柱足較高，四
　　　　　　角鑄有雙牙扉棱。口沿下飾雙身共首龍紋，壁的兩側飾站立的鳳鳥紋。

【著　　錄】葉家山 228 頁。

【銘文字數】內壁鑄銘文 9 字。

【銘文釋文】又六六一，白（伯）乍（作）寶隣（尊）彝。

鼎

0132. 大保都鼎（太保都鼎）

【時　　代】西周早期。

【出土時地】2013 年 7 月出現在西安。

【收 藏 者】某收藏家。

【尺　　度】通高 24.2、口徑 10、腹深 12.5 釐米。

【形制紋飾】口呈桃圓形，窄沿尖唇，深腹圓底，口沿上有一對扭索狀立耳，三條柱足。頸部飾雲雷紋襯底的獸面紋，獸角呈曲蛇形。

【著　　錄】未著錄。

【銘文字數】內壁鑄銘文 9 字。

【銘文釋文】大（太）俘（保）都乍（作）尃姬寶隣（尊）彝。

【備　　注】《銘圖》第 25 卷收錄的太保鄂盤，太保的私名作“鄂”，今得此鼎，可知該字也應爲“都”字。

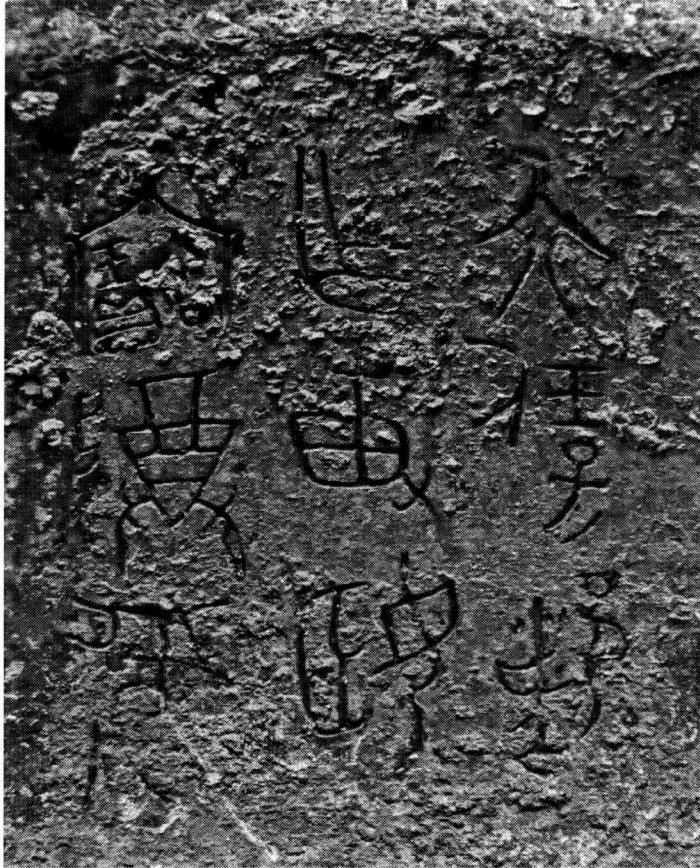

鼎

0133. 癸鼎

【時　　代】西周早期。

【出土時地】2015 年 1 月出現在西安
　　　　　古玩城。

【收　藏　者】某收藏家。

【尺　　度】通高 47、口徑 34 釐米。

【形制紋飾】口微斂,窄沿方唇,口沿
　　　　　上有一對高大的立耳,
　　　　　鼓腹圓底,三條柱足,頸
　　　　　部有六條扉棱。頸部飾
　　　　　三組獸面紋,以雲雷紋襯
　　　　　底,足上部飾浮雕獸面。

【著　　錄】未著錄。

【銘文字數】內壁鑄銘文 9 字。

【銘文釋文】癸乍(作)氒(厥)考凡公
　　　　　寶餗(饙)彝。

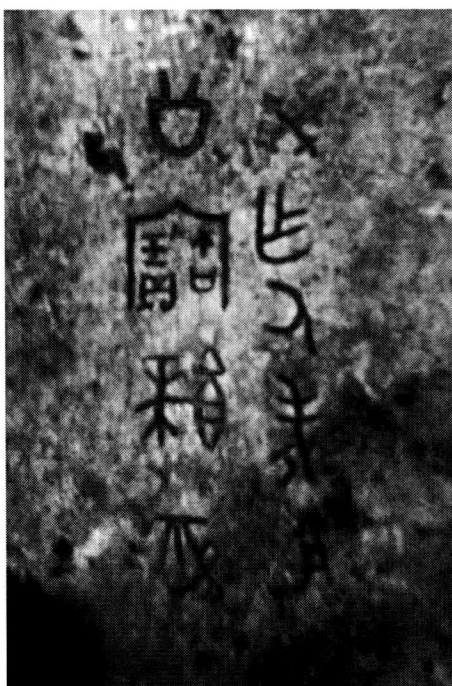

0134. 命鼎

【時　　代】西周中期。

【收　藏　者】某收藏家。

【形制紋飾】長方體，窄沿方唇，口沿兩端有一對立耳，腹向下漸收，底部近平，外底有
斜交加強筋，四條柱足，體四角各有一道雙牙扉棱。四壁上部和下部裝
飾一對分尾長鳥紋，均以雲雷紋襯底，中部飾直棱紋，四足上部飾高鼻梁
獸面紋。

【著　　錄】未著錄。

【銘文字數】內壁鑄銘文 9 字。

【銘文釋文】命乍（作）乎（厥）变（文）考己公隣（尊）鼎。

0135. 姚季鼎

【時　　代】春秋早期。

【收　藏　者】某收藏家。

【尺　　度】通高 24、口徑 28.5 釐米。

【形制紋飾】口微斂,寬沿外撇,一對附耳高聳,淺腹圜底,三條蹄形足,足內壁凹面,上腹有一道箍棱。頸部飾無目竊曲紋,兩耳內外飾大小相間的重環紋。

【著　　錄】未著錄。

【銘文字數】內壁鑄銘文 9 字。

【銘文釋文】姚季幐(媵)孟姬函(凾-溫)母飲器。

0136. 鑄客爲王后鼎

【時　　代】戰國晚期。

【出土時地】1933 年安徽壽縣朱家集李三孤堆（今屬長豐縣朱集鄉）楚王墓。

【收　藏　者】安徽博物院。

【著　　録】安徽銘文 123 頁圖 91.1。

【銘文字數】口沿刻銘文 9 字。

【銘文釋文】盩（鑄）客邔（爲）王句（后）小（少）賡（府）邔（爲）之。

【備　　注】圖像未公布。

0137. 鑄客爲王后鼎

【時　　代】戰國晚期。

【出土時地】1933 年安徽壽縣朱家集李三孤堆（今屬淮南市謝集區楊公鎮雙廟村）楚
王墓。

【收 藏 者】安徽博物院。

【著　　錄】楚金 442 頁 130.2。

【銘文字數】口沿刻銘文 9 字。

【銘文釋文】盥（鑄）客卲（爲）王句（后）六室卲（爲）之。

【備　　注】圖像未公布。

0138. 𦅫鼎

【時　　代】西周晚期。

【收 藏 者】某收藏家。

【著　　録】未著録。

【銘文字數】內壁鑄銘文 9 字。

【銘文釋文】𦅫乍（作）娑（齍）鼎，㠯（其）萬年寶用。

【備　　注】圖像未提供。

0139. 叔嚳鼎

【時　　代】春秋晚期前段。

【收 藏 者】某收藏家。

【形制紋飾】子口內斂，圓腹圓底，一對附耳高聳，三條蹄足。蓋面隆起，上有圈狀捉手，捉手有四個相對的穿孔，蓋上有一對寬大的附耳，與鼎體的附耳套合，蓋倒置後可作盤盞使用。蓋面和腹部箍棱以上飾如意形夔龍紋，箍棱之下飾三角紋。

【著　　錄】未著錄。

【銘文字數】蓋、器同銘，各 10 字。

【銘文釋文】大曾文之孫弔（叔）嚳之飤鼎。

蓋

器

鼎

143

0140. 曾子伯選鼎

【時　　代】春秋早期。

【收 藏 者】某收藏家。

【著　　錄】未著錄。

【銘文字數】内壁鑄銘文 10 字。

【銘文釋文】曾子白（伯）佪（選）行器，剚（則）永祜福。

【備　　注】圖像未提供。

0141. 王孫賹鼎

【時　　代】戰國早期。

【出土時地】2014 年 12 月出現在西安
　　　　　　古玩城。

【收 藏 者】某收藏家。

【尺　　度】口徑 22 釐米。

【形制紋飾】子口內斂,鼓腹圓底,三
　　　　　　條蹄足,口沿下有一對附
　　　　　　耳高聳,蓋面微隆起,沿
　　　　　　下折,頂部有方環鈕,周
　　　　　　邊有三個倒蹄足形立柱,
　　　　　　可卻置。蓋面有兩圈浮
　　雕絢紋,中部飾蟠虺紋,邊緣飾三角雲紋,器腹有一周浮雕絢紋,前後有
　　一對絢索形圓環鈕,口下飾蟠虺紋,腹部飾三角雲紋。

【著　　錄】未著錄。

【銘文字數】蓋、器同銘,各 10 字。

【銘文釋文】王孫賹之䋲(則)鼎,永薈(壽)用之。

器

鼎

蓋

0142. 信右佞宮鼎

【時　　代】戰國晚期。

【收 藏 者】洛陽文物收藏學會。

【尺度重量】通高 18.7、口徑 16.1、兩耳相距 23.1 釐米,重 4.93 公斤。

【形制紋飾】子口內斂,扁圓形腹,一對附耳向外曲張,蓋面隆起,沿下折,頂部有三個
　　　　　　環形鈕,鈕上有乳突,三條蹄足。通體光素。

【著　　錄】中原文物 2014 年 2 期 78 頁圖 1、2,79 頁圖 3。

【銘文字數】蓋面刻銘文 2 處 6 字,器外底刻銘文 4 字,共 10 字。

【銘文釋文】蓋:信右佞宮鼎,示;器:卜,中,禾平。

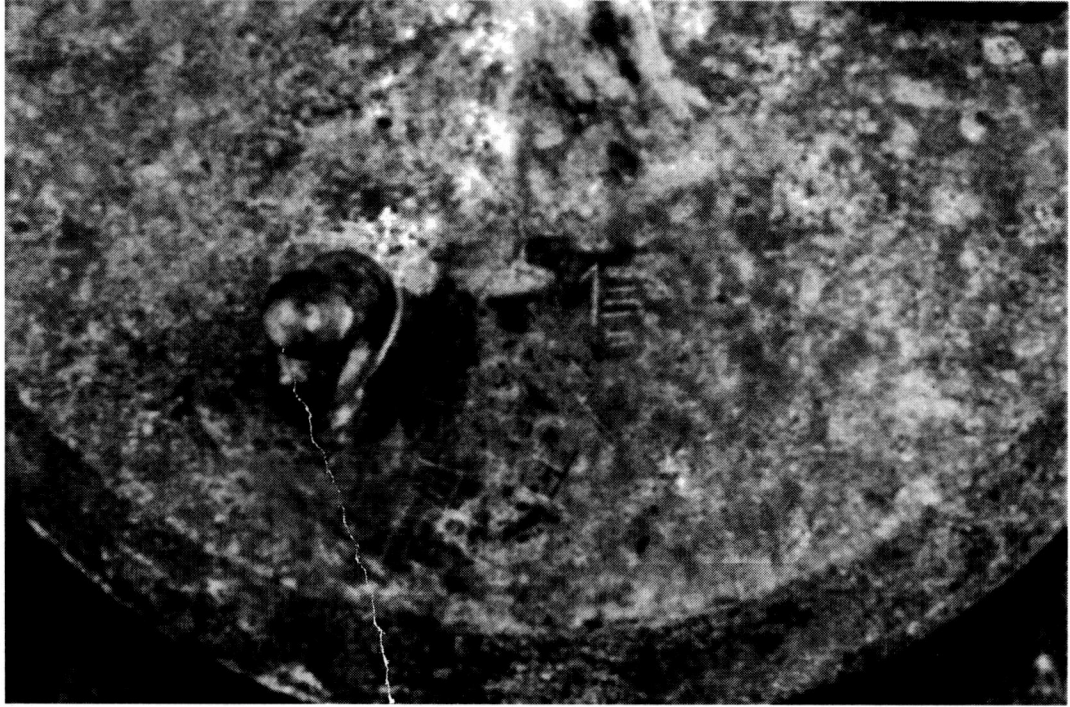

蓋

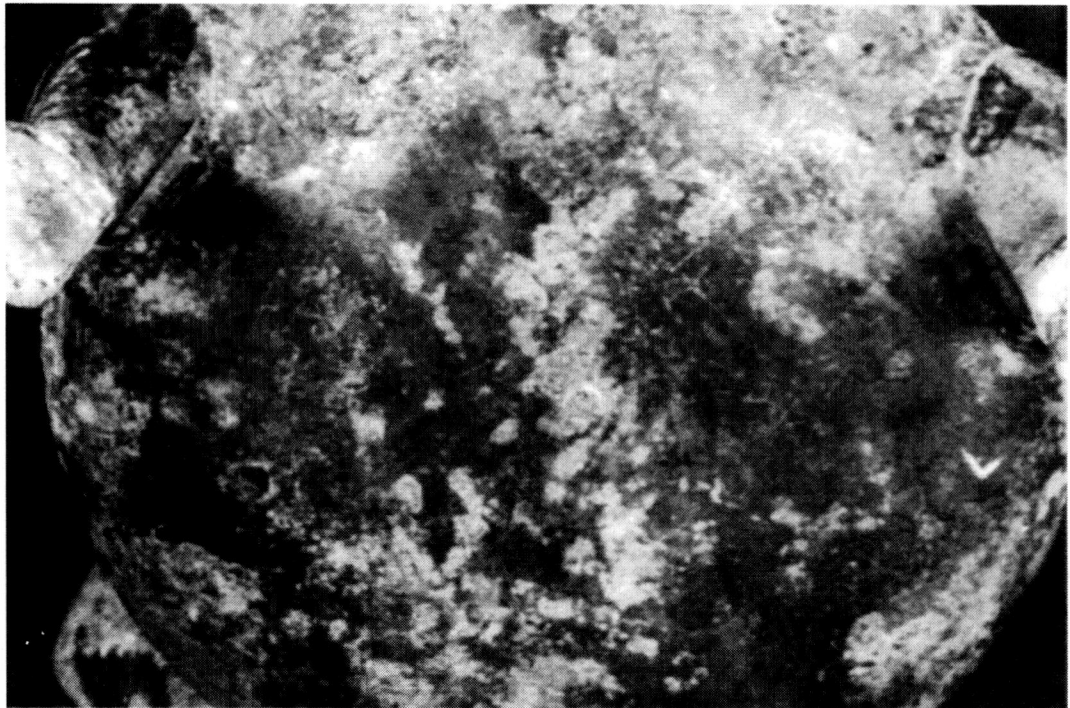

器

0143. 武鼎

【時　　代】西周早期。

【收 藏 者】某收藏家。

【尺　　度】通高 22.5、口橫 12.5 釐米。

【形制紋飾】體呈長方形，平沿方唇，口沿上有一對立耳，腹壁向下漸收，平底，四條柱足，四隅及四壁中部鑄有扉棱。四壁飾下卷角獸面紋，以雲雷紋襯底。足飾陰綫蟬紋。

【著　　録】未著録。

【銘文字數】內壁鑄銘文 11 字。

【銘文釋文】自臟父易（錫）武馬，武乍（作）父乙隮（尊）。

0144. 寄邑豕鼎（穿邑豕方鼎）

【時　　代】西周早期。

【出土時地】2014 年 11 月 出 現 在北京。

【收 藏 者】某收藏家。

【形制紋飾】長方體，平沿外折，口沿上有一對立耳，四角鑄有扉棱，底部微外鼓，四條柱足，足上部飾陰綫三角紋。四壁上下飾卷尾夔龍紋，兩邊飾倒置的夔龍，中部飾直棱紋。

【著　　録】未著録。

【銘文字數】內壁鑄銘文 11 字。

【銘文釋文】穿（寄）邑豕乍（作）父乙寶隣（尊）鼎，子寍。

0145. 寏邑司鼎（寏邑嗣方鼎）

【時　　代】西周早期前段。

【出土時地】2014年2月出現在
江蘇。

【收 藏 者】某收藏家。

【尺　　度】通高28、口橫32、口
縱24釐米。

【形制紋飾】長方體，平沿外折，
口沿上有一對立耳，
四壁向下漸有收分，
四角及四壁中部鑄
有雙牙扉棱，底部近
平，四條柱足，足上
部飾高鼻梁獸面紋。
四壁上部飾夔龍紋，
下部飾獸面紋，均以
雲雷紋襯底。

【著　　錄】未著錄。

【銘文字數】內壁鑄銘文11字。

【銘文釋文】寏（寏）邑嗣（司）乍（作）父丁寶隣（尊）彝，子執（廟）。

0146. 曾子歡鼎（曾子歡鼎）

【時　　代】春秋早期。

【出土時地】2014 年湖北棗陽縣郭
家廟曹門灣曾國墓地
（M10）。

【收　藏　者】湖北省文物考古研究所。

【形制紋飾】口微斂，寬沿外折，一對
附耳高出器口，淺腹圓
底，三條蹄形足，內面凹
陷。頸部飾竊曲紋。

【著　　録】江漢考古 2015 年 3 期
10 頁圖版 18。

【銘文字數】內壁鑄銘文 11 字。

【銘文釋文】曾子歡（歡）自乍（作）行器，其永用之。

0147. 曾子壽鼎

【時　　代】春秋早期。

【出土時地】2014年湖北棗陽縣郭
　　　　　　家廟曹門灣曾國墓地
　　　　　　（M13）。

【收　藏　者】湖北省文物考古研究所。

【形制紋飾】口微斂，寬沿外折，一對
　　　　　　附耳高出器口，淺腹圓
　　　　　　底，三條蹄形足，內面凹
　　　　　　陷，頸腹之間有一道箍
　　　　　　棱。頸部飾竊曲紋，腹
　　　　　　部飾垂鱗紋。

【著　　錄】江漢考古2015年3期
　　　　　　10頁圖版19。

【銘文字數】內壁鑄銘文11字。

【銘文釋文】曾子壽（壽）自乍（作）行器，劓（則）永祐福。

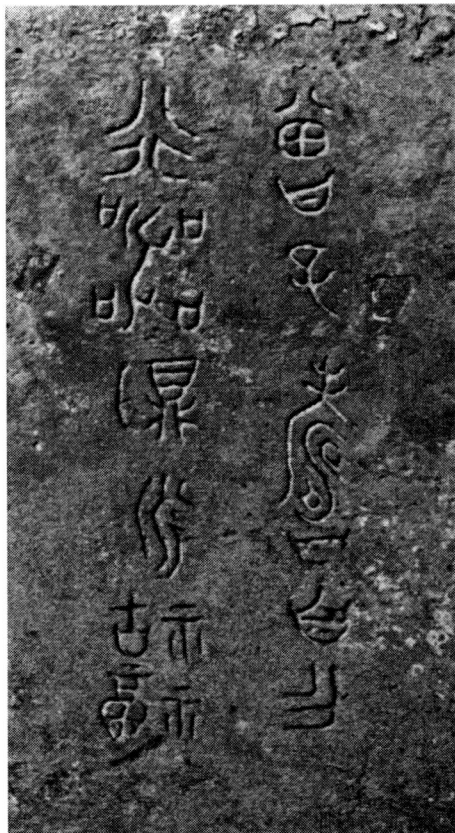

0148. 旅伯鼎

【時　　代】西周中期。

【收　藏　者】某收藏家。

【形制紋飾】直口，窄沿方唇，口
沿上有一對立耳微
向外張，下腹向外傾
垂，底部略外鼓，三
條柱足上粗下細。
頸部飾竊曲紋，以雲
雷紋襯底。

【著　　錄】歷代風華 26 頁。

【銘文字數】內壁鑄銘文 12 字。

【銘文釋文】旅白（伯）乍（作）劓
（則）彝，弌（其）萬
（萬）年孫子永用。

0149. 伯喜鼎

【時　　代】西周中期。

【收 藏 者】某收藏家。

【形制紋飾】直口淺腹，窄沿方唇，
口沿上有一對立耳，三
柱足。頸部飾竊曲紋。

【著　　錄】未著錄。

【銘文字數】內壁鑄銘文 12 字。

【銘文釋文】白（伯）喜乍（作）寶鼎，
㫚（其）萬年永寶用，井。

0150. 曾姬無卹鼎

【時　　代】戰國中期·楚。

【出土時地】相傳 2013 年安徽淮南市謝集區楊公鎮附近出土。

【收　藏　者】某收藏家。

【尺　　度】通高 20、耳距 22 釐米。

【形制紋飾】體呈扁球形,子口內斂,一對附耳微向外曲張,三條矮蹄足,蓋面弧形隆
　　　　　　起,上有三個環形鈕,上腹有一道箍棱。通體光素。

【著　　錄】未著錄。

【銘文字數】子口鑄銘文 12 字。

【銘文釋文】聖趄(桓)之夫人曾姬無卹之甬(用)鼎(鼎)。

【備　　注】同坑出土 2 件鼎,形制、銘文相同,還有 2 件曾姬無卹壺。

a

b

0151. 鄭遣伯㺉父鼎（奠𧻈伯㺉父鼎）

【時　　代】西周晚期。

【出土時地】2012 年 9 月見於北京。

【收 藏 者】某收藏家。

【尺　　度】通高 28.1、口徑 29.1、兩
　　　　　　耳 相 距 30、腹 深 15.2
　　　　　　釐米。

【形制紋飾】敞口深腹，窄沿方唇，口
　　　　　　沿上有一對立耳，圜底
　　　　　　設三條蹄形足，足內面
　　　　　　露範。兩耳外側飾兩道
　　　　　　凹弦紋，頸部飾大小相
　　　　　　間的重環紋，腹部光素，
　　　　　　外底有厚厚的煙炱。

【著　　録】未著録。

【銘文字數】內壁鑄銘文 12 字。

【銘文釋文】奠（鄭）𧻈（遣）白（伯）㺉（疾）父，乍（作）旅鼎，萬年寶用。

【備　　注】第二字爲"𧻈"字，參見鄭遣伯㺉鼎。此鼎的"𧻈"鑄造時殘缺。

0152. 鄭遣伯㚒鼎（奠趧伯㚒鼎）

【時　　代】西周晚期。

【出土時地】2014 年 11 月出現在北京。

【收 藏 者】某收藏家。

【形制紋飾】通體呈半球形，斂口鼓腹，窄沿上有一對立耳，圜底下設三條蹄形足。上腹有兩道箍棱，其間飾大小相間的重環紋。

【著　　錄】未著錄。

【銘文字數】內壁鑄銘文 13 字。

【銘文釋文】奠（鄭）趧（遣）白（伯）㚒（疾）乍（作）匜姬滕（滕）鼎，萬年寶用。

鼎

0153. 姬鼀母鼎

【時　　代】西周早期。

【收 藏 者】臺北震榮堂（陳鴻榮、王亞玲夫婦）。

【尺　　度】通高16、兩耳相距13.5釐米。

【形制紋飾】這是一件溫食物用的鼎，分上下兩層。上層斂口淺腹，窄折沿，口沿上有一對立耳，圓底下設有三條夔龍形扁足，腹部飾雲雷紋襯底的蟬紋一周。下層爲一淺腹盤，套鑄於三條夔龍扁足的中上部，盤底有三個十字鏤孔，可以盛放木炭火。

【著　　錄】金銅器58頁鼎13。

【銘文字數】內壁鑄銘文13字。

【銘文釋文】姬鼀母乍（作）鮨鼎（鼎），用旨隮（尊）乇（厥）公乇（厥）姊。

0154. 伯義父鼎

【時　　代】西周晚期。

【收 藏 者】某收藏家。

【形制紋飾】斂口鼓腹,厚沿平向外
折,口沿上有一對立
耳,圜底之下設有三條
獸面蹄足。頸部飾竊
曲紋,腹部飾環帶紋,
均不施底紋。

【著　　錄】未著錄。

【銘文字數】內壁鑄銘文 13 字(其
中重文 1)。

【銘文釋文】白(伯)義父乍(作)矩
姬鼎,子₌(子子)孫永
寶用。

0155. 曾卿事宣鼎甲

【時　　代】西周晚期或春秋早期。
【收 藏 者】某收藏家。
【形制紋飾】體呈半球形,直口圜底,
　　　　　　窄沿方唇,口沿上有一
　　　　　　對立耳,三條蹄形足。
　　　　　　頸部飾大小相間的重
　　　　　　環紋,腹部飾環帶紋。
【著　　錄】未著錄。
【銘文字數】內壁鑄銘文 13 字。
【銘文釋文】唯曾卿事宣用其吉金,
　　　　　　自乍(作)𣪘(簠)鼎。

0156. 曾卿事宣鼎乙

【時　　代】西周晚期或春秋早期。

【收　藏　者】某收藏家。

【形制紋飾】體呈半球形，直口圜底，
　　　　　　窄沿方唇，口沿上有一
　　　　　　對立耳，三條蹄形足。
　　　　　　頸部飾大小相間的重
　　　　　　環紋，腹部飾環帶紋。

【著　　錄】未著錄。

【銘文字數】內壁鑄銘文 13 字。

【銘文釋文】唯曾卿事宣用其吉金，
　　　　　　自乍（作）䀇（簠）鼎。

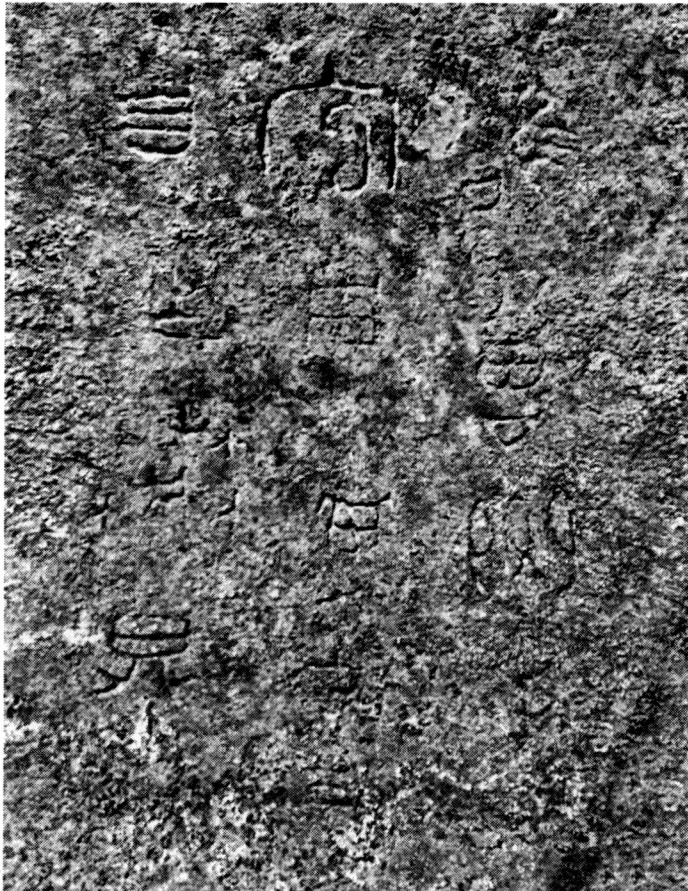

0157. 曾卿事宣鼎丙

【時　　代】西周晚期或春秋早期。

【收藏者】某收藏家。

【形制紋飾】體呈半球形，直口圜底，窄沿方唇，口沿上有一對立耳，三條蹄形足。頸部飾大小相間的重環紋，腹部飾環帶紋。

【著　　錄】未著錄。

【銘文字數】內壁鑄銘文13字。

【銘文釋文】唯曾卿事宣用其吉金，自乍（作）𥁑（簠）鼎。

0158. 爾孫鼎

【時　　代】春秋早期。

【收 藏 者】某收藏家。

【尺　　度】通高 16.3-16.9、口徑 20.8-21 釐米。

【形制紋飾】直口窄沿，口沿上有一對小立耳，深腹圓底，三條矮足。此爲明器，花紋
　　　　　爲後作。

【著　　錄】未著錄。

【銘文字數】內壁鑄銘文 13 字。

【銘文釋文】爾孫造爲夫人弔（叔）氏瞽（曹）鼎，永古（祜）福（福）。

0159. 倉端王義鼎

【時　　代】戰國晚期·秦（秦王政時期）。

【出土時地】2012 年洛陽文物收藏學會徵集入藏。

【收　藏　者】洛陽文物收藏學會。

【尺度重量】通高 17.2、口徑 14.4、腹徑 17.6 釐米，重 2.49 公斤，容水 2000 毫升。

【形制紋飾】扁圓體，子口內斂，深腹圜底，口沿下有一對附耳，三條蹄形足上部肥碩。
上腹有一道箍棱。通體光素。

【著　　録】文物 2014 年 8 期 51 頁圖 6、7。

【銘文字數】腹部、蓋沿刻銘文 3 處，共 13 字。

【銘文釋文】腹一：倉端王義。腹二：敬，一斗，工宜。蓋：倉端王義。

【備　　注】"倉端"即倉正，管理倉儲的職官。秦諱政、正，改"正"爲"端"。

1

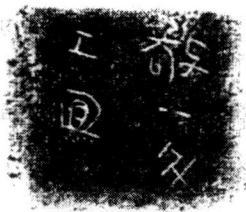

2

3

倉
𣪘
王
義

1

𣪘
敬
工
罒

2

倉
𣪘
王
義

3

1

2

3

0160. 鄭虢叔安鼎

【時　　代】西周晚期。

【收 藏 者】某收藏家。

【形制紋飾】體呈半球形，直口圓底，窄沿方唇，口沿上有一對立耳，三條蹄形足。頸部飾兩道弦紋。

【著　　錄】未著錄。

【銘文字數】內壁鑄銘文14字（其中重文2）。

【銘文釋文】奠（鄭）虢弔（叔）安乍（作）旅鼎，子＝（子子）孫＝（孫孫）永寶用。

【備　　注】銘文中"虢"字漫漶，"弔（叔）"構型似"弟"字，但根據鄭虢叔安簋銘文得知，此二字應是"虢弔（叔）"。

0161. 許子□父鼎（盠子□父鼎）

【時　　代】春秋早期。

【出土時地】湖北穀城縣城關鎮邱家樓春秋墓地。

【收 藏 者】穀城縣博物館。

【尺　　度】通高21、口徑26釐米。

【形制紋飾】口微斂，窄平沿，口沿上有一對立耳，圓底下有三條蹄形足，足內壁範土已去掉，腹中部有一道箍棱。箍棱上下均飾S形雙頭龍紋。

【著　　録】文物2014年8期47頁圖2。

【銘文字數】內壁鑄銘文約14字，現存9字（其中重文1）。

【銘文釋文】盠（許）子□父，乎□乍（作）□，〔子〕孫＝（孫孫）永□□。

0162. 宋兒鼎

【時　　代】春秋晚期。

【出土時地】二十世紀五十年代河南
　　　　　　平頂山市葉縣舊縣鄉。

【收 藏 者】葉縣博物館。

【尺　　度】通高25、腹徑23.5釐米。

【形制紋飾】子口內斂,圓腹圜底,一
　　　　　　對附耳微向內收,三條蹄
　　　　　　足,腹部有一道箍棱,正
　　　　　　面和背面箍棱中部有一
　　　　　　個小環鈕,已殘斷。箍棱
　　　　　　上下均飾蟠虺紋,耳飾三
　　　　　　角形幾何紋,足上部飾蟠
　　　　　　蛇紋組成的獸面紋。原
　　　　　　本有蓋,後失。

【著　　錄】中原文物2012年5期20頁圖2。

【銘文字數】內壁鑄銘文14字。

【銘文釋文】陸(陳)戾(侯)之孫宋兒自乍(作)飤鎷,永保用之。

0163. 襄叔鼎（遟叔鼎）

【時　　代】西周晚期。

【出土時地】2015 年 11 月出現在盛世收藏網。

【收　藏　者】某收藏家。

【尺度重量】通高27、口徑28.5釐米。

【形制紋飾】體呈大半球形，口微斂，窄沿厚方唇，口沿上有一對立耳，圓底下置三條蹄形足。頸部有一條粗弦紋。

【著　　錄】未著錄。

【銘文字數】內壁鑄銘文 15 字（其中重文 2）。

【銘文釋文】遟（襄）弔（叔）乍（作）寶鼎，岀（其）萬年子＝（子子）孫＝（孫孫）永寶用。

0164. 王子般榭鼎

【時　　代】春秋早期。
【出土時地】2015年9月出現在南京。
【收 藏 者】某收藏家。
【形制紋飾】直口圜底，平折沿，口沿上有一對立耳，一側設有寬流槽，三條蹄形足。耳外側飾重環紋，頸部飾無目竊曲紋。
【著　　録】未著録。
【銘文字數】内壁鑄銘文15字。
【銘文釋文】王子般榭卯（叩）㠯（與）弔（叔）姬乍（作）隮（尊）鼎，永寶（寶）用亯（享）。

0165. 吳氏季大鼎

【時　　代】春秋早期。

【收 藏 者】某收藏家。

【尺　　度】通高 26、兩耳相距 34 釐米。

【形制紋飾】直口,窄平沿,一對附耳,平蓋中部有一提鈕,提鈕由一對尾部相連的立
　　　　　體小鳥構成,蓋的周邊分佈三個立體小鳥,圜底之下設三條粗壯的蹄形
　　　　　足。蓋面和腹部均飾蟠龍紋,器頸飾夔龍紋,兩耳內外均飾大小相間的
　　　　　重環紋。

【著　　錄】未著錄。

【銘文字數】蓋面鑄銘文 15 字(其中重文 1)。

【銘文釋文】吳氏季大爲其飤鼎,子孫=(孫孫)永缶(寶)用之。

【備　　注】同坑出土有鼎、簋、盂、甗(因銘文過於淺細,未收錄)、盤、匜(盤匜在香港
　　　　　某收藏家)等。

0166. 曾子伯皮鼎

【時　　代】春秋早期。

【收 藏 者】某收藏家。

【形制紋飾】斂口，圓腹圓底，窄沿方脣，口沿有一對立耳，三條蹄形足。頸部飾無目
竊曲紋，腹部飾回首龍紋。

【著　　録】中山學報 2009 年 5 期 21 頁圖 1。

【銘文字數】內壁鑄銘文 16 字。

【銘文釋文】佳（唯）曾子白（伯）皮，用吉金自乍（作）寶鼎，子孫用亯（享）。

鼎

0167. 下官鼎（北食右鼎）

【時　　代】戰國晚期·魏。

【收　藏　者】洛陽文物收藏學會。

【尺度重量】通高 18.5、口徑 16.5、兩耳相距 24.7 釐米，重 3.525 公斤。

【形制紋飾】子口內斂，扁圓形腹，一對附耳向外曲張，蓋面隆起，頂部有三個環形鈕，鈕上有乳突，三條蹄足。通體光素。

【著　　錄】洛陽考古 2013 年 1 期（創刊號）87-89 頁圖 1-3。

【銘文字數】腹部刻銘文 2 處，共 16 字。

【銘文釋文】1. 十四斤六兩，米朱（廚）。下官，一斗，北禾（私）。2. 北食右。

1　　　　　　　　　　　　2

0168. 叔徝鼎

【時　　代】西周中期後段。

【收 藏 者】香港某收藏家。

【形制紋飾】斂口，窄沿方唇，下腹
向外傾垂，口沿上有一
對立耳，三條柱足。頸
部飾垂冠回首尾下卷
作刀形的夔龍紋。

【著　　錄】未著錄。

【銘文字數】內壁鑄銘文 17 字（其
中重文 2）。

【銘文釋文】弔（叔）徝乍（作）寶鼎，
㠯（其）萬年至于子=
（子子）孫=（孫孫）永
寶用。

鼎

0169. 毅伯鼎

【時　　代】西周晚期。

【收　藏　者】某收藏家。

【著　　録】未著録。

【銘文字數】内壁鑄銘文 17 字。

【銘文釋文】毅白(伯)乍(作)季姜寶鼎,用宮(享)孝于戌(其)姑公,永寶用。

【備　　注】器形照片未提供。

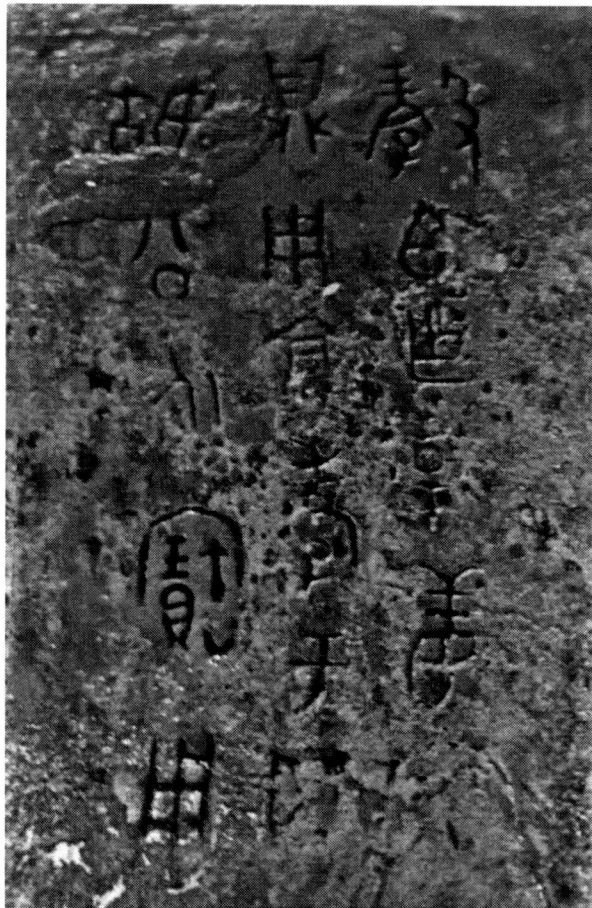

0170. 涅鼎

【時　　代】戰國晚期。

【收 藏 者】某收藏家。

【尺度容量】通高 16.5、兩耳相距 21 釐米,容積 1900 毫升。

【形制紋飾】體扁圓,有子口內斂,一對附耳外張,三條蹄足,腹中部有一道箍棱。蓋係古人後配,口徑小於器的子口,蓋面上有三個環鈕。

【著　　錄】盛世收藏網 2011 年 2 月 4 日。

【銘文字數】蓋上刻銘文 2 處 6 字,器口下刻銘文 2 處 11 字,共 17 字。

【銘文釋文】器 1. 涅,九升半(半)升。器 2. 今泛,九升半升(漢刻)。蓋 1. 路,三(四)□,蓋 2. 八升□。

器 1

器 2

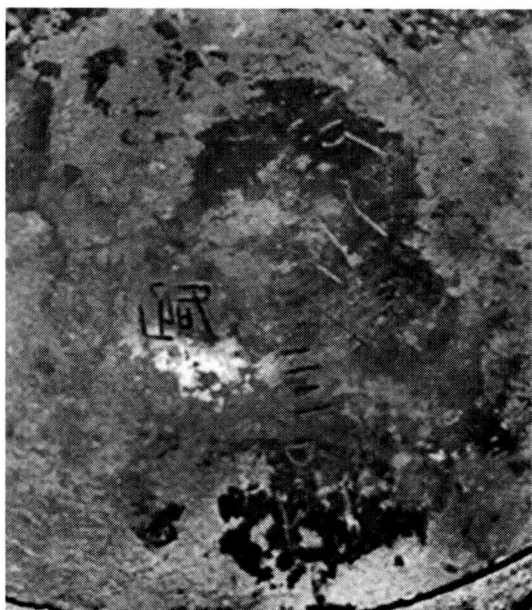

蓋 1

蓋 2

0171. 吴叔襄鼎

【時　　代】春秋早期。

【收 藏 者】某收藏家。

【尺　　度】通高21、口徑25.7、
兩耳相距29釐米。

【形制紋飾】侈口方唇，淺腹圜
底，一對附耳高出
器口，三條蹄足，内
面暴露範芯。頸部
飾無目竊曲紋，兩
耳内面飾變形龍
紋，外面飾雙凹綫
紋，紋飾填漆。

【著　　録】未著録。

【銘文字數】内壁鑄銘文17字（其中重文2）。

【銘文釋文】隹（唯）吴弔（叔）襄自乍（作）寶盂，其子＝（子子）孫＝（孫孫）其永用之。

0172. 昶𪔔仲戔鼎(昶𪔔仲戔鼎)

【時　　代】春秋早期。

【收 藏 者】某收藏家。

【著　　錄】未著録。

【銘文字數】内壁鑄銘文18字(其中重文2)。

【銘文釋文】昶𪔔(𪔔)中(仲)戔乍(作)尊(尊)鼎,其(其)萬年子=(子子)孫=(孫孫)
　　　　　永寶用喜(享)。

【備　　注】圖像未提供。銘文中"昶𪔔(𪔔)仲戔"的"戔"字,在同人所作的一對鬲
　　　　　銘中該字兩人形面向左,似應釋爲"从",其下不从"又"。

0173. 王子柳鼎

【時　　代】春秋晚期。

【收 藏 者】某收藏家。

【尺　　度】通高 44 釐米。

【形制紋飾】形制與楚叔之孫佣鼎
相同。直口束頸，窄沿
方唇，下腹收成圜底，
三條獸面蹄足較矮，附
耳高聳，蓋面呈弧形鼓
起，上有輪形捉手，八
根立柱與蓋相連。蓋
上飾三道絢索紋和蟠
虺紋等，腹部有一道箍
棱，其上飾蟠虺紋，其下飾 S 形夔龍紋。

【著　　錄】未著錄。

【銘文字數】蓋、器同銘，各 18 字。

【銘文釋文】隹（唯）正月初吉丁亥，王子柳罪（擇）其吉金，自乍（作）飤盥（鼒）。

【備　　注】銘文照片爲蓋銘，器銘藏家未提供。

蓋

鼎

185

0174. 伯武父鼎

【時　　代】西周中期後段。

【收 藏 者】某收藏家。

【尺　　度】通高20釐米左右。

【形制紋飾】窄沿方唇,淺腹圜
底,一對附耳高出
器口,三條柱足,
內面露範,外底有
三角形範綫。腹
部有一條凸綫,頸
部飾垂冠回首體
呈S形的夔鳥紋,
以雲雷紋襯底。

【著　　録】未著録。

【銘文字數】內壁鑄銘文19字。

【銘文釋文】白(伯)武父乍(作)寶𣪘(簋)鼎,㞢(其)朝夕用鄉(饗)𨐖(朋)友婚(婚)
遘(媾)于宗室。

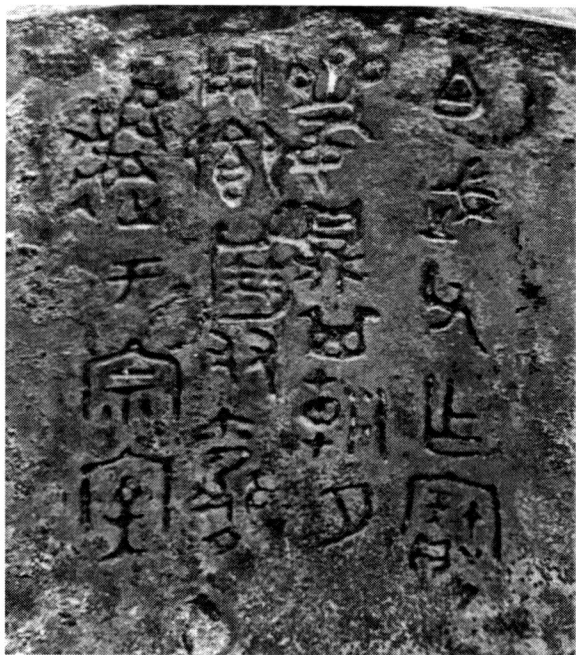

0175. 鄭邢叔槐鼎（奠丼叔槐鼎）

【時　　代】西周中期後段。

【收 藏 者】某收藏家。

【形制紋飾】直口深腹，窄平沿，口
沿上有一對立耳，圜底
下設有三條柱足，足上
部微鼓。頸部飾大小
相間的重環紋。

【著　　錄】未著錄。

【銘文字數】內壁鑄銘文 19 字（其
中重文 2）。

【銘文釋文】奠（鄭）丼（邢）弔（叔）
槐（槐）肇 乍（作）朕
（朕）皇且（祖）文考寶
鼎，子＝（子子）孫＝
（孫孫）永寶。

鼎

187

0176. 上都獋妻鼎

【時　　代】春秋早期。

【收 藏 者】某收藏家。

【形制紋飾】直口平沿，一對附耳高聳，深腹圜底，三條蹄足較矮。上腹有一道箍棱，
　　　　　　頸部飾 S 形紋飾，腹部飾蟠虺紋。

【著　　録】未著録。

【銘文字數】內壁鑄銘文 19 字。

【銘文釋文】上都獋妻自乍（作）隣（尊）鼎，其釁（眉）膏（壽）萬年無彊（疆）永寶用之。

0177. 杞伯每匕鼎

【時　　代】春秋早期。

【收 藏 者】某收藏家。

【形制紋飾】斂口鼓腹,平折沿,口沿上有一對立耳,圜底,三蹄足。上腹有一道箍棱,頸部飾竊曲紋,腹部飾回首無足體呈 S 形的夔龍紋。

【著　　錄】未著錄。

【銘文字數】內壁鑄銘文 19 字。

【銘文釋文】杞白(伯) 每匕乍(作)黿(邾)㜏(曹)寶鼎(鼎),其萬年眉(眉)耆(壽),子 [孫] 永寶用言(享)。

【備　　注】銘文中漏鑄"孫"字。

0178. 景之戲鼎（競之戲鼎）

【時　　代】戰國早期·楚。

【出土時地】2005 年 11 月河南上蔡縣大路李鄉郭莊 1 號楚墓。

【收 藏 者】河南省文物考古研究所。

【尺度重量】通高 88、口徑 80、兩耳相距 103 釐米，重 150 公斤。

【形制紋飾】直口深腹，窄沿方唇，一對附耳向外曲張，深腹圓底，下設有三條外撇的
獸面蹄形足，蓋面隆起，沿下折，頂部有雙頭獸銜環鈕，表面有三道凸起
的粗弦紋，周圍有三個方形圓孔鈕。上腹有一道箍棱，前後箍棱上各有
一個圓環鈕，蓋上飾粗體蟠虺紋，鼎身飾細密的蟠虺紋。

【著　　錄】楚珍·禮器。

【銘文字數】蓋、器同銘，各 19 字（其中合文 1）。

【銘文釋文】佳（唯）王八月丁丑，競（景）之戲自乍（作）濒（將）彝鬲（齋）囗般（盤），
共（供）盟祀。

【備　　注】景之戲，名戲，楚平王的後裔，以楚景平王雙字謚號的前一字爲族稱。
"之"是結構助詞，表示領屬關係。

蓋

0179. 季事父鼎

【時　　代】春秋早期。

【收藏者】某收藏家。

【尺　　度】口徑28釐米。

【形制紋飾】口微斂，窄沿方唇，口沿
上有一對立耳，淺腹圓
底，三條蹄形足。頸部飾
一周無目竊曲紋，下有一
道粗弦紋。

【著　　錄】未著錄。

【銘文字數】內壁鑄銘文20字（其中
重文2）。

【銘文釋文】季事父乍（作）旅鼎（鼎），
其萬年睂（眉）耆（壽）無
彊（疆），子＝（子子）孫＝（孫孫）永用亯（享）。

0180. 臧氏鼎

【時　　代】春秋早期。

【收 藏 者】某收藏家。

【形制紋飾】口微斂,窄沿方唇,口沿上有一對立耳,淺腹圜底,三條獸面蹄足。頸部
　　　　　　有六條扉棱,飾六組 S 形雙頭夔龍紋。

【著　　錄】未著錄。

【銘文字數】內壁鑄銘文 20 字(其中重文 2)。

【銘文釋文】臧氏乍(作)囗母賸(媵)鼎(鼎),艿(其)釁(眉)鲁(壽)萬年,子=(子子)
　　　　　　孫=(孫孫)永寶用之。

0181. 伯晉生鼎

【時　　代】西周晚期。

【出土時地】2004-2007年山西絳縣橫水鎮橫北村西周墓地（M1016.42）。

【收　藏　者】山西省考古研究所。

【著　　錄】論衡101頁圖9。

【銘文字數】內壁鑄銘文21字。

【銘文釋文】隹（唯）正月初吉，白（伯）晉（晉）生［肇乍（作）］寶隩（尊）鼎，出（其）
　　　　　　萬年永寶，出（其）用宫（享）。

0182. 魯伯鼎

【時　　代】春秋早期。

【收 藏 者】某收藏家。

【形制紋飾】體呈半球形,窄沿方
唇,口沿上有一對立
耳,收腹圓底,三條蹄
形足。腹部有一道箍
棱,頸部飾竊曲紋。

【著　　錄】未著錄。

【銘文字數】內壁鑄銘文 21 字(其
中重文 2)。

【銘文釋文】魯白(伯)隹是卿□乍
(作) 饎(饋) 鼎(鼎),
㠯(其)萬年賁(眉)耆(壽),子=(子子)孫=(孫孫)永寶用。

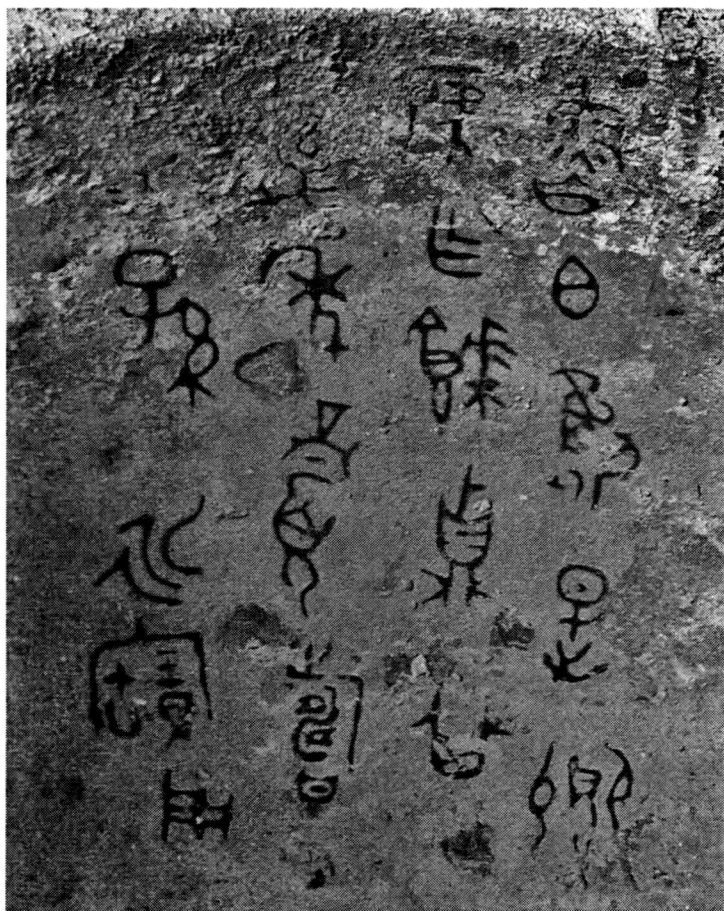

鼎

0183. 公子壓父鼎

【時　　代】春秋早期。

【出土時地】傳山東出土。

【收 藏 者】某收藏家。

【形制紋飾】體呈半球形，口微斂，窄薄沿，口沿上有一對立耳，圜底下設三條蹄形足。腹部有一道箍棱，頸部飾大小相間的重環紋。

【著　　錄】未著錄。

【銘文字數】內壁鑄銘文 22 字（其中重文 2）。

【銘文釋文】公子壓父乍（作）子姜朕（媵）鼎，其萬年無彊（疆），子＿（子子）孫＿（孫孫），永寶用宮（享）。

【備　　注】同坑出土有鼎、簋、匜等。公子壓父匜的"壓"字作"壓"。

0184. 螽伯鼎（魏伯鼎）

【時　　代】春秋早期。

【收　藏　者】某收藏家。

【形制紋飾】鼎口微斂，平沿外折，一對附耳高聳，深腹圜底，三條蹄足較矮。上腹有
一道箍棱，頸部飾竊曲紋，腹部飾環帶紋。

【著　　錄】未著錄。

【銘文字數】內壁鑄銘文 22 字（其中合文 2）。

【銘文釋文】隹（唯）正月初吉丁亥，螽（魏）白（伯）自乍（作）飤碴沱，子＝（子子）
孫＝（孫孫）永寶用之。

0185. 曾侯宐鼎

【時　　代】春秋早期。

【收 藏 者】中國國家博物館。

【尺　　度】通高 31.2、兩耳相距 42.3、口徑 38.8 釐米。

【形制紋飾】口微斂,寬平沿,一對附耳,圓底下設置三條蹄形足,內面裸露範土。上
腹有一道箍棱,其上飾變形獸體紋,其下飾垂鱗紋。

【著　　錄】百年 139 頁 64 下。

【銘文字數】內壁鑄銘文 22 字。

【銘文釋文】隹(唯)王五月吉日庚申,曾厌(侯)宐霻(擇)其吉金,自乍(作)阩(升)
鼎(鼎),永用之。

鼎

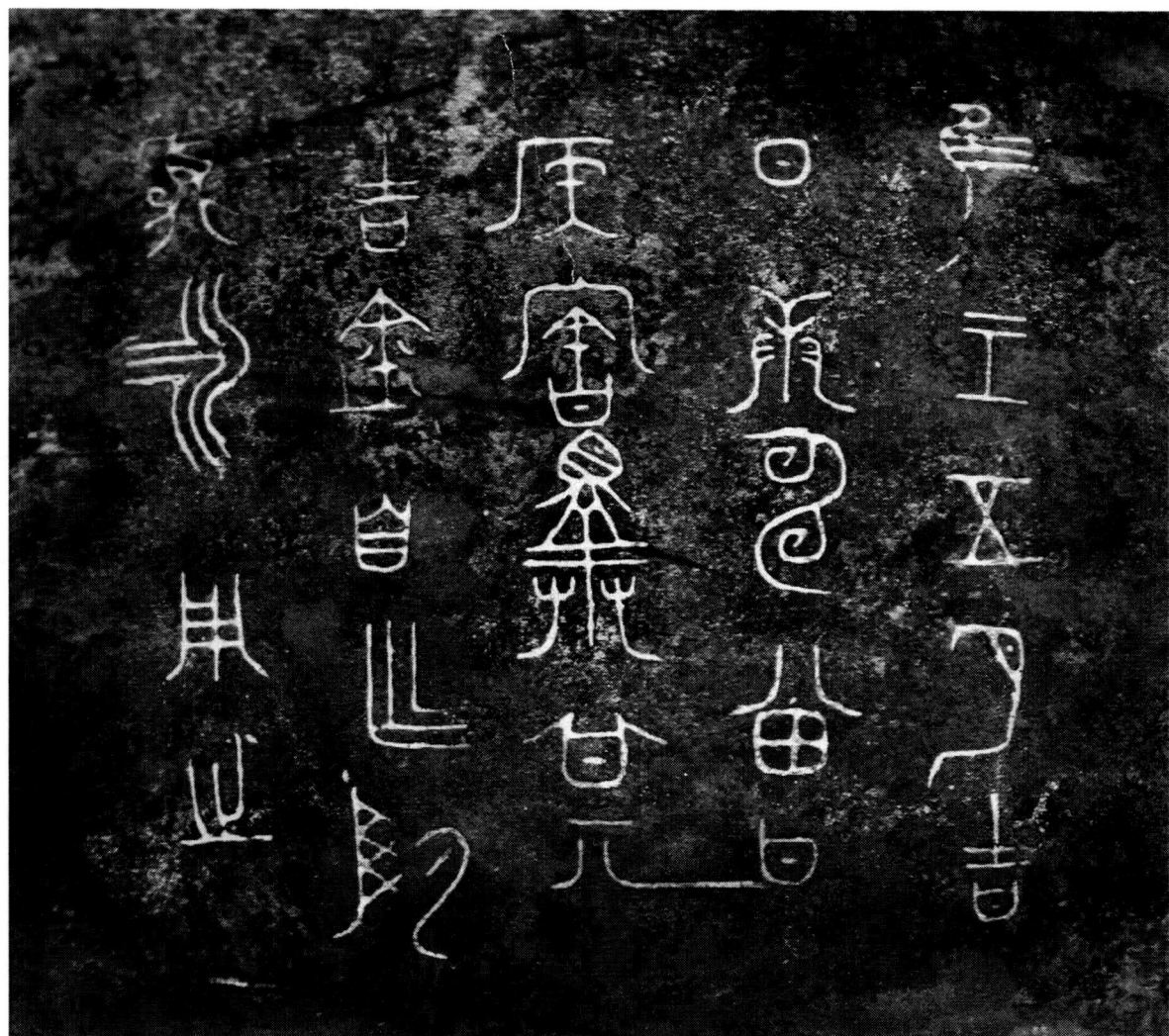

0186. 曾侯宝鼎

【時　　代】春秋早期。

【收 藏 者】中國國家博物館。

【尺度重量】通高 30.8、兩耳距 41、口徑 37.4 釐米。

【形制紋飾】口微斂，寬平沿，一對附耳，圜底下設三條蹄形足，內面裸露範土。上腹
　　　　　有一道箍棱，其上飾變形獸體紋，其下飾垂鱗紋。

【著　　録】百年 139 頁 64 上。

【銘文字數】內壁鑄銘文 22 字。

【銘文釋文】隹（唯）王五月吉日庚申，曾厌（侯）宝霁（擇）其吉金，自乍（作）阩（升）
　　　　　鼎（鼎），永用之。

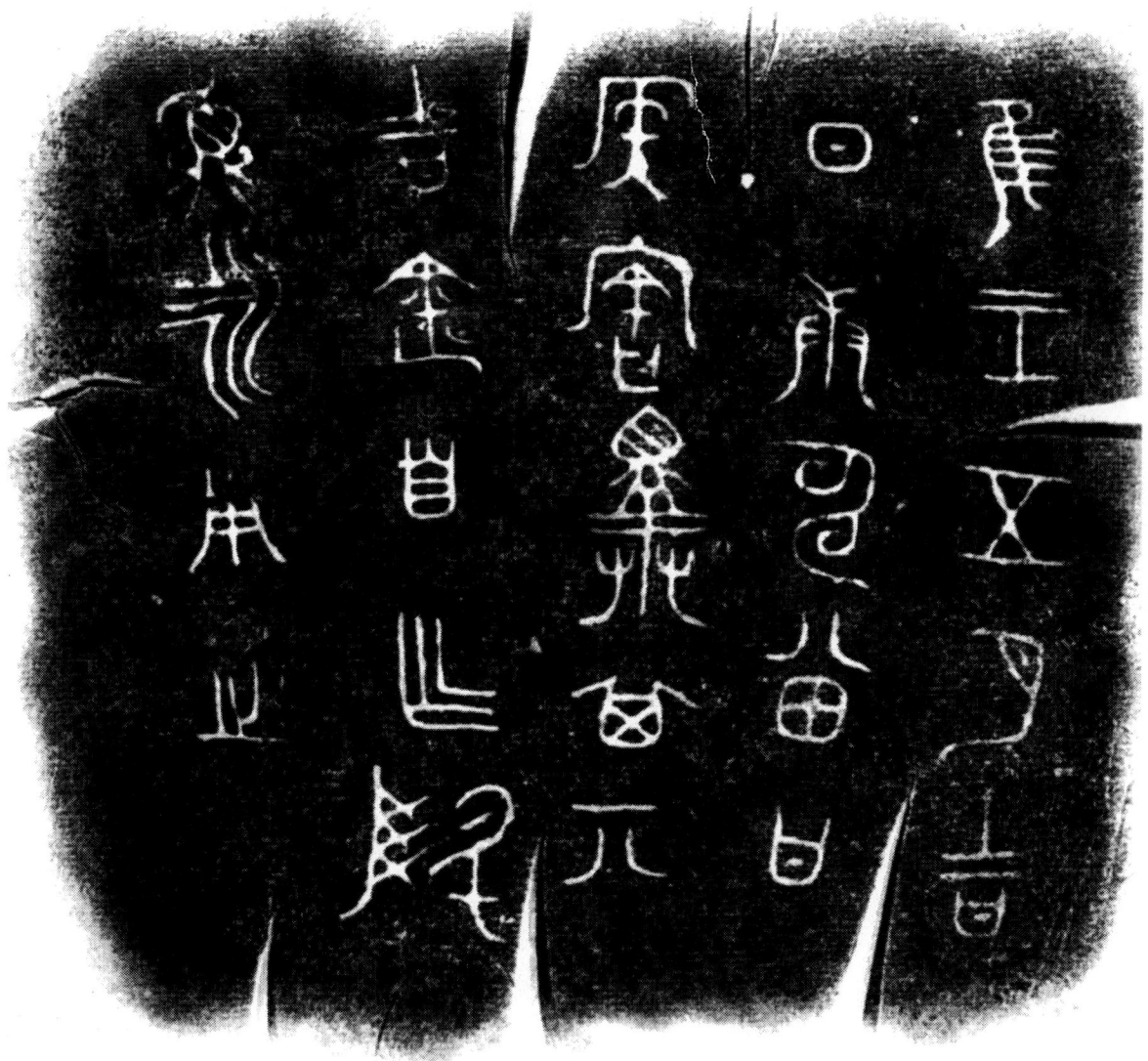

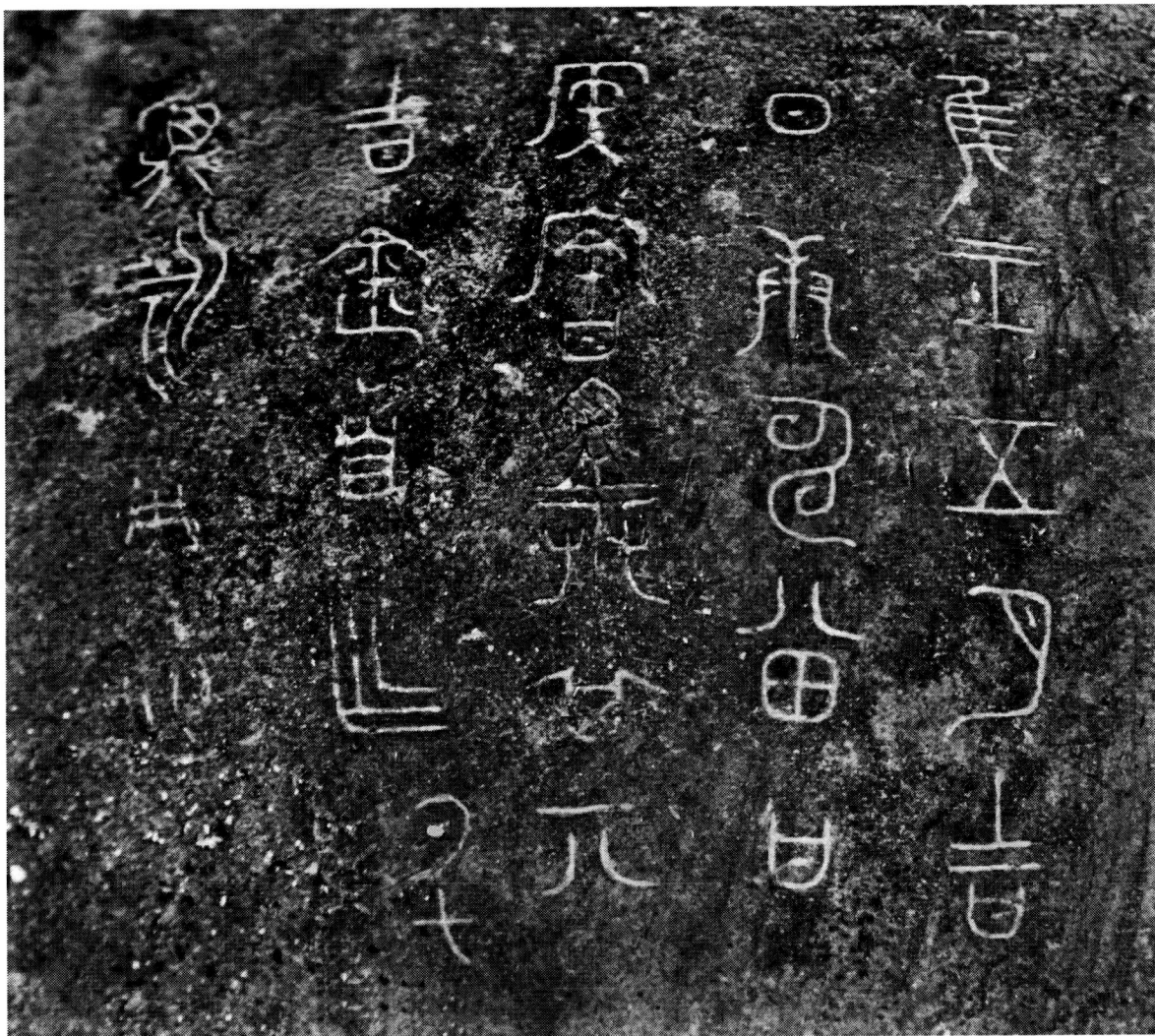

鼎

0187. 曾侯宝鼎

【時　　代】春秋早期。

【出土時地】湖北隨州市義地崗曾國墓地。

【收 藏 者】隨州博物館。

【尺度重量】通高 30、口徑 36.5、腹深 18、兩耳相距 40.8 釐米，重 4 公斤。

【形制紋飾】口微斂，寬平沿，一對附耳，圓底下設三條蹄形足，內面裸露範土，一足下
　　　　　部稍殘。上腹有一道箍棱，其上飾變形獸體紋，其下飾垂鱗紋。

【著　　錄】文化遺産 2013 年 5 期 78 頁，文物 2014 年 8 期 45 頁圖 2。

【銘文字數】內壁鑄銘文 22 字。

【銘文釋文】隹（唯）王五月吉日庚申，曾厌（侯）宝羃（擇）其吉金，自乍（作）阩（升）
　　　　　鼎（鼎），永用之。

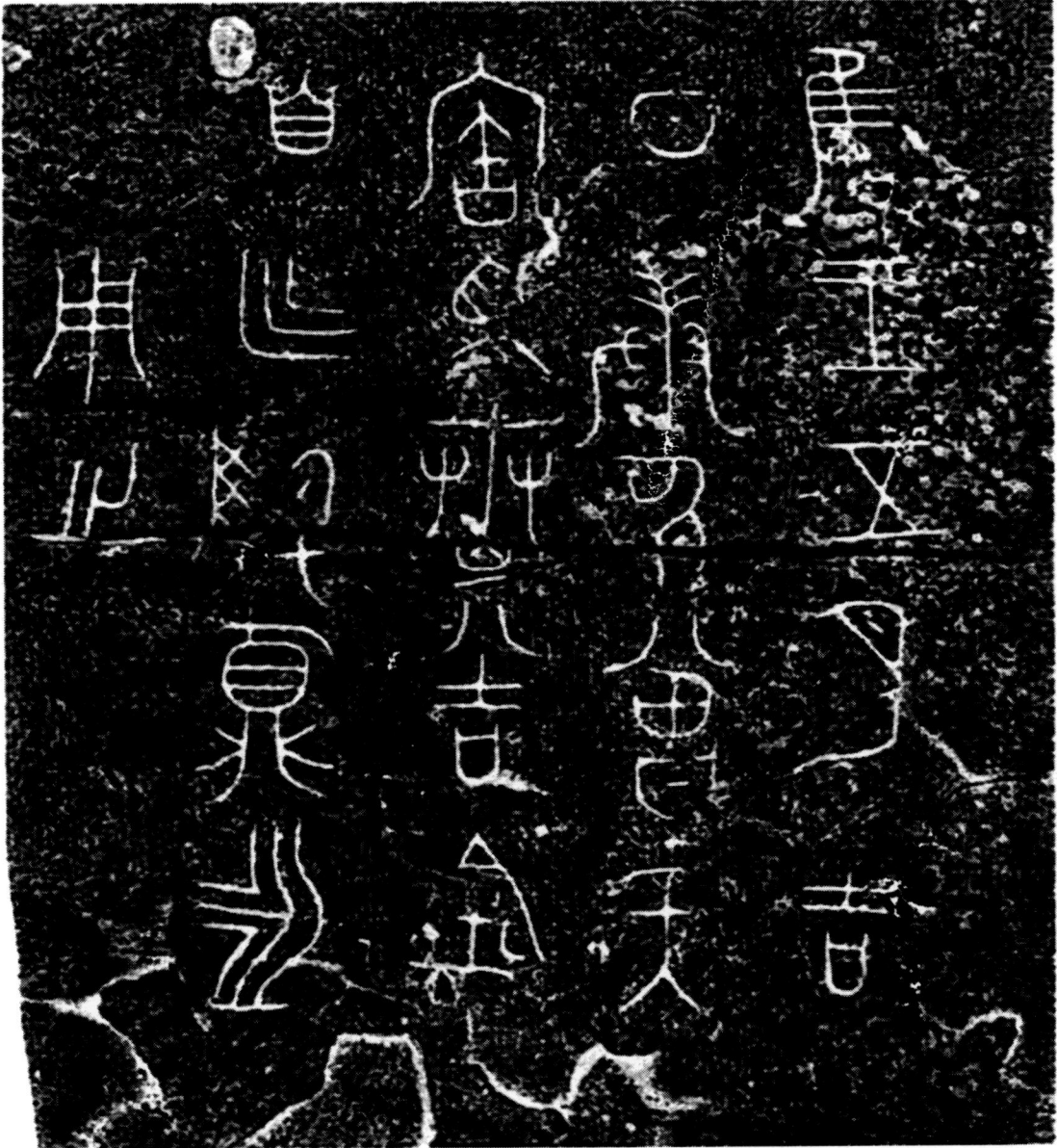

0188. 楚王鼎

【時　　代】春秋中期。

【收藏者】某收藏家。

【形制紋飾】體呈小半球形,直口平沿,圜底,一對附耳高聳,三條蹄形足,腹部有一道箍棱。耳內外及頸部皆飾蟠螭紋。

【著　　錄】未著錄。

【銘文字數】內壁鑄銘文 22 字。

【銘文釋文】佳(唯)正月初吉丁亥,楚王㬉(媵)口𤿑(芈)𤭖(盂)鼎,其釁(眉)𤕫(壽)無疆,永保用之。

【備　　注】其中漏鑄一字,可能是"隨"字。

鼎

0189. 徐子汭鼎(余子氽鼎)

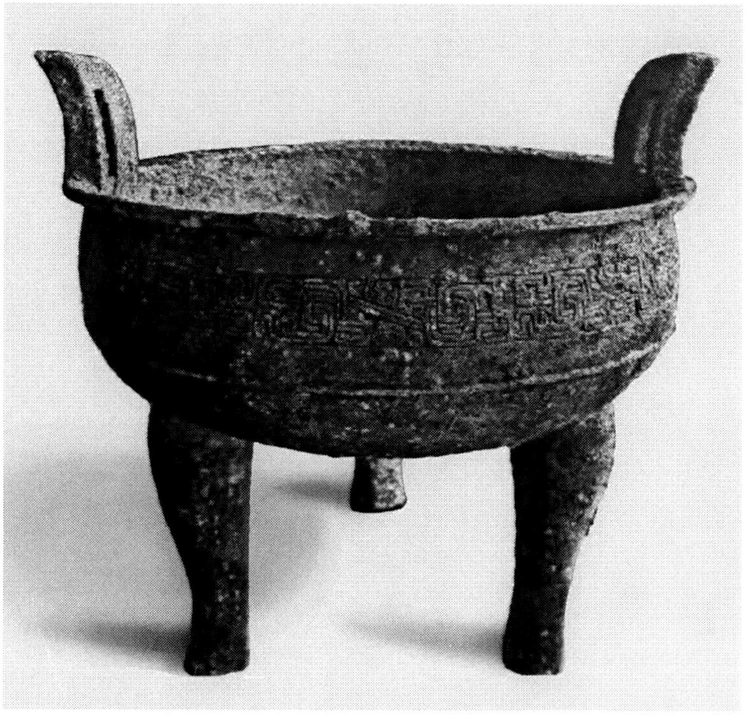

【時　　代】春秋早期。
【收 藏 者】某收藏家。
【形制紋飾】口微斂,窄沿方唇,口沿上有一對立耳,向外曲張,圜底之下有三條蹄足,下腹有一道細箍棱。頸部飾蟠螭紋。
【著　　録】未著録。
【銘文字數】内壁鑄銘文22字。
【銘文釋文】余(徐)子氽(汭)𠂤(以)𠀠(其)大夫𠂤(以)徒戊、邛□𠂤(?以)良金𦥑(鑄)𠀠(其)鼎,百歲用之。

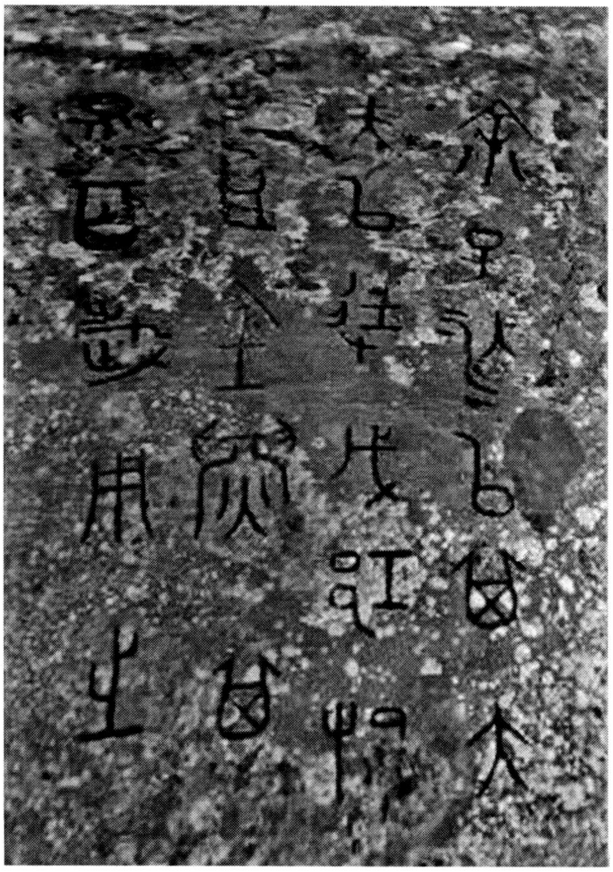

0190. 許成孝鼎（鄦成孝鼎）

【時　　代】春秋早期。

【出土時地】湖北縠城縣城關鎮邱家樓春秋墓地。

【收　藏　者】縠城縣博物館。

【尺　　度】通高 25.6、口徑 26.4 釐米。

【形制紋飾】口微斂，窄沿方唇，口沿上有一對立耳，圜底下有三條蹄形足，足內壁裸
　　　　　　露範土，上腹有一道箍棱。頸部飾無目竊曲紋。

【著　　錄】文物 2014 年 8 期 47 頁圖 3。

【銘文字數】內壁鑄銘文 22 字（其中重文 2）。

【銘文釋文】佳（唯）八月初吉，鄦（許）成孝羃（擇）其士（吉）金乍（作）鼎，子=（子子）
　　　　　　孫=（孫孫）永寶用之。

0191. 潨公宜脂鼎

【時　　　代】春秋晚期。

【出土時地】2009 年 5 月 山 東 棗 莊
市嶧城區徐樓村東周墓
（M2.25）。

【收 藏 者】棗莊市博物館。

【尺　　　度】通高 20.7、口徑 23.8、腹
深 10.2 釐米。

【形制紋飾】體呈半球形，直口，窄沿
方唇，口沿上有一對立
耳，圜底，三個蹄形足。
上腹飾蟠虺紋和垂葉紋，
足上部飾獸面紋。外底
有一層煙炱。

【著　　　錄】文物 2014 年 1 期 25 頁圖 70。

【銘文字數】內壁鑄銘文 22 字。

【銘文釋文】隹（唯）正月初吉日丁亥，潨（灨－灊）公膏（宜）脂，余（擇）𢎨（其）加（臧）
金，用鎺（鑄）𢎨（其）燺（爨）膏（宜）鼎。

0192. 皇戜鼎

【時　　代】春秋晚期。

【收 藏 者】某收藏家。

【尺　　度】通高44、寬44釐米。

【形制紋飾】深腹,圜底,方形附耳高
聳,三蹄足外撇,蓋微
隆,頂部有一個銜環小
鈕,周邊有三個獸形環
鈕。蓋面有三道粗弦紋,
腹部有一道箍棱,耳飾
絢紋和蟠虺紋,底部有
煙炱。

【著　　録】未著録。

【銘文字數】蓋、器同銘,各22字。

【銘文釋文】昊欱公子皇戜羇(擇)其
吉金自乍(作)飤䵼,千歲之外我是㠯(以)遣。

器

0193. 魯司徒馬皇父鼎（魯嗣徒馬皇父鼎）

【時　　代】西周晚期。

【出土時地】2014 年 12 月出現在西安古玩城。

【收 藏 者】某收藏家。

【尺　　度】口徑 18 釐米。

【形制紋飾】斂口鼓腹，窄沿方唇，口沿上有一對立耳，圜底三蹄足，腹部有一道箍棱。
　　　　　　頸部飾竊曲紋。

【著　　録】未著録。

【銘文字數】內壁鑄銘文 23 字（其中重文 2）。

【銘文釋文】魯嗣（司）徒馬皇父乍（作）姬此母媵（媵）鼎（鼎），丮（其）萬年釁（眉）耆
　　　　　　（壽），子=（子子）孫=（孫孫）寶用。

0194. 伯國父鼎

【時　　代】春秋早期。

【收 藏 者】某收藏家。

【形制紋飾】敞口圜底，窄沿方唇，口
沿上有一對立耳，三條
蹄形足，足內面削平。
頸部飾重環紋，腹部飾
垂鱗紋。

【著　　錄】金石拓20頁。

【銘文字數】內壁鑄銘文23字（其中
重文1）。

【銘文釋文】盠（許）大或白（伯）國
（國）父，乍（作）弔（叔）
嫣緣貞（鼎），其萬耆
（壽）無彊（疆），子＝（子
子）孫永寶用畲（享）。

【備　　注】"或"、"國"、"貞"、"萬"、"孫"等字反書。

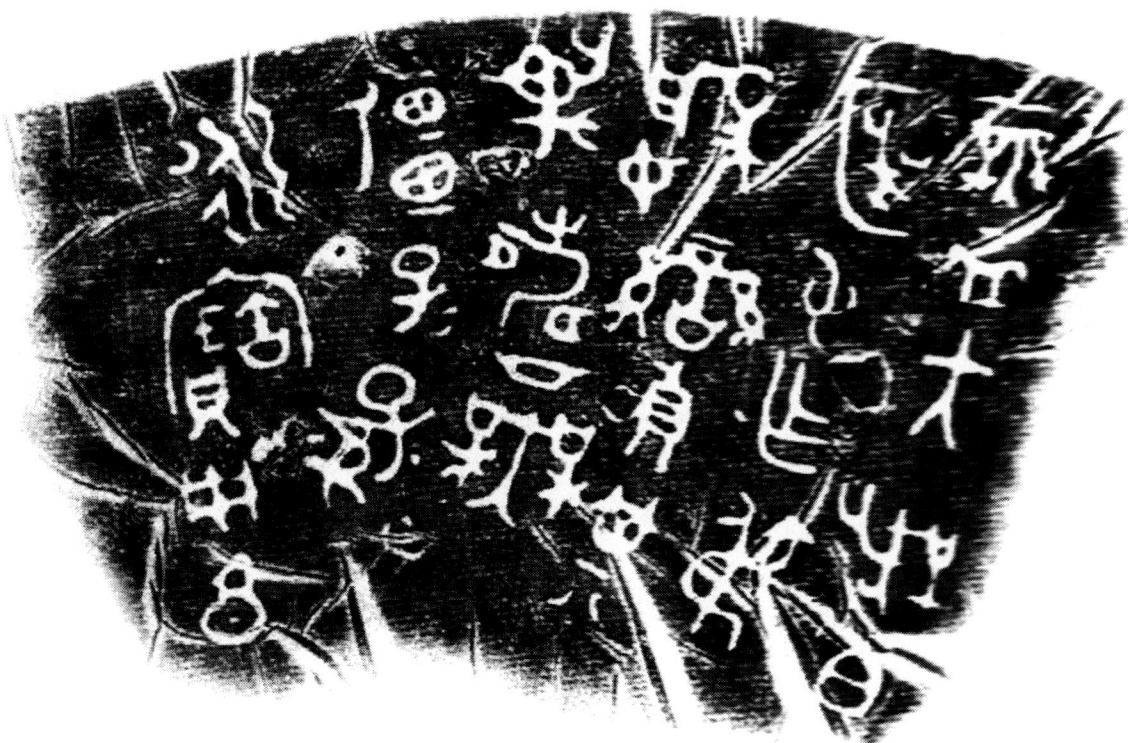

鼎

0195. 旻鼎(原稱旡鼎)

【時　　代】西周早期後段。

【出土時地】1993 年初河南平頂山市薛莊鄉滍陽鎮義學崗應國墓地(M242.11)。

【收　藏　者】河南省文物考古研究所。

【尺度重量】通高 22.8、口徑 20.3 釐米,重 3.15 公斤。

【形制紋飾】斂口窄沿,口沿上有一對扭索狀立耳,下腹向外傾垂,底部稍圜,三條柱
　　　　　　足上粗下細。外底範綫呈外弧三角形,自三角形中心向三足附加一條寬
　　　　　　帶形加强筋,頸部飾兩道弦紋。

【著　　　錄】應國墓 151 頁圖 64。

【銘文字數】內壁鑄銘文 24 字。

【銘文釋文】旻撜(拜)頴(稽)首,皇兄考(孝)于公,宝乎(厥)事。弟不敢(敢)不罪(擇)
　　　　　　衣,夗(夙)夜用旨鼺(肆)公。

【備　　　注】《應國墓》將"旻"、"旨"誤釋爲"旡"、"占"。

鼎

0196. 進鼎

【時　　代】西周中期。

【出土時地】2012年9月出現在西安。

【收 藏 者】某收藏家。

【尺　　度】通高20.5、口橫20.4、
　　　　　　口縱17釐米。

【形制紋飾】橢方形，侈口束頸，鼓腹，
　　　　　　底部近平，四足作曲尺
　　　　　　形，一對圓細附耳高出
　　　　　　器口。頸部飾波曲紋，足
　　　　　　飾波曲紋、雲朵紋及重
　　　　　　環紋。

【著　　錄】未著錄。

【銘文字數】內壁鑄銘文24字。

【銘文釋文】公族寶吉進捧（拜）頴（稽）首，魯公厌（侯）其萬年無彊（疆），進乳（揚）公
　　　　　　寵（寵）休，用乍（作）寶。

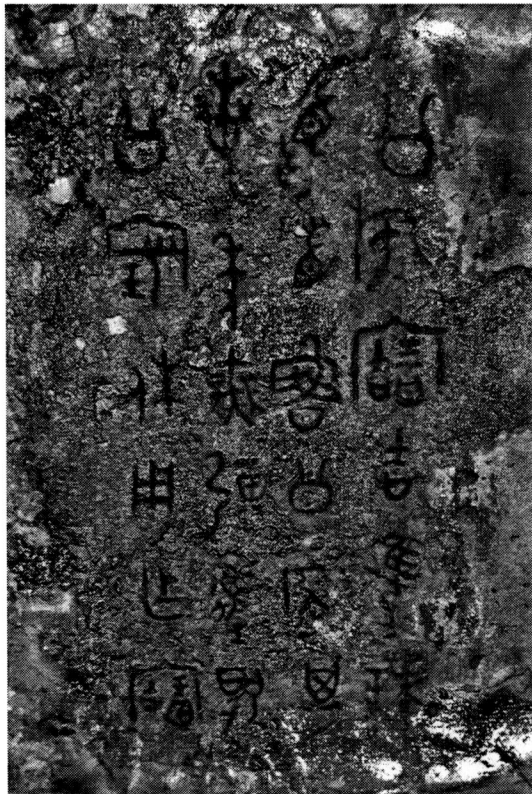

0197. 伯渚鼎

【時　　代】春秋早期。

【收 藏 者】臺北震榮堂（陳鴻榮、王亞玲夫婦）。

【尺　　度】通高 22.5、兩耳相距 27.5 釐米。

【形制紋飾】侈口淺腹,頸部有一對附耳高聳,弧形底,腹中部有一周箍棱,三條蹄形
　　　　　　足,內面凹進。頸部飾無目竊曲紋,腹部飾大小相間的重環紋。

【著　　錄】金銅器 71 頁鼎 26。

【銘文字數】內壁鑄銘文 24 字(其中重文 2)。

【銘文釋文】林君(？)孫白(伯)渚用𢦏(其)吉金,自乍(作)窑(寶)鼎,𢦏(其)𧡝(眉)
　　　　　　𩈬(壽),子＝(子子)孫＝(孫孫),永用之亯(享)。

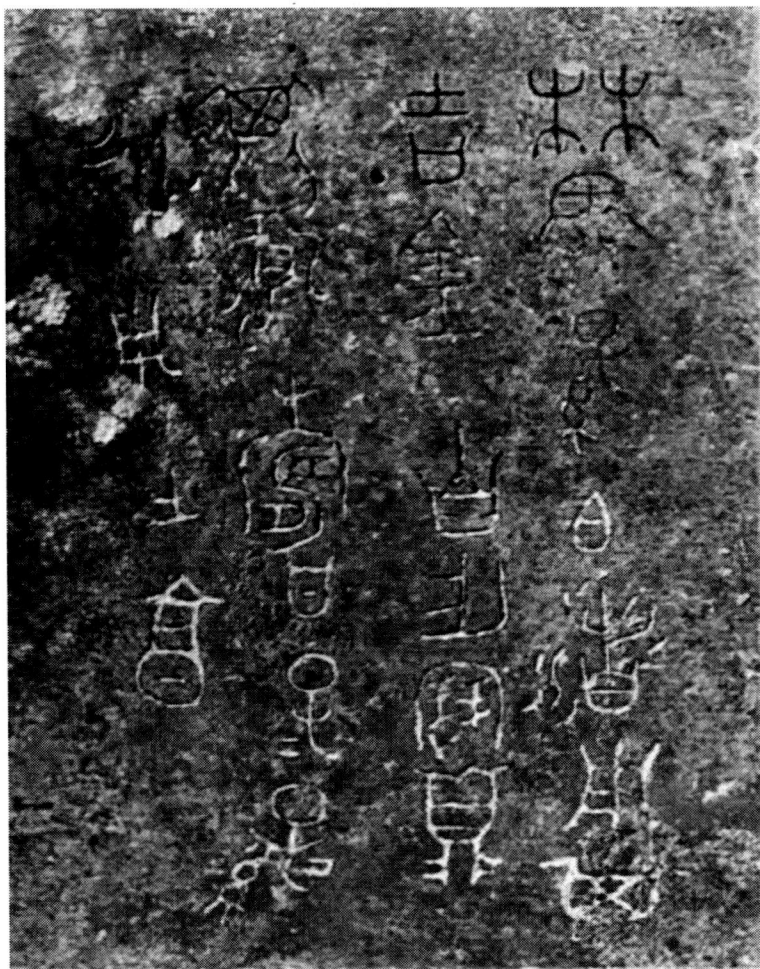

0198. 郎君鼎

【時　　代】春秋早期。

【出土時地】2014 年湖北棗陽縣郭家廟曹門灣曾國墓地（M22）。

【收　藏　者】湖北省文物考古研究所。

【形制紋飾】口微斂，寬沿外折，一對附耳高出器口，淺腹圜底，三條蹄形足，內面凹陷，頸腹之間有一道箍棱。頸部飾竊曲紋，腹部飾垂鱗紋。

【著　　録】江漢考古 2015 年 3 期 10 頁圖版 21。

【銘文字數】內壁鑄銘文 24 字。

【銘文釋文】郎君孝（？）乍（作）丌（其）鼎，丌（其）萬年無彊（疆），子孫永用之，丌（其）或隹（唯）萅（？　禱），劓（則）明用（？）之。

0199. 睘鼎

【時　　代】西周中期後段。

【出土時地】2014 年 12 月出現在西安古玩城。

【收　藏　者】某收藏家。

【尺　　度】通高 26.8、口徑 26、兩耳相距 27.5 釐米。

【形制紋飾】直口,窄沿方唇,口沿上有一對立耳,圜底,三條柱足上粗下細。頸部飾
　　　　　兩組垂冠回首尾下卷作刀形的夔龍紋,以雲雷紋襯底。

【著　　錄】未著錄。

【銘文字數】內壁鑄銘文 25 字。

【銘文釋文】隹(唯)正月初吉乙亥,王才(在)康宮,睘穢(蔑)曆,易(錫)馬兩,對王休,
　　　　　用乍(作)寶鼎。豕。

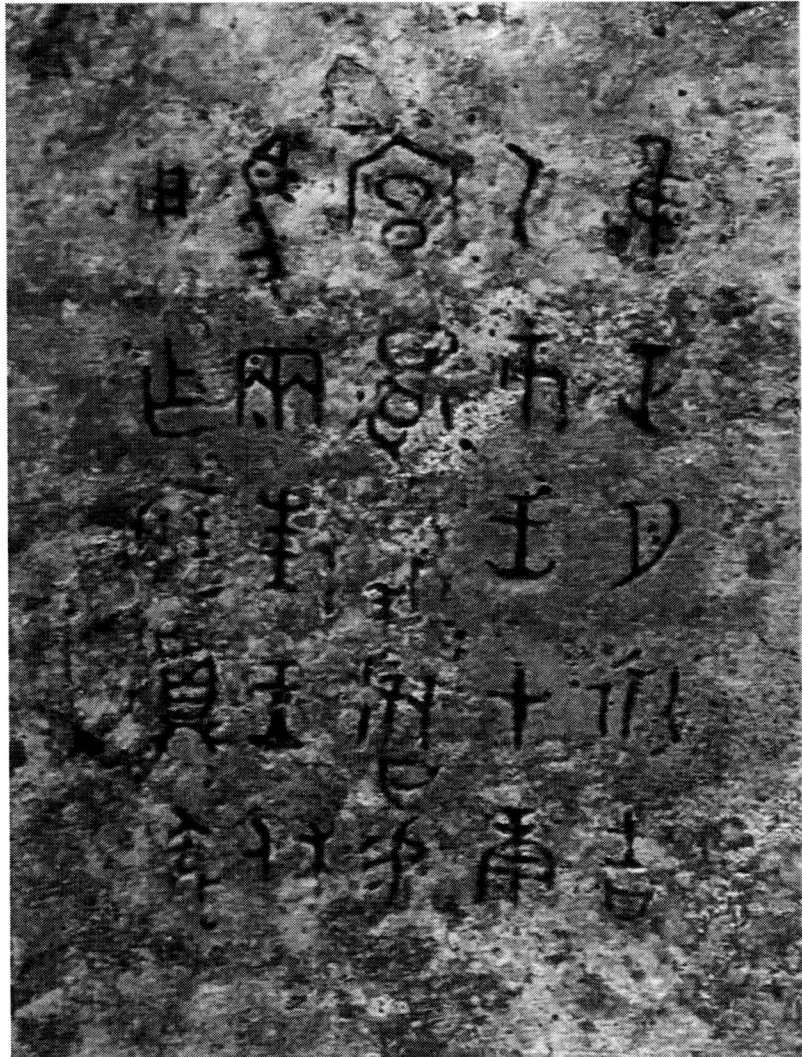

0200. 樊伯千鼎

【時　　　代】春秋早期。

【出土時地】2008 年 3 月山東日照市東港區濤雒鎮下元一村。

【收　藏　者】日照市博物館。

【尺　　　度】殘高 12、寬 21 釐米。

【形制紋飾】殘鼎，方唇，平沿外折，鼓腹圜底，腹部有一道箍棱，蹄形足。頸部飾竊曲紋帶，腹部飾大竊曲紋。

【著　　　錄】中原文物 2012 年 4 期 72 頁圖 4。

【銘文字數】內壁鑄銘文 25 字（其中重文 2）。

【銘文釋文】唯樊白（伯）千盠（鑄）鼎（鼎），臾中（仲）嬴格（？）母，□其萬年無彊（疆），子=（子子）孫=（孫孫）永寶用亯（享）。

【備　　　注】銘文反書。

0201. 以鄧鼎

【時　　代】春秋中期。

【收 藏 者】某收藏家。

【尺　　度】通高 39、口徑 44、兩耳相距 60 釐米。

【形制紋飾】敞口方唇，平沿內折，一對立耳作弧形外撇，淺腹束腰，平底，三足呈獸蹄形。頸部有一道粗弦紋，腹外有四條對稱的圓雕螭虎形附飾。耳飾雙頭龍紋，肩部和腹部飾蟠螭紋，三足飾大獸面紋。

【著　　錄】未著錄。

【銘文字數】內底鑄陽文 25 字（其中合文 1）。

【銘文釋文】隹（唯）正月初吉丁亥，楚弔（叔）之孫以鄧（鄧），霽（擇）其吉金，盥（鑄）其緐（繁）鼎（鼎），永寶用之。

【備　　注】許多字反書。

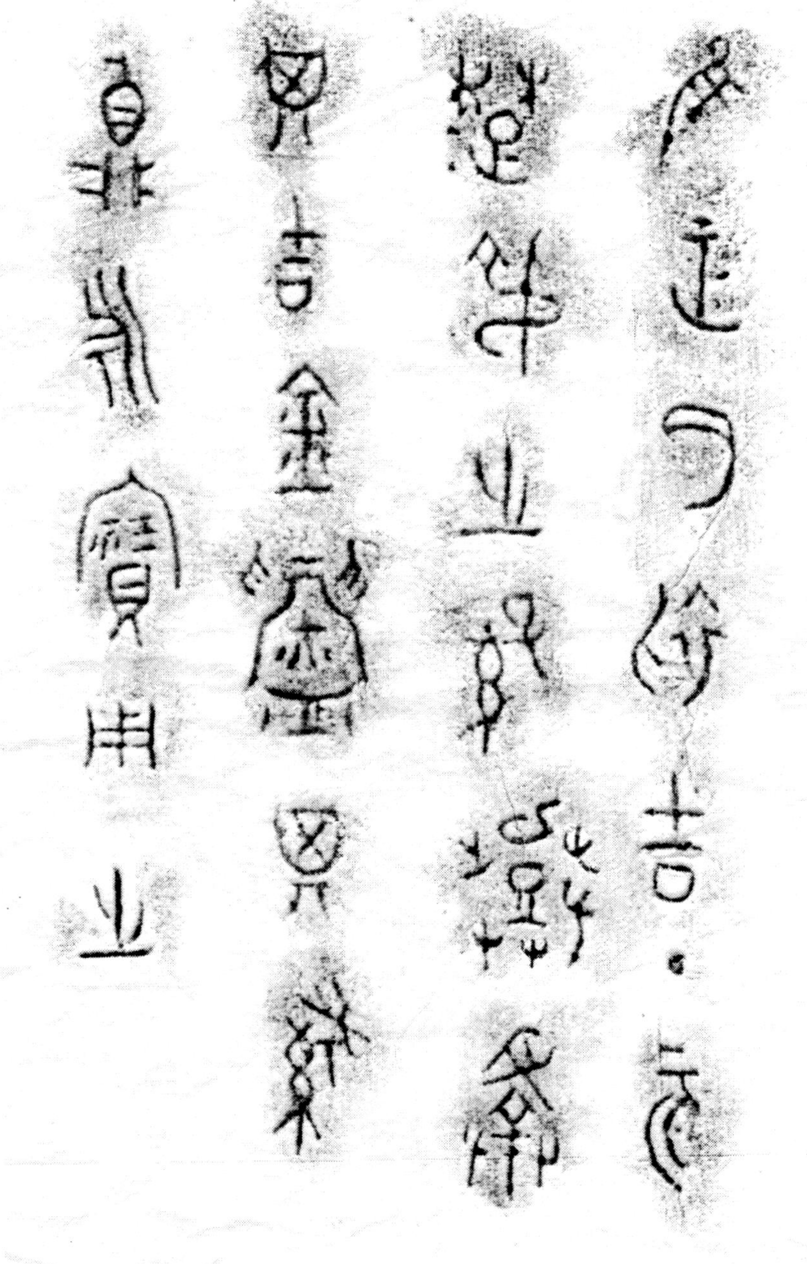

0202. 遺仲白膚鼎

【時　　代】春秋早期。

【收 藏 者】某收藏家。

【形制紋飾】子口內斂,深腹圜底,一對附耳向外曲張,三條蹄形足較細,外罩式平蓋,
　　　　　　沿下折,蓋面中部有一個倒"U"字形提鈕,周邊分佈着三個扁鳥形鈕。
　　　　　　腹中部有一道箍棱,蓋沿和上腹飾三角雲紋,蓋面飾兩周雲頭紋,下腹飾
　　　　　　鋸齒紋。

【著　　録】未著録。

【銘文字數】蓋面邊沿鑄銘文 26 字(其中重文 2)。

【銘文釋文】隹(唯)正九月初吉丁亥,遺中(仲)白膚自乍(作)盥(鑄)甘(其)絲貞(鼎),
　　　　　　子=(子子)孫=(孫孫)萬年用之。

2

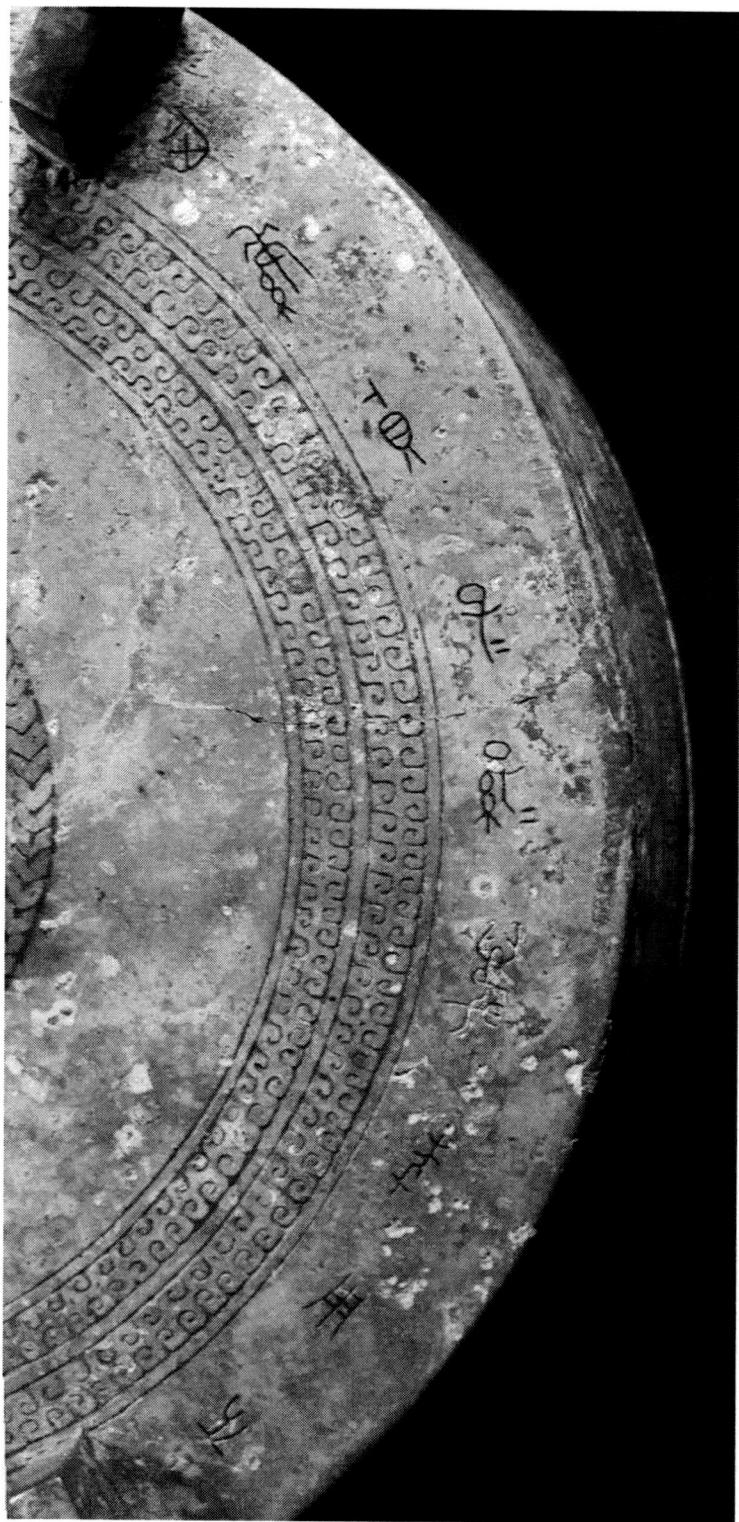

0203. 賈叔鼎

【時　　代】春秋早期。

【出土時地】傳出山西晉南。

【收 藏 者】某收藏家。

【形制紋飾】體呈半球形,平折沿,一對附耳高聳,圜底,三條蹄形足內面較平。頸部
飾無目竊曲紋,腹部飾環帶紋,均不施底紋。

【著　　錄】未著錄。

【銘文字數】內壁鑄銘文 26 字(其中重文 2)。

【銘文釋文】隹(唯)王二月既死霸丁亥,賈弔(叔)乍(作)晉(晉)姬隣(尊)鼎,萬［年］
子=(子子)孫=(孫孫)永寶用亯(享)。

0204. 滕□伯𣪘鼎

【時　　代】春秋早期。

【收 藏 者】香港中華古美術公司。

【尺　　度】通高 41.8、直徑 42.2 釐米。

【形制紋飾】子口內斂,鼓腹圜底,一對附耳內收,三條蹄足較高,平蓋折沿,頂部中央有一個 U 形鈕,周邊分佈三個鳥形扁扉。蓋面中部飾一周麥穗紋,外圍飾兩周勾連雲紋,蓋沿飾一周勾連雲紋,器口下飾兩周勾連雲紋,上腹有一道細箍棱,其下飾一周勾連雲紋和一周三角雷紋。

【著　　錄】未著錄。

【銘文字數】蓋面周邊鑄銘文 26 字(其中重文 2)。

【銘文釋文】隹(唯)正六月初吉丁亥,滕(滕)□白(伯)𣪘自乍(作)盥(鑄)甘(其)繁貞(鼎),子＝(子子)孫＝(孫孫)萬年用之。

鼎

239

（原寬 32.1 釐米）

0205. 彭子疾鼎

【時　　代】春秋晚期。

【收 藏 者】某收藏家。

【形制紋飾】子口圓腹,子口下和蓋沿各有一道箍棱,附耳圜底,隆蓋上有七柱支撐的
　　　　　　輪狀捉手,三條獸面蹄足。蓋面上有兩道凸棱,期間均飾蟠虺紋,蓋沿飾
　　　　　　蟠虺紋和三角紋,腹部亦有一道凸棱,上腹飾蟠虺紋,下腹飾蟠虺紋和三
　　　　　　角紋。

【著　　錄】未著錄。

【銘文字數】蓋、器同銘,各 26 字。

【銘文釋文】隹(唯)正月初吉丁亥,彭子疾羃(擇)材(其)吉金,自飤鎓(繁),材(其)
　　　　　　覺(眉)耆(壽)無碁(期),永保用之。

【備　　注】此爲器銘,蓋銘銹斑嚴重,未拍照。器銘漏鑄"作"字。

器

0206. 公子每鼎

【時　　代】春秋早期。

【出土時地】2014年8月出現在鄭州。

【收　藏　者】某收藏家。

【形制紋飾】斂口,窄平沿,深腹圜底,一對扭索狀小附耳,三條蹄足,腹中部有一道箍棱。箍棱上下均飾S形雙頭龍紋。

【著　　錄】未著錄。

【銘文字數】內壁鑄銘文約27字(其中重文2)。

【銘文釋文】隹(唯)正月初吉,□公子每乍(作)其鮨鼎,其萬年無[疆],子=(子子)孫=(孫孫)□永寶用之。

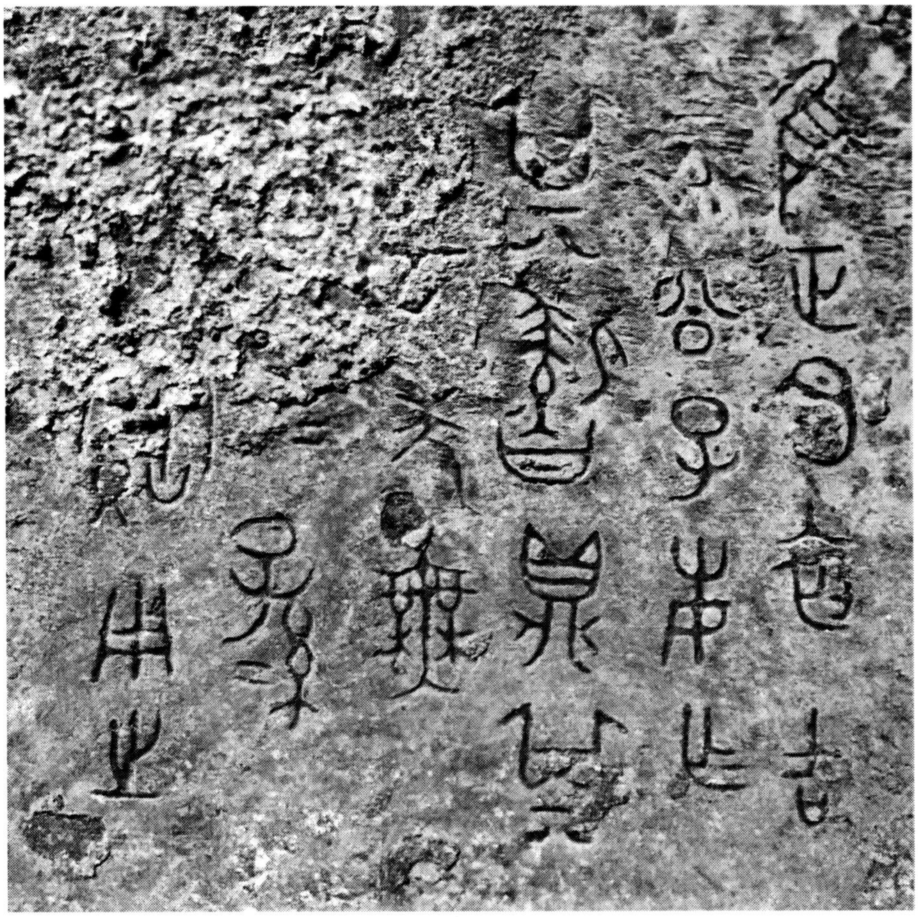

0207. 華孟子鼎

【時　　代】春秋中期。
【出土時地】2012 年春節前夕山東沂水縣天上王城景區春秋墓。
【收 藏 者】沂水縣博物館。
【著　　録】文物報 2012 年 8 月 17 日 6 版。
【銘文字數】内壁鑄銘文 27 字(其中重文 2)。
【銘文釋文】𠌶(華)孟子乍(作)中(仲)叚氏婦中(仲)子賸(媵)寶鼑(鼎),其釁(眉)
　　　　　　耇(壽)萬年(年)無彊(疆),子=(子子)孫=(孫孫)倸(保)用亯(享)。
【備　　注】圖像未公布。

0208. 王子桓匕鼎（王子逗匕鼎）

【時　　代】春秋晚期。

【收　藏　者】某收藏家。

【形制紋飾】斂口鼓腹，圜底，一對附耳向外曲張，三條蹄形足，蓋面隆起，上有輪形捉手，蓋面有三道箍棱凸起，第二道和第三道之間分佈着三個圓雕臥羊。腹部有一道箍棱，蓋面和上腹均飾蟠螭紋。

【著　　録】未著録。

【銘文字數】蓋、器同銘，各 27 字。

【銘文釋文】佳（唯）正月初吉丁亥，王子逗（桓）匕，厽其吉金，自乍（作）羞（登、升）鼎，釁（眉）酓（壽）無諆（期），永保用之。

【備　　注】此爲蓋銘，器銘未公布。

蓋

鼎

247

0209. 宋公䰞鼎(宋公固鼎)

【時　　代】春秋晚期。

【出土時地】2009年5月山東棗莊市嶧城區徐樓村東周墓(M1.39)。

【收　藏　者】棗莊市博物館。

【尺　　度】通高26、口徑32.8、腹深12.4釐米。

【形制紋飾】寬體圜底,腹甚淺,有子口,平蓋,沿下折,蓋面中部設一環鈕,一對附耳高出鼎蓋,兩耳各有一對小橫梁與鼎體相連,三條蹄足肥大,下腹有一道粗弦紋。蓋面、耳外側和上腹均飾蟠螭紋。外底有一層煙炱。

【著　　録】文物2014年1期21頁圖63。

【銘文字數】蓋、器同銘,各28字(其中重文2)。

【銘文釋文】有殷天乙唐(湯)孫宋公䰞(固)乍(作)溓(瀶-濫)弔(叔)子饎(饋)鼎,㠯(其)貫(眉)耆(壽)萬芒(年),子₌(子子)孫₌(孫孫)永保用之。

【備　　注】同墓出土3件,形制紋飾及銘文相同,大小相次,另2件殘甚,資料未發表。

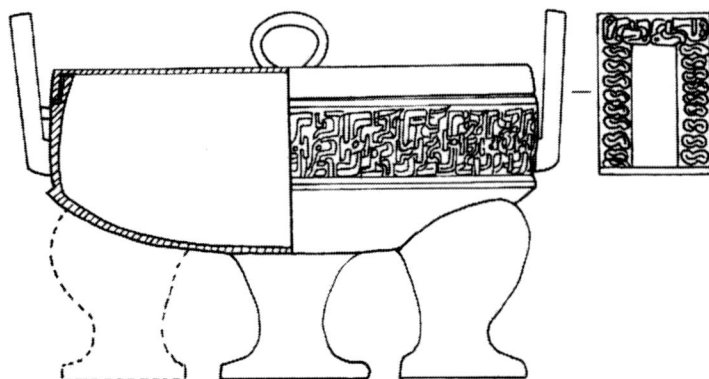

蓋

器

0210. 楚王鼎

【時　　代】春秋中期。

【收 藏 者】海外某收藏家。

【尺　　度】通高 39.9、口徑 31.4、兩耳相距 39.8 釐米。

【形制紋飾】斂口鼓腹,有子口,蓋面隆起,上有 8 輻輪形捉手,一對附耳高聳,圜底設
三條蹄足。蓋上有兩道絢索箍棱,腹部有一道絢索箍棱。捉手內飾蟠螭
紋,蓋面第一道箍棱與捉手之間飾三角紋,第二道箍棱內外均飾蟠虺紋,
腹部箍棱之上飾蟠虺紋,其下飾三角雲雷紋。

【著　　録】未著録。

【銘文字數】蓋、器同銘,各 28 字。

【銘文釋文】唯王正月初吉丁亥,楚王賸(媵)隓(隋－隨)中(仲)嬭(芈)加飤緐,其
覨(眉)壽(壽)無綦(期),子孫永寶用之。

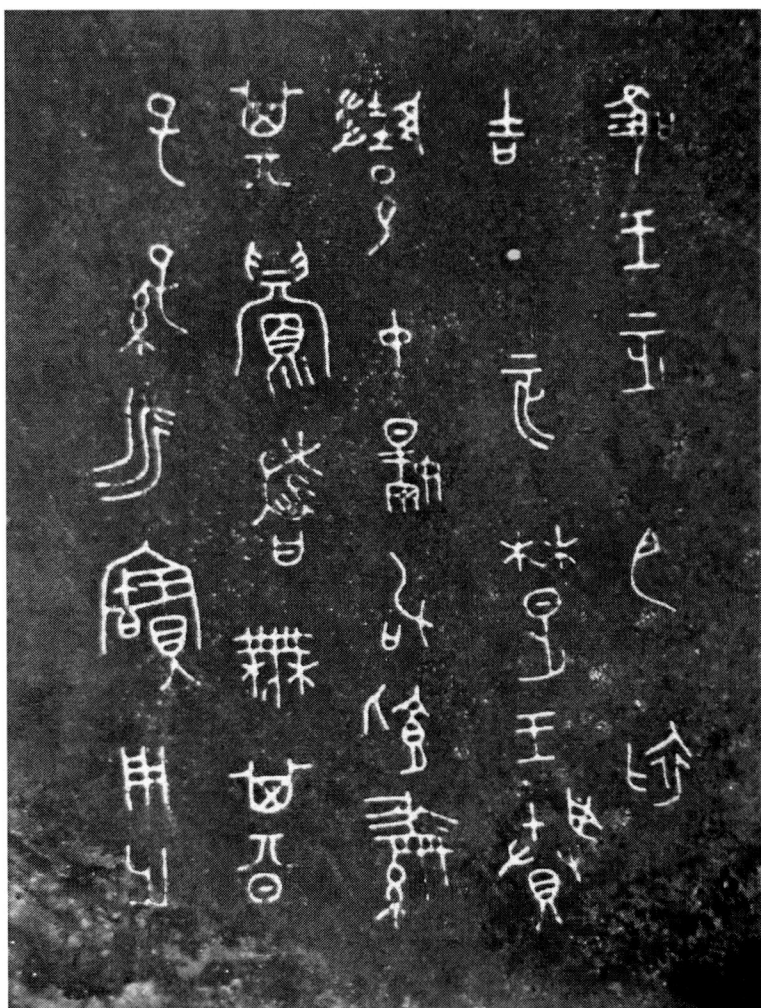

蓋

器

0211. 厥寶尹仲康鼎

【時　　代】春秋晚期·徐。

【收 藏 者】某收藏家。

【尺　　度】通高 34、口徑 28、兩耳間距 32.5 釐米。

【形制紋飾】斂口圓腹,有子口,口沿下有一對附耳,圜底下設有三條蹄形足,蓋面呈
　　　　　　弧形隆起,上有圈狀捉手,捉手有四個方形鏤孔。蓋沿和器口沿各有一
　　　　　　道箍棱,蓋面有兩道扭索狀箍棱,捉手內及兩道箍棱內均飾蟠虺紋,蓋沿
　　　　　　飾環帶紋;腹部有一道扭索狀箍棱,上下皆飾蟠虺紋。

【著　　錄】未著錄。

【銘文字數】蓋沿環帶紋間、器子口各鑄銘文 29 字。

【銘文釋文】隹(唯)正月初吉丁亥,余(徐)厥(勾)寶尹中(仲)康,𤔲(擇)其吉金,自
　　　　　　乍(作)緐鼎,其永保萬年,永用之。

【備　　注】蓋銘中"吉丁"、"尹中(仲)"、"自乍(作)"、"其永"、"用之"合用一格。

蓋 1

蓋 2

蓋 3

鼎

255

蓋 4

蓋 5

蓋 6

器 1

器 2

器 3

257

器 4

器 5

器 6

0212. 釁子□鼎

【時　　代】春秋晚期。

【收 藏 者】某收藏家。

【形制紋飾】直口窄薄沿,方形附耳,深腹圜底,三蹄足,頸部內收,腹部有兩道細箍棱,蓋面隆起,上有輪形捉手。通體飾蟠虺紋。

【著　　録】未著録。

【銘文字數】蓋內鑄銘文 30 字(其中重文 2)。

【銘文釋文】隹(唯)正月初吉丁亥,釁子□罪(擇)[甘(其)吉]金,自乍(作)□□,甘(其)[眉壽]無彊(疆)子=(子子)孫=(孫孫)[永]寶用。

0213. 伯豸鼎

【時　　代】西周早期。

【收 藏 者】某收藏家。

【形制紋飾】方口平沿,淺腹圓底,口沿上有一對立耳,四條鳳鳥形扁足。腹部四角及中部各有一條C形扉棱,扉棱之間各飾一條夔鳥紋,不施底紋。

【著　　録】未著録。

【銘文字數】內壁鑄銘文31字。

【銘文釋文】隹(唯)公省歔(祖)南或(國),至于漢,乎(厥)至于歖,公易(錫)白(伯)豸(?)寶玉五品,馬三(四)匹,用彝(鑄)宮白(伯)寶隣(尊)彝。

【備　　注】器主"伯□"的第二字被銹掩蓋,僅餘下半截"多"字。疑爲"豸"字。"豸"字音渣。《説文》:"豸,厚貌,从多从尚。"

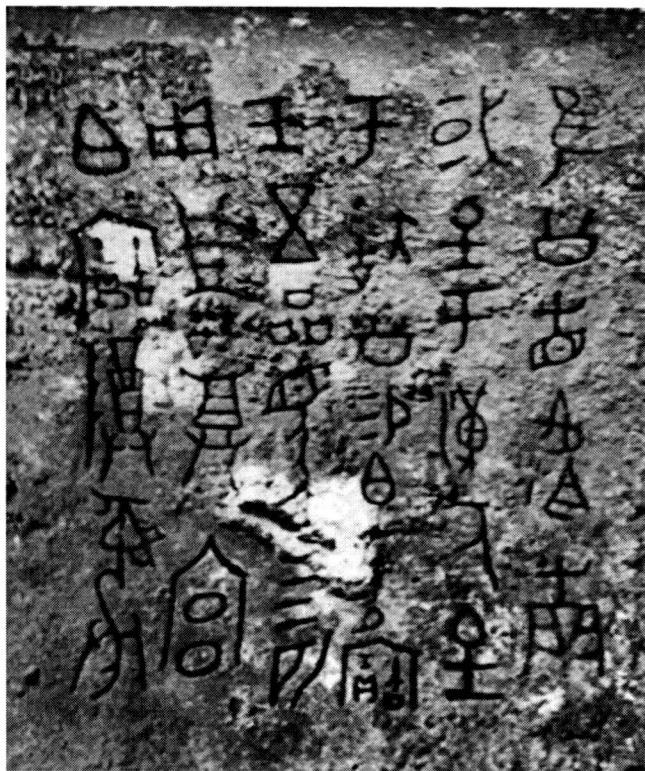

0214. 嫒鼎

【時　　　代】西周中期前段。

【收　藏　者】某收藏家。

【形制紋飾】斂口垂腹，窄沿方唇，口沿上有一對立耳，腹部向外傾垂，三條柱足微向內傾斜。頸部飾浮雕狀圓渦紋，間以四瓣花紋，以纖細的雲雷紋襯底。

【著　　　錄】未著錄。

【銘文字數】內壁鑄銘文 31 字。

【銘文釋文】丁卯，退事于內宮，嫣易（錫）嫒幺（玄）衣，曰："唯女（汝）聿井嗣（司）宗臣妾。"用乍（作）寶鼎，叏（其）萬年用事宗。

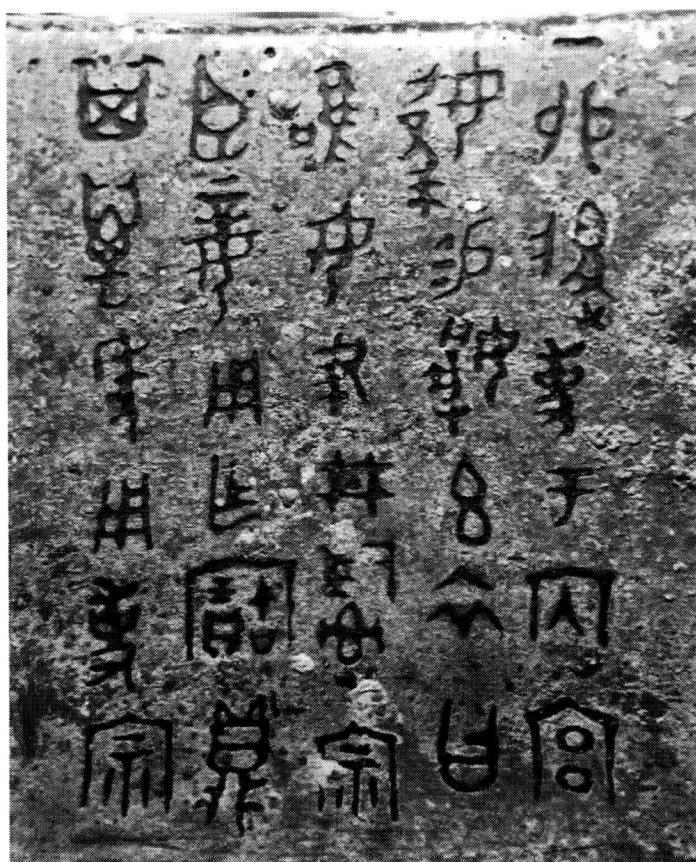

0215. 叔跂父鼎

【時　　代】春秋早期。

【出土時地】2014年9月日本東京中央秋季拍賣會。

【收　藏　者】原藏日本大阪某收藏家。

【尺　　度】通高29釐米。

【形制紋飾】體呈半球形,口微斂,窄沿方唇,口沿上有一對立耳,圜底下設三條蹄形
　　　　　足。頸部飾無目竊曲紋,腹部飾環帶紋。

【著　　錄】未著錄。

【銘文字數】內壁鑄銘文31字(其中重文1)。

【銘文釋文】隹(唯)王正月吉日丁丑,陽□弔(叔)跂父乍(作)龏(恭)弔(叔)姬寳(寶)
　　　　　鼎,讠(其)萬年無彊(疆),子=(子子)孫永寳(寶)用卿(饗)。

0216. 黃子婁鼎

【時　　　代】春秋晚期。

【收　藏　者】海外某收藏家。

【尺　　　度】通高 35、兩耳相距 35.5 釐米。

【形制紋飾】口微斂,窄薄沿,頸部有一對高附耳,弧形蓋,頂部有一個六柱輪形捉手,深腹圓底,下設三條獸面蹄形足。上腹有一道絢扭索狀箍棱。通體飾蟠虺紋。

【著　　　錄】未著錄。

【銘文字數】蓋內有銘文 31 字(其中重文 2)。

【銘文釋文】佳(唯)正月初吉丁亥,黃子婁罪(擇)其吉金,自乍(作)飤鼎,其釁(眉)壽(壽)無諆(期),子=(子子)孫=(孫孫)永寶用之。

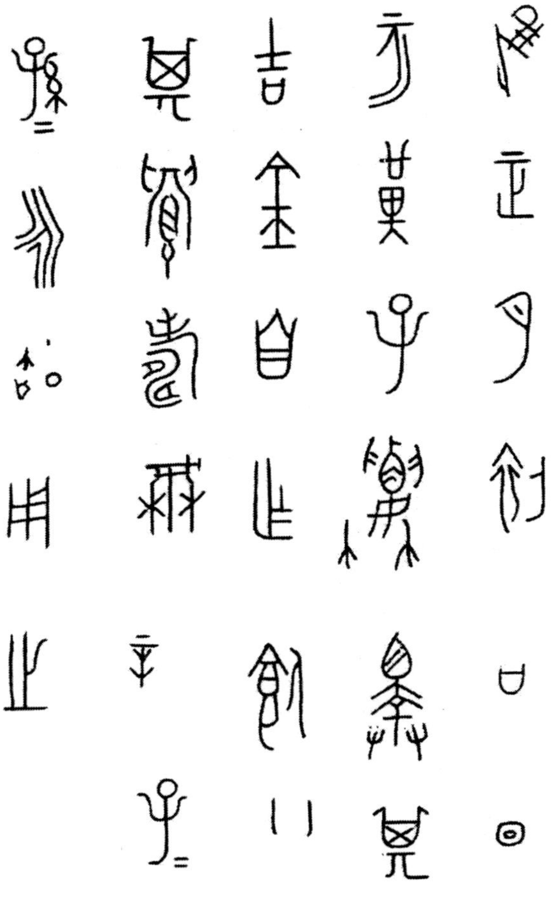

0217. 棘狀鼎

【時　　代】西周早期。

【出土時地】傳出山西。

【收 藏 者】某收藏家。

【尺　　度】通高 33 釐米。

【形制紋飾】體呈長方形,直口方唇,一對附耳高聳,下腹向外傾垂,四柱足上粗下細,
蓋面較平,沿呈弧形下折,亦爲窄沿方唇,蓋面有四個曲尺形扉棱,可卻
置。蓋沿和頸部均飾三列雲雷紋組成的列旗脊獸面紋帶,頸的前後增飾
浮雕獸頭。

【著　　録】未著録。

【銘文字數】蓋、器同銘,各 32 字。

【銘文釋文】佳(唯)王初桒(祓)于成周,乙亥,王酓祀才(在)北宗,易(錫)棘狀貝十朋,
用乍(作)羈中(仲)隓(尊)彝,孔(揚)王休,永寶。

蓋

器

鼎

0218. 宋叔鼎

【時　　代】西周中期前段。

【收 藏 者】某收藏家。

【形制紋飾】體呈長方形，窄沿方唇，口
沿兩端有一對立耳，平底四
柱足，體四角各有一條雙牙
扉棱。四壁各飾一對垂冠回
首卷喙的大鳳鳥，以雲雷紋
襯底，足上部飾浮雕獸面。

【著　　錄】未著錄。

【銘文字數】內壁鑄銘文 32 字（其中合
文 2）。

【銘文釋文】唯七月，辰才（在）己丑，密
白（伯）至于呆应，易（錫）宋
弔（叔）貝十朋、赤金二反
（鈑），瓤（揚）乎（厥）休，用
乍（作）邦寶隃（尊）鼎。

0219. 諆余鼎

【時　　代】春秋早期。

【出土時地】2009 年 10 月湖北襄陽市高新開發區團山鎮余崗村沈崗西春秋墓（M1022.1）。

【收　藏　者】襄陽市文物考古研究所。

【尺　　度】通高 32、口徑 24、腹深 19.8 釐米。

【形制紋飾】子口內斂，鼓腹平底，一對附耳高出器口，以兩根橫梁與鼎口相連，深腹三蹄足，折沿平蓋，蓋頂中部有一個獸鈕，周邊分佈三個獸鈕。蓋頂由內向外飾重環紋、蟠螭紋各一周，蓋沿飾重環紋一周，器身由上向下飾蟠螭紋、凸弦紋各一周，耳外側飾蟠螭紋，內側飾斜角雲紋。

【著　　錄】文物 2013 年 6 期 7 頁圖 4。

【銘文字數】蓋面外側鑄銘文一周，共 33 字（其中合文 2）。

【銘文釋文】隹（唯）八月初吉丁亥，囗子諆余罪（擇）其吉金，自乍（作）飤鬵鼎，其釁（眉）耆（壽）無彊（疆），子二（子子）孫二（孫孫）永寶用之。

（原直徑 25.4 釐米）

0220. 此余王鼎

【時　　代】春秋晚期。

【出土時地】2009年5月山東棗莊市嶧城
　　　　　　區徐樓村東周墓（M2.24）。

【收 藏 者】棗莊市博物館。

【尺　　度】通高17.6、口徑20.8、腹深
　　　　　　8.7釐米。

【形制紋飾】體呈缽形，斂口有唇，圜底，
　　　　　　口沿上有一對小立耳，圓錐
　　　　　　形足外撇，上粗下細。上腹
　　　　　　飾蟠虺紋和垂葉紋，足上部
　　　　　　飾獸面紋。外底有一層煙炱。

【著　　錄】文物2014年1期24頁圖69。

【銘文字數】內壁鑄銘文35字（其中重文2）。

【銘文釋文】隹（唯）王正月之初吉丁亥，此余王口君（？）乍（作）鑄其小鼎，口口永寶，
　　　　　　子孫無彊（疆），子＝（子子）孫＝（孫孫）永寶是尚（常）。

鼎

273

0221. 誅應姬鼎(胡應姬鼎)

【時　　代】西周中期前段(穆王世)。

【收 藏 者】某收藏家。

【形制紋飾】窄沿方唇,口沿上有一對立耳,口稍斂,下腹向外傾垂,三條柱足上粗下細。頸部有一道箍棱,通體光素。

【著　　録】未著録。

【銘文字數】内壁鑄銘文 36 字(其中合文 1)。

【銘文釋文】唯䵣(召、昭)王伐楚荆(荊),誅(胡)雁(應)姬見于王,辭(辭)皇,易(錫)貝十朋,幺(玄)布二乙(匹),對䚄(揚)王休,用乍(作)氒(厥)啻(嫡)君、公弔(叔)乙障(尊)鼑(鼎)。

【備　　注】銘文反書。

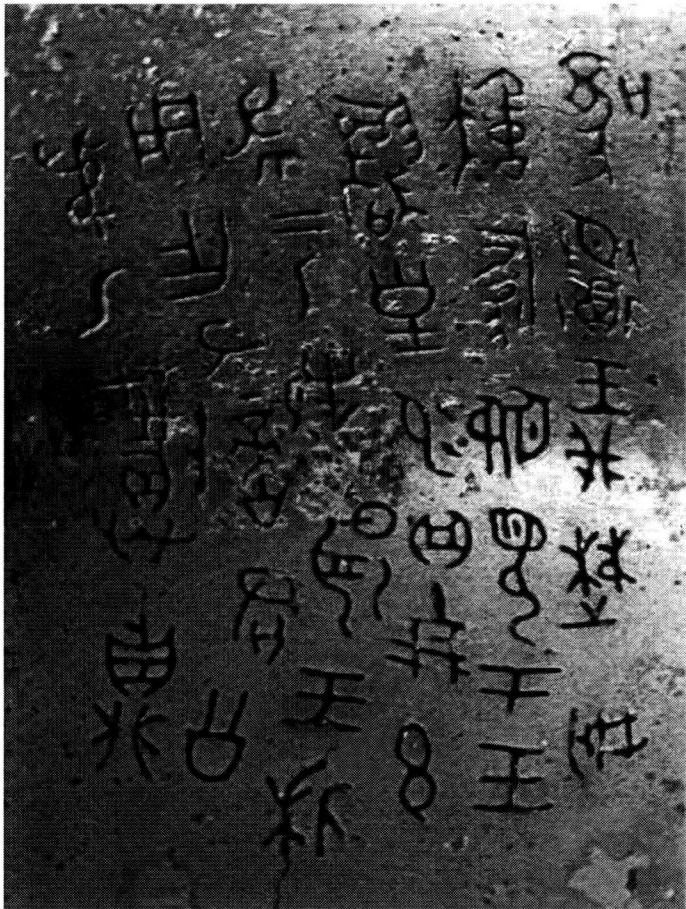

0222. 衔鼎(率鼎)

【時　　代】西周晚期。

【收 藏 者】某收藏家。

【尺　　度】通高 18.5、口徑 24、兩耳相距 26、腹深 12 釐米。

【形制紋飾】總體較寬矮,直口,平折沿,一對附耳高聳,鼓腹,三條柱足較細,上腹有一道籀棱。頸部飾垂冠回首尾下卷作刀形的夔龍紋,足上部飾浮雕獸面。

【著　　録】未著録。

【銘文字數】內壁鑄銘文 42 字(其中合文 1)。

【銘文釋文】隹(唯)王三月初吉,東宮右衔(率)入門立冉(中)廷,北鄉(嚮),王命衔(率)𧣪市(韍)、金車、旂,用嗣(司)乇卓阠(陽)人。用乍(作)宀(寶)鼎,𢍰(其)子孫𢍰(其)永宀(寶)用。

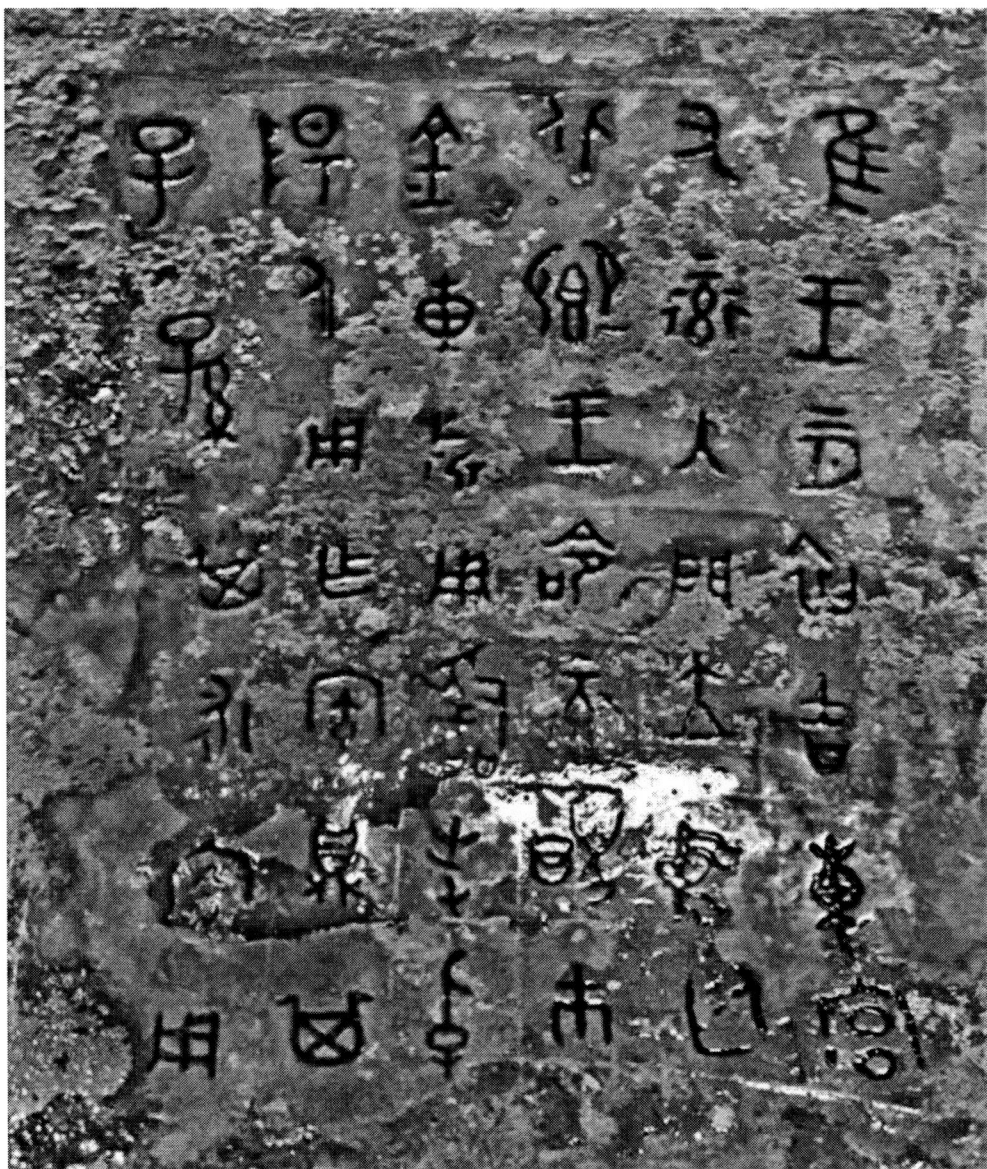

0223. 伯克父鼎

【時　　代】春秋早期。

【收藏者】某收藏家。

【尺　　度】通高 21、口徑 14、腹深 11 釐米。

【形制紋飾】口微斂，窄沿方唇，口沿上有一對立耳，圜底下置三條較細的蹄形足，足內面呈弧形凹陷。頸部飾無目竊曲紋，腹部飾環帶紋，均不施底紋。

【著　　録】未著録。

【銘文字數】內壁鑄銘文 45 字。

【銘文釋文】佳（唯）白（伯）克父甘嬰（妻）廼自遣吉取休吉金，用自乍（作）寶鼎，用追孝于我大不（丕）顯（顯），甘嬰（妻）才（其）用害（匄）眉（眉）耊（壽），才（其）霝冬（終）萬禾（年），子孫永寶用之。

【備　　注】此伯克父與曾伯克父簠的曾伯克父爲同一人。

鼎

279

0224. 昭王之即鼎甲（邵王之即鼎）

【時　　代】戰國早期·楚。

【收 藏 者】某收藏家。

【尺度重量】通高 48、口徑 40、兩耳相距 49.5 釐米，重約 150 公斤。

【形制紋飾】子口微內斂，窄沿方唇，一對附耳向外曲張，深腹圓底，下設有三條獸面蹄形足，蓋面隆起，沿下折，頂部有一鈕套接圓環，表面有三道凸起的粗弦紋，周圍有三個圓環鈕，鈕上有裝飾。腹中部有一道箍棱，蓋與鼎身飾細密的蟠虺紋。

【著　　録】未著録。

【銘文字數】蓋、器同銘，各 47 字（其中重文 1）。

【銘文釋文】隹（唯）正孟萅（春）吉日隹（唯）庚，邵（昭）王之即霏（擇）乓（厥）吉金，乍（作）爨（鑄）佶鼎（鼎），萅（春）昹（秋）靆崇（嘗），霝（靈）福之既丞，黌（眉）膏（壽）無疆，殊宣之既罘，子＝（子子）孫勿從（？），佶鼎共行。

【備　　注】"昭王之即"是楚昭王的後裔，名即，以昭王謚號爲族稱，即楚國的屈、昭、景之昭氏。"之"是結構助詞，表示領屬關係。從昭之王孫即蓋可知，"即"是昭王的孫子。

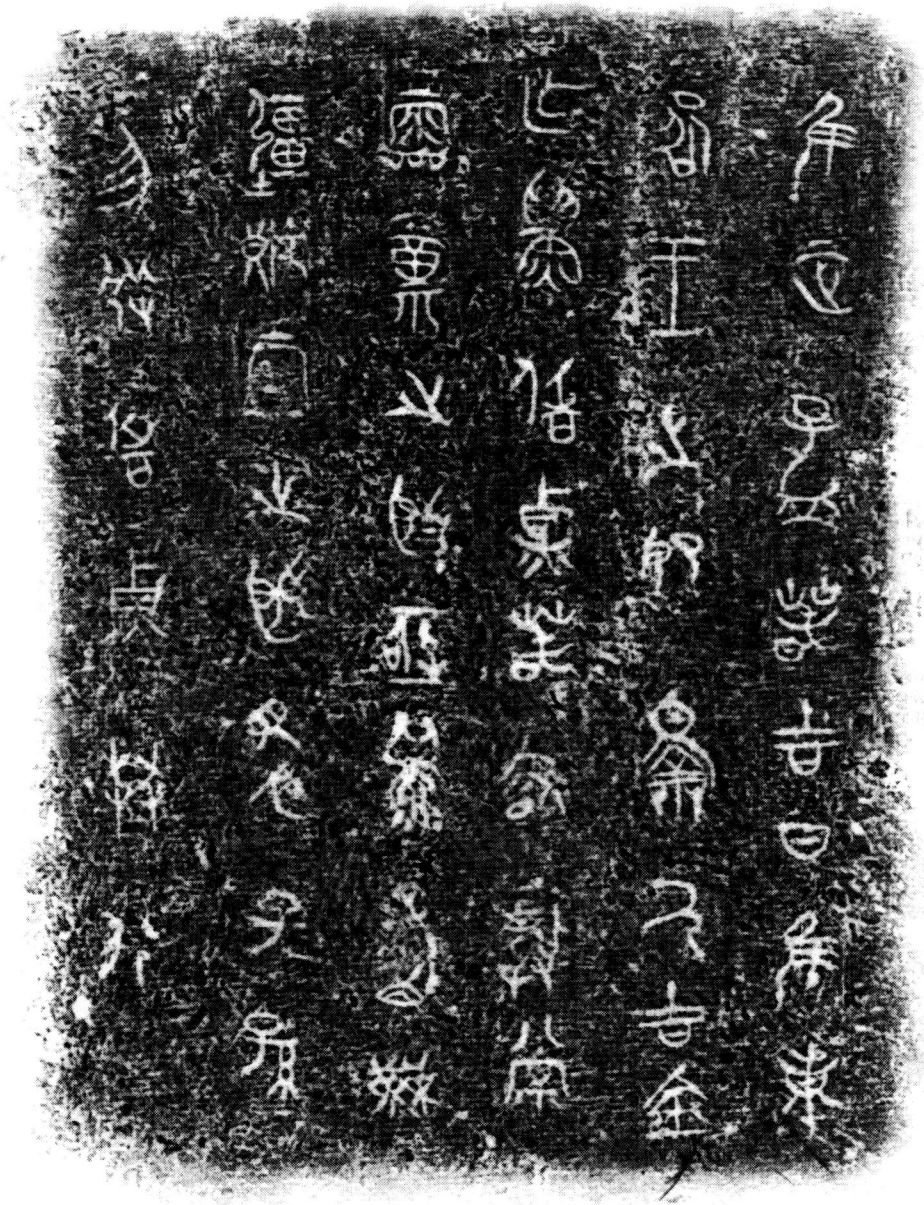

蓋1

蓋 2

器 1

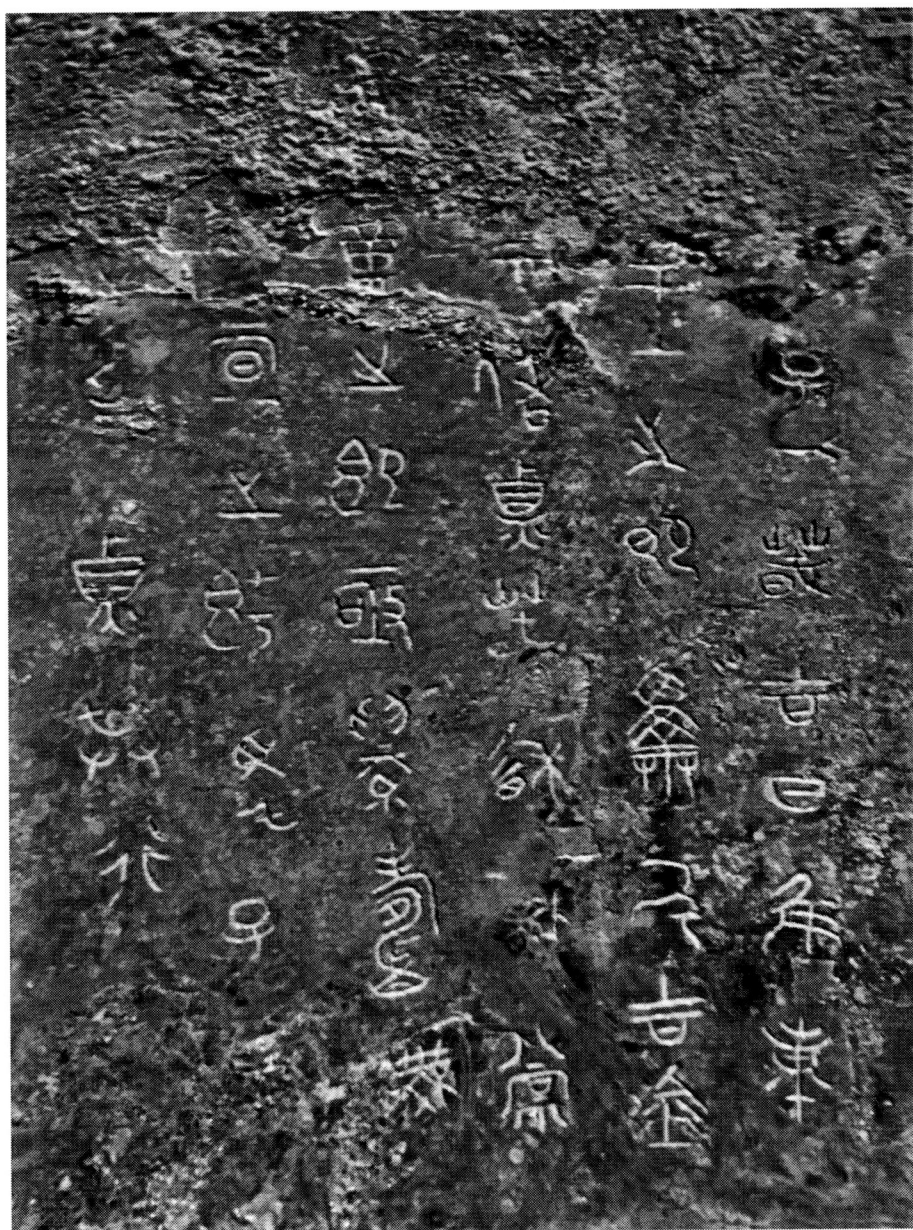

器 2

0225. 昭王之即鼎乙(卲王之即鼎)

【時　　代】戰國早期·楚。

【收 藏 者】某收藏家。

【形制紋飾】子口微內斂,窄沿方唇,一對附耳向外曲張,深腹圓底,下設有三條獸面
蹄形足,蓋面隆起,沿下折,頂部有一小鈕套接圓環,表面有三道凸棱,周
圍有三個獸形環鈕。腹中部有一道箍棱,蓋面套環、凸棱均飾雲紋,雙耳
內外面、蓋面內外區以及鼎體箍棱上下均飾蟠螭紋。

【著　　錄】未著錄。

【銘文字數】蓋、器同銘,各 47 字(其中重文 1)。

【銘文釋文】隹(唯)正孟旾(春)吉日隹(唯)庚,卲(昭)王之即羃(擇)乒(厥)吉金,
乍(作)鐈(鑄)佶鼎(鼎),旾(春)眛(秋)龏嘗(嘗),霝(靈)福之既亟,覺
(眉)耆(壽)無疆,殜宣之既聚,子=(子子)孫勿從(?),佶鼎共行。

【備　　注】蓋銘僅拍照了上半部。

蓋(局部)

器

0226. 昭王之即鼎（邵王之即鼎）

【時　　代】戰國早期·楚。

【收 藏 者】某收藏家。

【形制紋飾】體呈大半卵形,直口深腹,窄沿方唇,一對附耳高出鼎口,圜底下設有三
條蹄形足。腹部有一道箍棱,頸部飾環帶紋,曲折處填以夔龍。

【著　　録】未著録。

【銘文字數】內壁鑄銘文 47 字。

【銘文釋文】隹（唯）正孟萅（春）吉日隹（唯）庚,邵（昭）王之即鼄（擇）乓（厥）吉金,
乍（作）燾（鑄）祰鼎（鼎）,萅（春）昢（秋）鼙裳（嘗）,霝（靈）福之既亟,釁
（眉）書（壽）無疆,殊宣既罠,子孫永寶用之,勿從（？）鼎共。

0227. 冓鼎（趞伯鼎、遣伯鼎）

【時　　　代】西周中期。

【出土時地】2006 年徵集。

【收 藏 者】中國國家博物館。

【尺　　　度】通高 39、口徑 35.2 釐米。

【形制紋飾】斂口，窄沿方唇，下腹向外傾垂，口沿上有一對立耳，底部近平，三條柱
足。頸部飾垂冠回首尾上卷的夔龍紋，足上部飾浮雕獸面。

【著　　　録】百年 72 頁 32，甲金粹 149 頁。

【銘文字數】內壁鑄銘文 49 字。

【銘文釋文】趞（遣）白（伯）乍（作）冓宗彝，㠯（其）用夙（夙）夜言（享）卲（昭）文神，
用禖旂（祈）䁷（眉）壽（壽）。朕（朕）文考㠯（其）巠（經）趞（遣）姬、趞（遣）
白（伯）之德音（言），㠯（其）競余一子；朕（朕）文考㠯（其）用乍（措）氒
（厥）身，念冓𢦏（哉）！亡匄（害）！

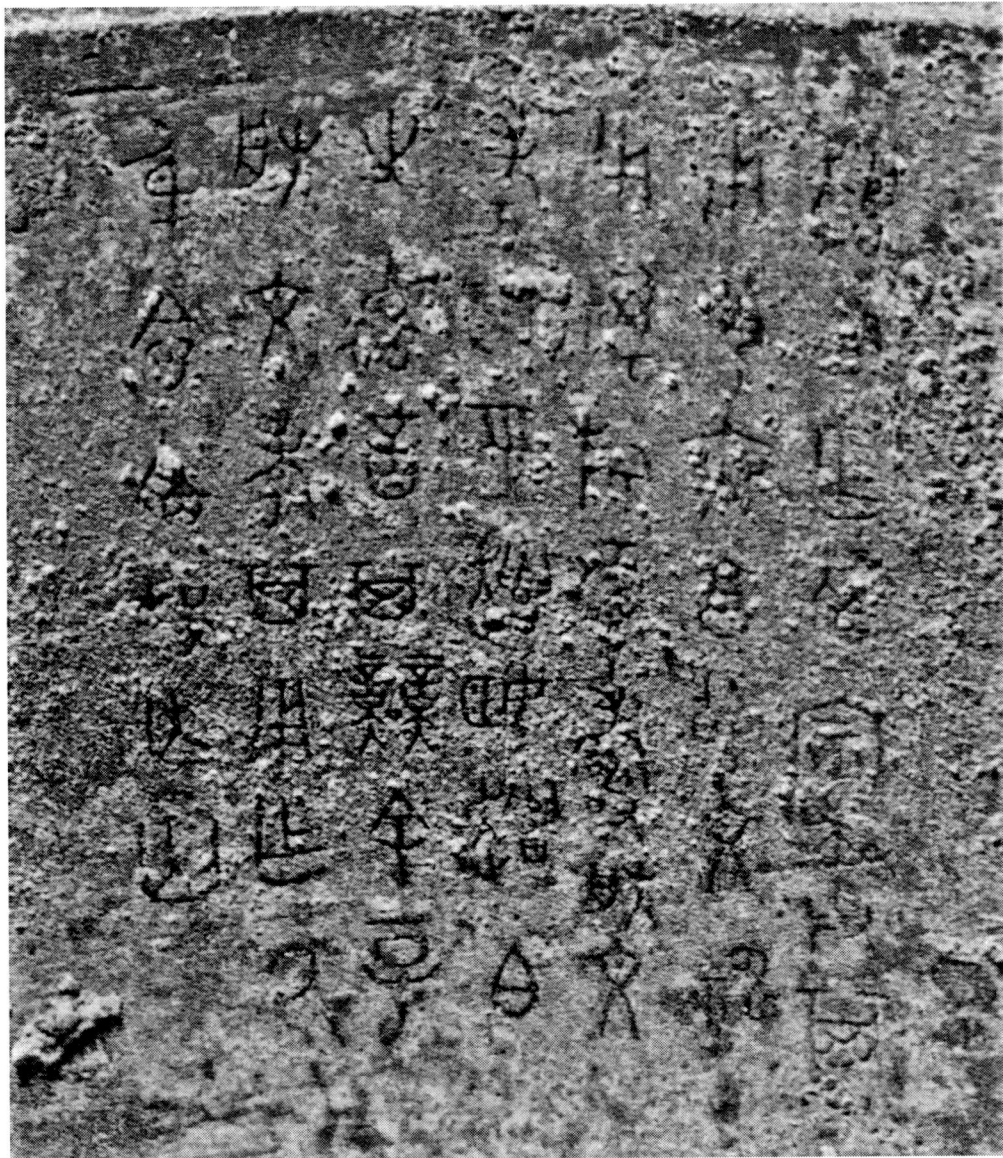

鼎

0228. 臤鼎（賢鼎）

【時　　代】西周中期。

【收 藏 者】某收藏家。

【形制紋飾】口微斂，厚沿方唇，口沿上
有一對立耳，鼓腹圓底，三
條柱足上粗下細。頸部飾
垂冠卷喙分尾長鳥紋，腹
部飾垂冠卷喙分尾大鳥
紋，均以雲雷紋襯底。

【著　　錄】未著錄。

【銘文字數】口內壁鑄銘文50字（其
中合文2）。

【銘文釋文】隹（唯）十又二月，辰才
（在）甲申，王大射，才（在）
魯。王罒右即西六自
（師），ナ（左）即東八自（師）。王克西自（師），ナ（左）克東自（師），臤（賢）
克厥（厥）啻（敵）。王休，易（錫）臤（賢）貝百朋，用乍（作）寶尊鼎。

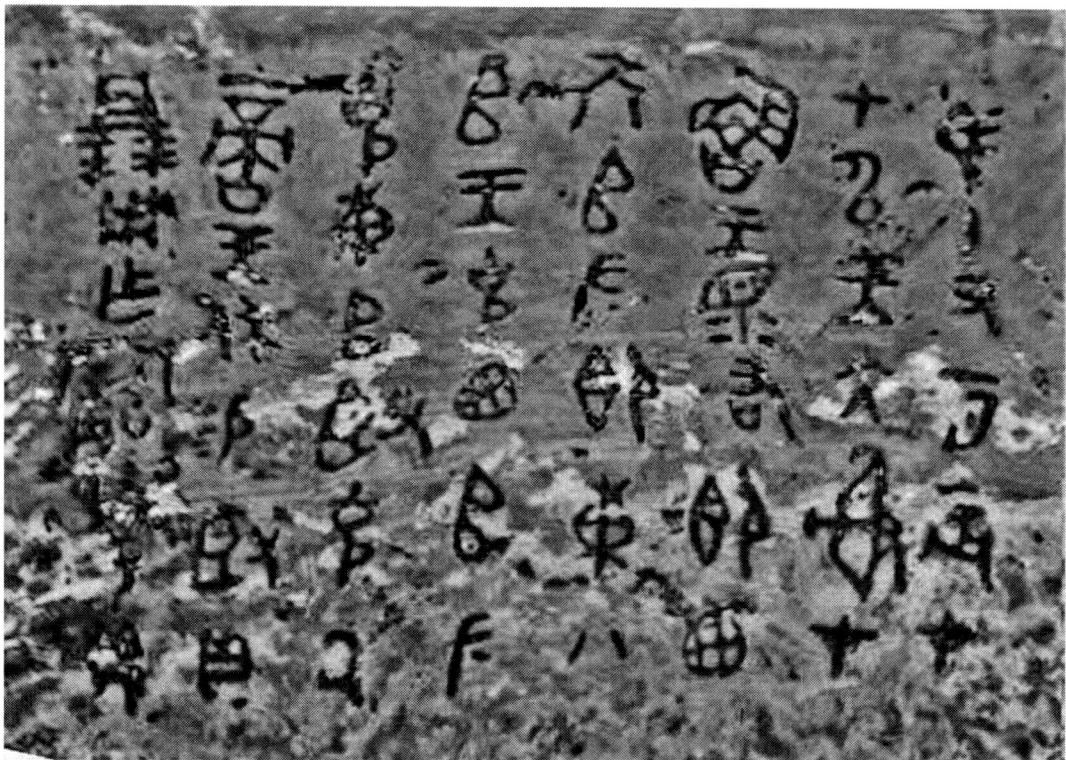

0229. 具鼎

【時　　代】西周中期前段。

【收 藏 者】某收藏家。

【形制紋飾】斂口鼓腹，窄沿方脣，口沿上設一對立耳，圜底，三條柱足上粗下細。頸部飾兩道弦紋。

【著　　錄】未著錄。

【銘文字數】內壁鑄銘文 51 字（其中重文 3）。

【銘文釋文】隹（唯）九月既生霸甲申，具隣（尊）乎（厥）京尚舁（登），叔（敢）即祁于公＝（公，公）復具鯀（祼），易（錫）具馬。具搻（拜）手頴（稽）夐（首），叭（揚）朕（朕）皇君休，用乍（作）朕（朕）文考寶鼎，具孫＝（孫孫）子＝（子子）才（其）永寶。

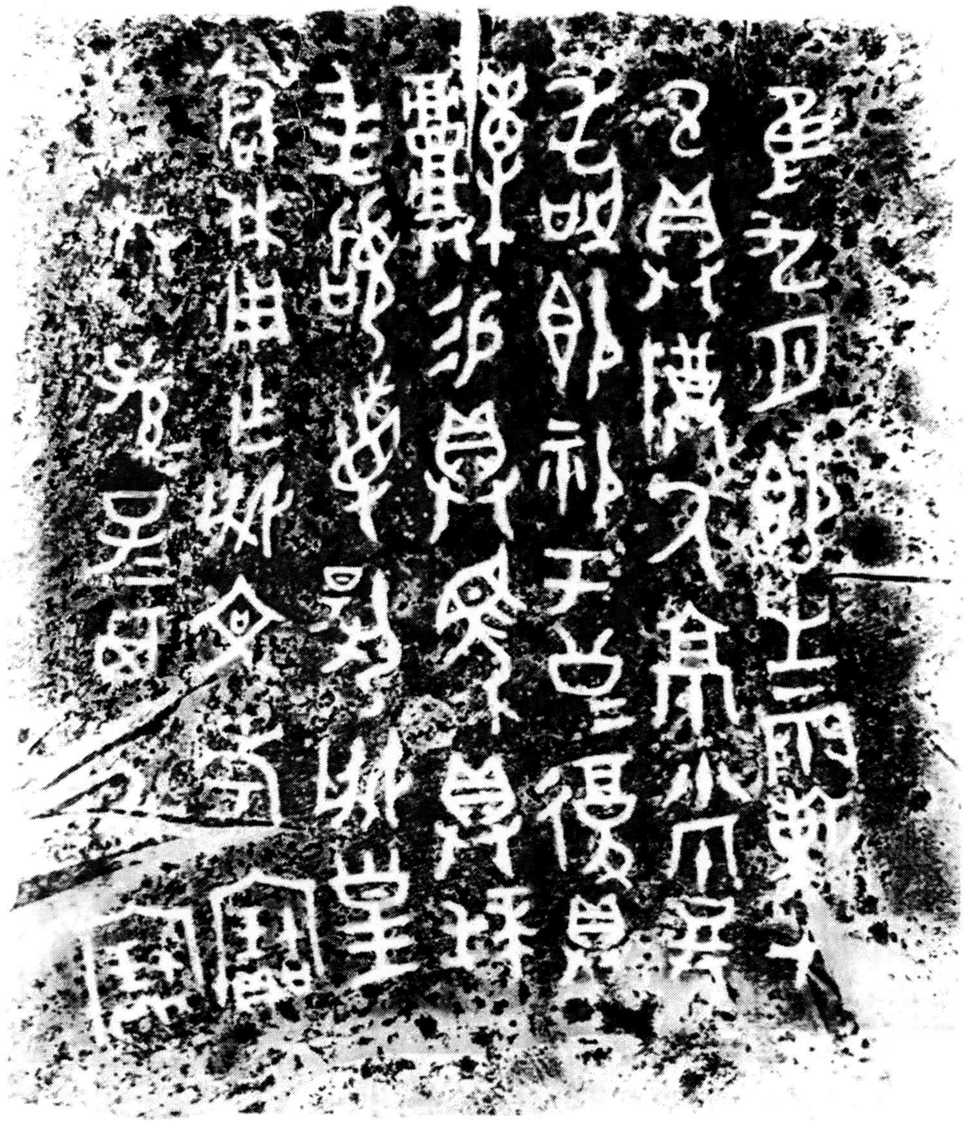

0230. 翻鼎（紳鼎）

【時　　代】西周中期。

【出土時地】2014 年 6 月出現在西安。

【收 藏 者】某收藏家。

【尺　　度】通高 33、口徑 30.8、兩耳相距 31.8 釐米。

【形制紋飾】口微斂，窄沿方唇，口沿上有一對立耳，下腹向外傾垂，圜底，三條柱足上粗下細。頸部飾垂冠回首的夔龍紋，以雲雷紋襯底，底部有内弧三角形加强筋，並有一層厚厚的煙炱。

【著　　錄】未著錄。

【銘文字數】内壁鑄銘文 56 字（其中重文 2）。

【銘文釋文】佳（唯）九月既朢（望）庚寅，王才（在）宗周，各（格）于大（太）室，〔王蔑〕翻（紳）曆（曆），易（錫）女（汝）玄衣、㳠屯（純）、戈、彤必（柲）、鬲（琱）戚，翻（紳）搆（拜）手頴（稽），對䚕（揚）王休，用乍（作）文考氏孟寶隣（尊）鼎，子＝（子子）孫＝（孫孫）戈（其）萬年永寶。

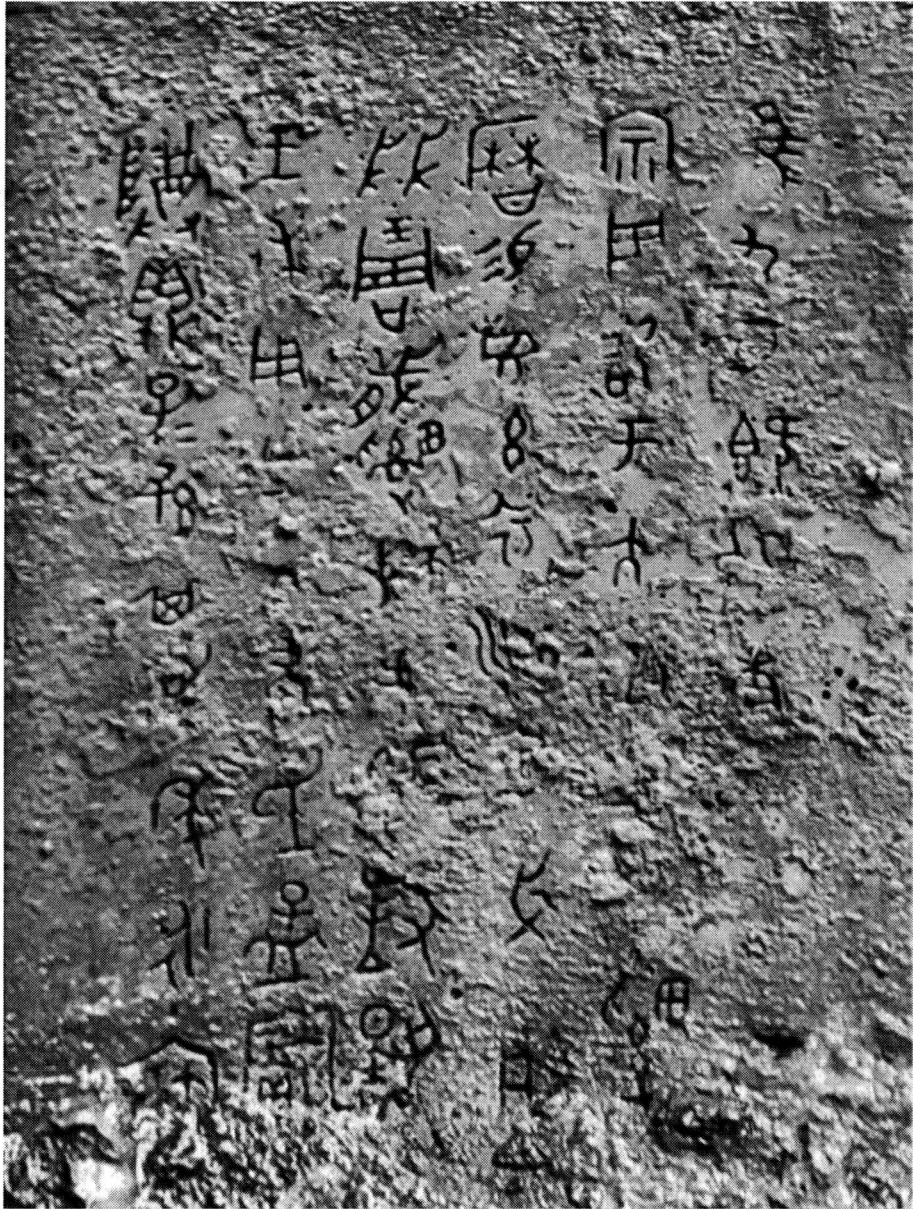

0231. 伯或父鼎

【時　　代】西周中期後段。

【出土時地】2013 年 1 月出現在西安。

【收 藏 者】某收藏家。

【尺　　度】口徑 26 釐米。

【形制紋飾】窄沿方唇，下腹向外傾垂，底部近平，一對附耳高聳，三條柱足較矮。頸部飾竊曲紋，其下有一周粗弦紋。

【著　　錄】未著錄。

【銘文字數】內壁鑄銘文 73 字（其中重文 2）。

【銘文釋文】隹（唯）王三月初吉丁亥，白（伯）或父乍（作）凡姬□宮寶隣（尊）鼎，凡姬乃新亲（親？），宗人曰：用爲女（汝）帝宁（賓）器。宗人㘱（其）用朝夕亯（享）事于啻（嫡）宗室，肇學耂（前）文人，秉德㘱（其）井（型），用夙（夙）夜于帝（嫡）宗室。宗人㘱（其）邁（萬）年子子孫孫永寶用。

鼎

02. 鬲

（0232-0262）

0232. 𠂤鬲

【時　　代】西周早期。

【出土時地】2013 年湖北隨州市曾都區淅河鎮蔣寨村葉家山西周墓地（M2.7）。

【收 藏 者】湖北省文物考古研究所。

【尺　　度】通高 16、口徑 13.8 釐米。

【形制紋飾】侈口束頸，口沿上有一對立耳，鼓腹分襠，三足下端呈圓柱形。頸部飾目
雷紋，腹部光素。

【著　　録】葉家山 180 頁。

【銘文字數】內壁鑄銘文 1 字。

【銘文釋文】𠂤。

鬲

0233. 亞釆鬲（亞欁鬲）

【時　　代】商代中期。

【出土時地】傳出河南安陽殷墟，上世紀二十年代明義士收藏品。

【收　藏　者】加拿大多倫多皇家安大略博物館。

【尺　　度】通高 15.1、口徑 11.5 釐米。

【形制紋飾】形似邯鄲澗溝龍山文化陶鬲，侈口束頸，口沿上有一對立耳，三個鼓膨的乳狀袋足，沒有足跟。頸部飾兩道弦紋。

【著　　錄】明藏 264 頁圖 4.2。

【銘文字數】口沿內壁鑄銘文 2 字。

【銘文釋文】亞釆（欁）。

【備　　注】館藏號：ROM960.234.3。

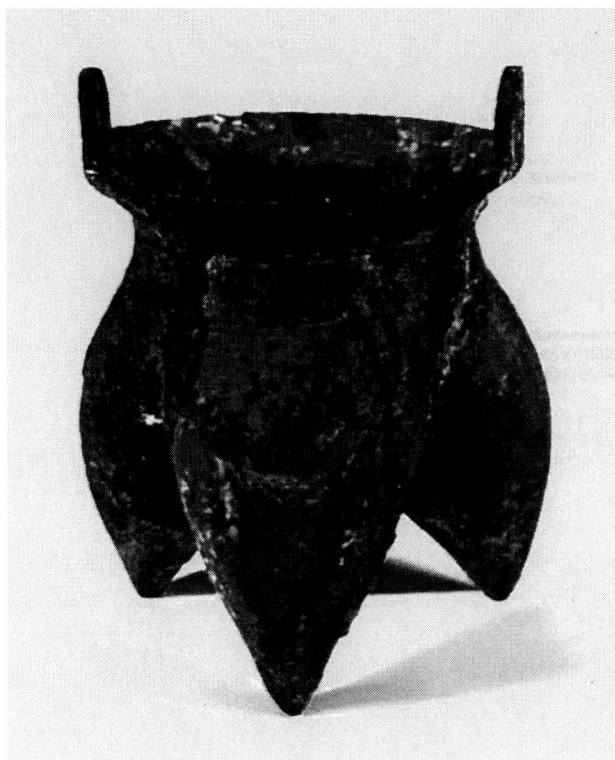

0234. 父辛鬲

【時　　代】西周早期。

【收　藏　者】黑龍江省博物館。

【尺　　度】通高 18、口徑 15.2、兩耳間距 15.5 釐米。

【形制紋飾】侈口束頸，分襠鼓腹，口沿上有一對立耳，三足下部呈圓柱形。頸部飾三列雲雷紋組成的獸面紋帶。

【著　　錄】未著錄。

【銘文字數】口內壁鑄銘文 2 字。

【銘文釋文】父辛。

鬲

0235. 冀母鬲

【時　　代】西周早期。

【收 藏 者】某收藏家。

【形制紋飾】侈口束頸,口沿上有一
　　　　　　對立耳,分襠,三足下部
　　　　　　呈圓柱形。頸部飾雲雷
　　　　　　紋組成的獸面紋帶。

【著　　錄】未著錄。

【銘文字數】頸內壁鑄銘文 2 字。

【銘文釋文】冀母。

0236. 行鬲

【時　　代】春秋晚期。

【出土時地】2009年湖北隨州市曾
　　　　　都區文峰塔曾國墓地
　　　　　（M1.14）。

【收　藏　者】隨州市博物館。

【尺　　度】通高24、口徑28.8釐米。

【形制紋飾】仿瘍襠陶鬲，胎體較
　　　　　薄，敞口方唇，沿外侈，
　　　　　束頸溜肩，深腹，口徑
　　　　　略大於腹徑，大部分口
　　　　　沿和腹部沿殘破。頸
　　　　　部飾一周斜網格紋，其
　　　　　下飾三角雲紋。

【著　　録】江漢考古2014年4期
　　　　　13頁拓片1。

【銘文字數】口沿鑄鑄銘文，殘存2字。

【銘文釋文】行鬲。

鬲

0237. 作父癸鬲

【時　　代】西周早期。

【出土時地】2010 年山西翼城縣隆化鎮大河口西周墓地。

【收 藏 者】山西省考古研究所。

【尺　　度】通高 16.8、兩耳間距 13 釐米。

【形制紋飾】侈口高領，溜肩分襠，口沿上有一對立耳，三足下部呈圓柱形。通體光素。

【著　　錄】正經 40 頁。

【銘文字數】口沿內壁鑄銘文 4 字。

【銘文釋文】乍（作）父癸彝。

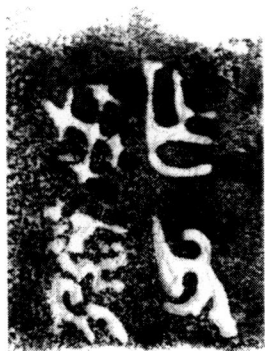

0238. 荀侯鬲（筍侯鬲）

【時　　代】西周中期後段。

【收 藏 者】某收藏家。

【尺　　度】通高 12.7、口徑 18.2、腹深 7.4 釐米。

【形制紋飾】斂口，寬平沿，弧襠，三足下部呈圓柱形，與足對應的腹部各有一道新月
　　　　　　形扉棱，腹部及足上部飾斜綫紋。通體有一層煙炱。

【著　　錄】未著錄。

【銘文字數】平沿下面鑄銘文 5 字。

【銘文釋文】筍（荀）厌（侯）爲夋（盞）鬲。

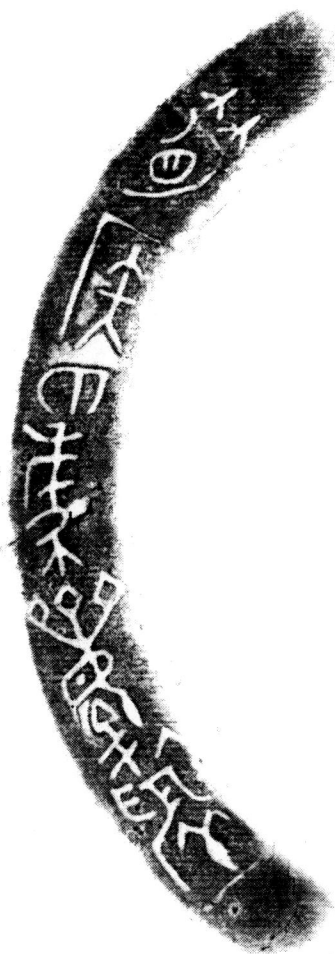

鬲

0239. 曾侯鬲

【時　　代】西周早期。

【出土時地】2013年湖北隨州市曾都區淅河鎮蔣寨村葉家山西周墓地（M28.151）。

【收 藏 者】湖北省文物考古研究所。

【尺　　度】通高15.5、口徑12釐米。

【形制紋飾】侈口束頸，口沿上有一對立耳，鼓腹分襠，三足下端呈圓柱形。頸部飾兩道陰綫，其間佈以圓餅紋，鬲腹飾三組獸面紋，獸耳浮雕，獸目以陰綫勾劃。

【著　　録】葉家山68頁。

【銘文字數】內壁鑄銘文5字。

【銘文釋文】曾（曾）厌（侯）乍（作）寶隝（尊）。

0240. 曾侯與鬲（曾侯臊鬲）

【時　　代】春秋晚期。

【出土時地】2009 年湖北隨州市曾都區文峰塔曾國墓地（M1.19）。

【收　藏　者】隨州市博物館。

【尺　　度】通高 11.6、口徑 14.4、腹徑 13.9 釐米。

【形制紋飾】斂口深腹，平沿方脣，癟襠，三條蹄形足。腹部飾三組變形夔龍紋。

【著　　錄】江漢考古 2014 年 4 期 13 頁拓片 2。

【銘文字數】口沿鑄銘文 6 字。

【銘文釋文】曾侯臊（與）之行鬲。

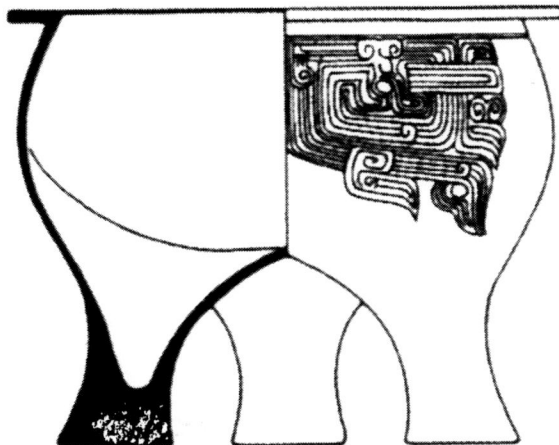

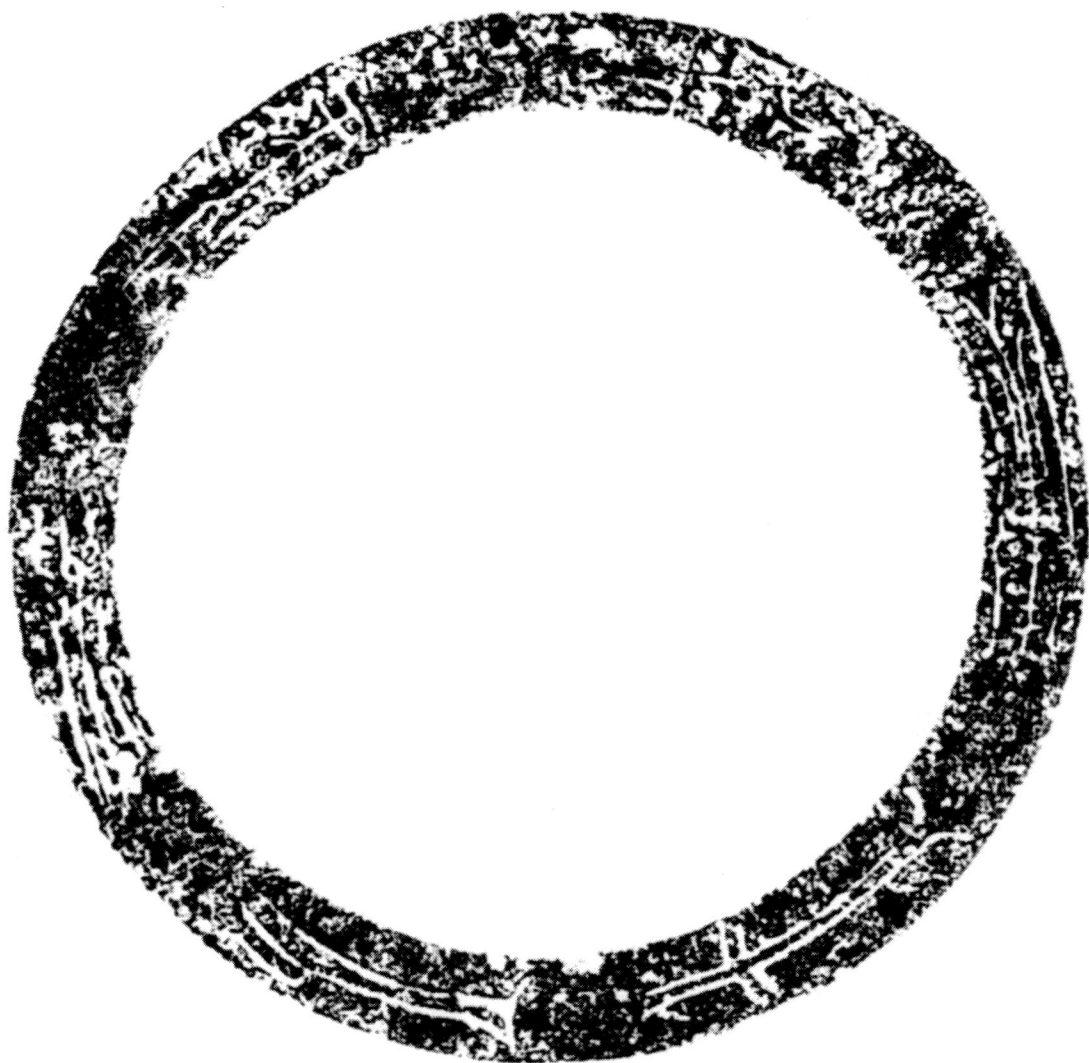

0241. 相姬鬲甲

【時　　代】西周晚期。

【收 藏 者】某收藏家。

【尺　　度】通高 11.5、口徑 15.4 釐米。

【著　　録】未著録。

【形制紋飾】平沿外折,束頸有肩,弧形襠,三足呈圓柱形,與三足對應的腹部各有一
　　　　　　道扉棱。腹部飾雲雷紋襯底的環帶紋。

【銘文字數】口沿鑄銘文 5 字。

【銘文釋文】相姬乍(作)齊(齍)鬲。

鬲

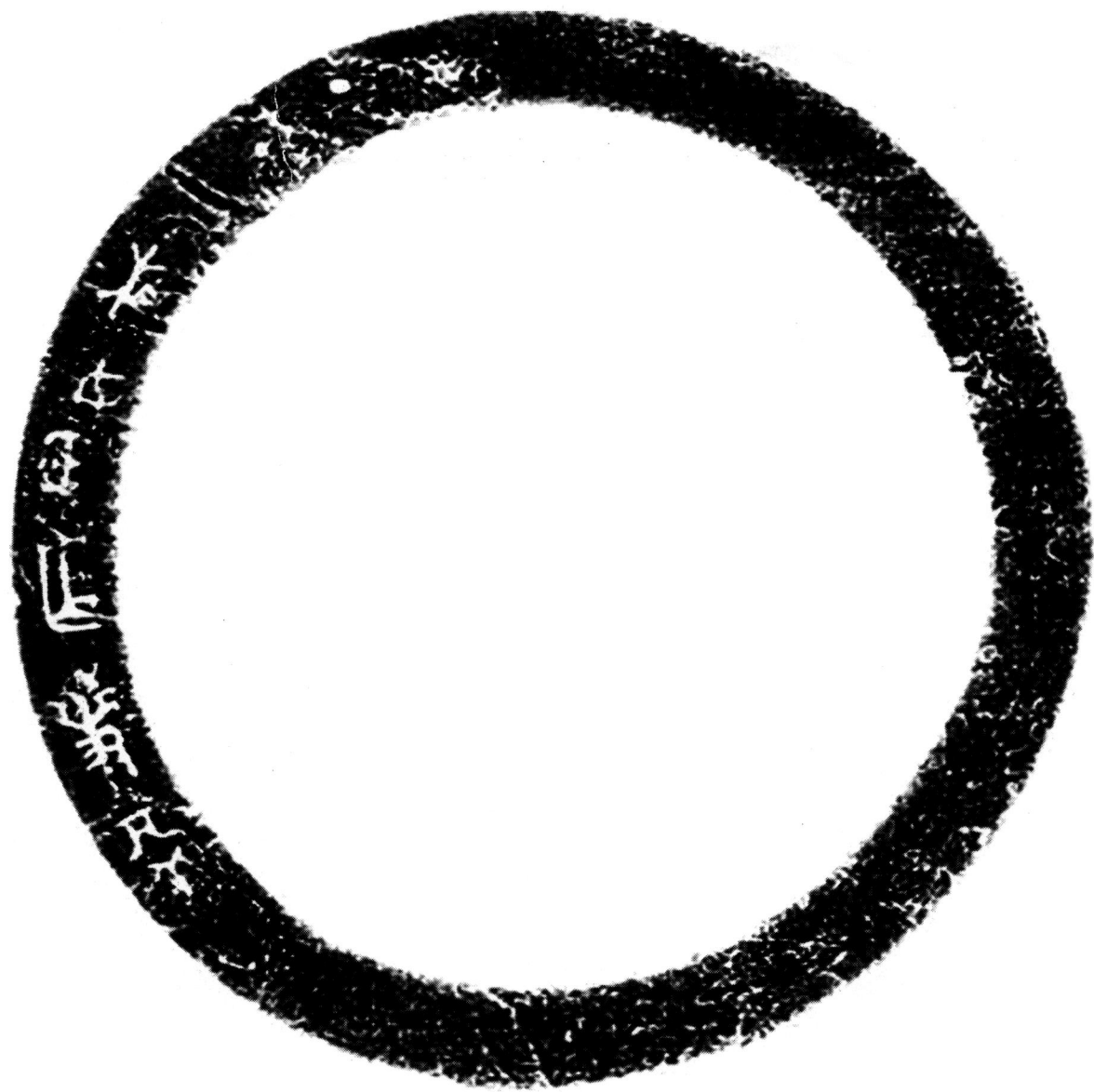

0242. 相姬鬲乙

【時　　代】西周晚期。

【收 藏 者】某收藏家。

【尺　　度】通高 11.5、口徑 15.4 釐米。

【著　　録】未著録。

【形制紋飾】平沿外折，束頸有肩，弧形襠，三足呈圓柱形，與三足對應的腹部各有一
道扉棱。腹部飾雲雷紋襯底的環帶紋。

【銘文字數】口沿鑄銘文 5 字。

【銘文釋文】相姬乍（作）齍鬲。

鬲

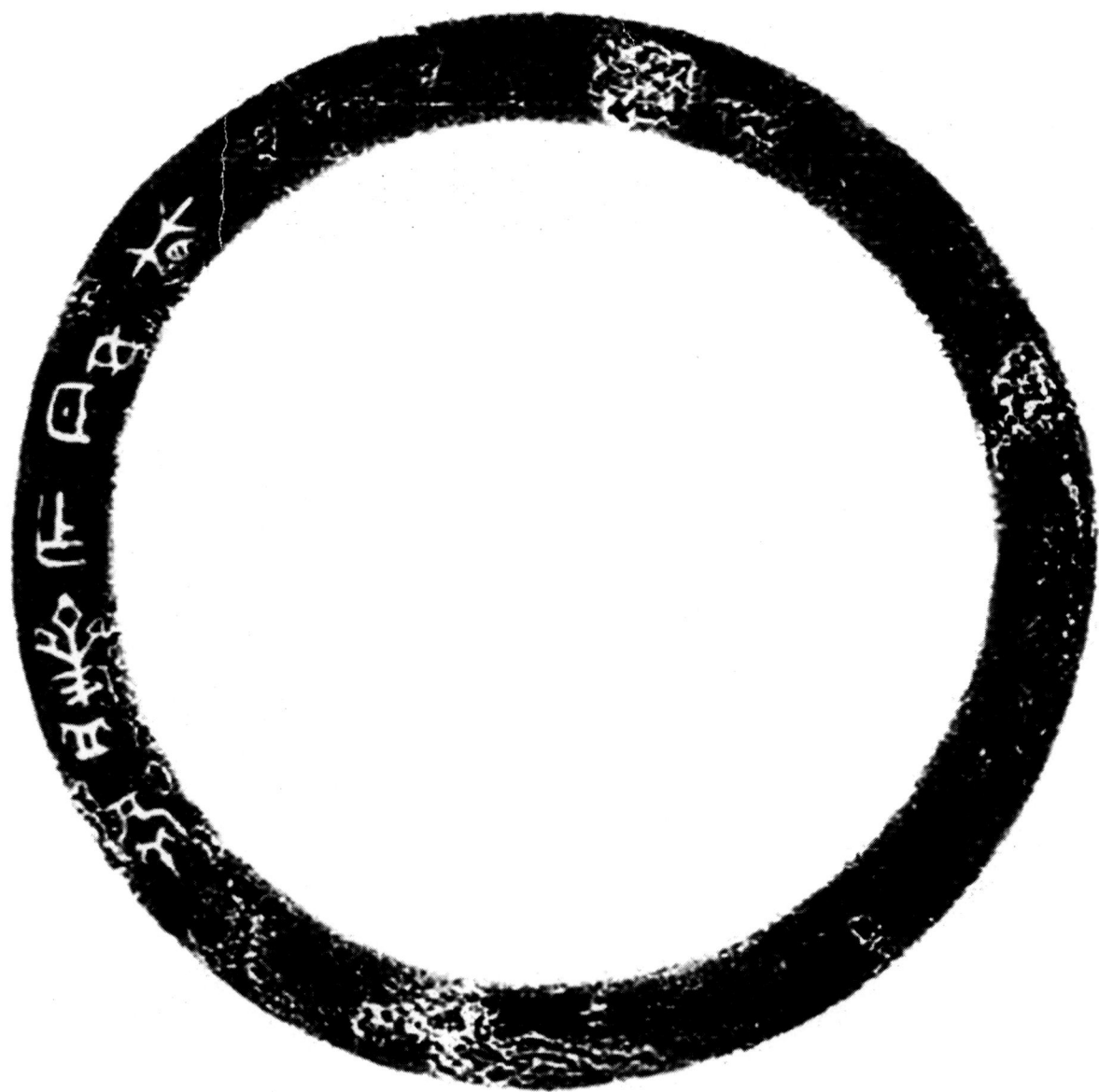

0243. 伯口父鬲

【時　　代】西周中期後段。

【收　藏　者】某收藏家。

【形制紋飾】寬平沿，束頸，弧襠，三足作圓柱形，與足對應的腹部各有一道扉棱。通
　　　　　　體飾直綫紋。

【著　　錄】金石拓 55 頁。

【銘文字數】平沿上鑄銘文 6 字。

【銘文釋文】白（伯）口父乍（作）障（尊）鬲。

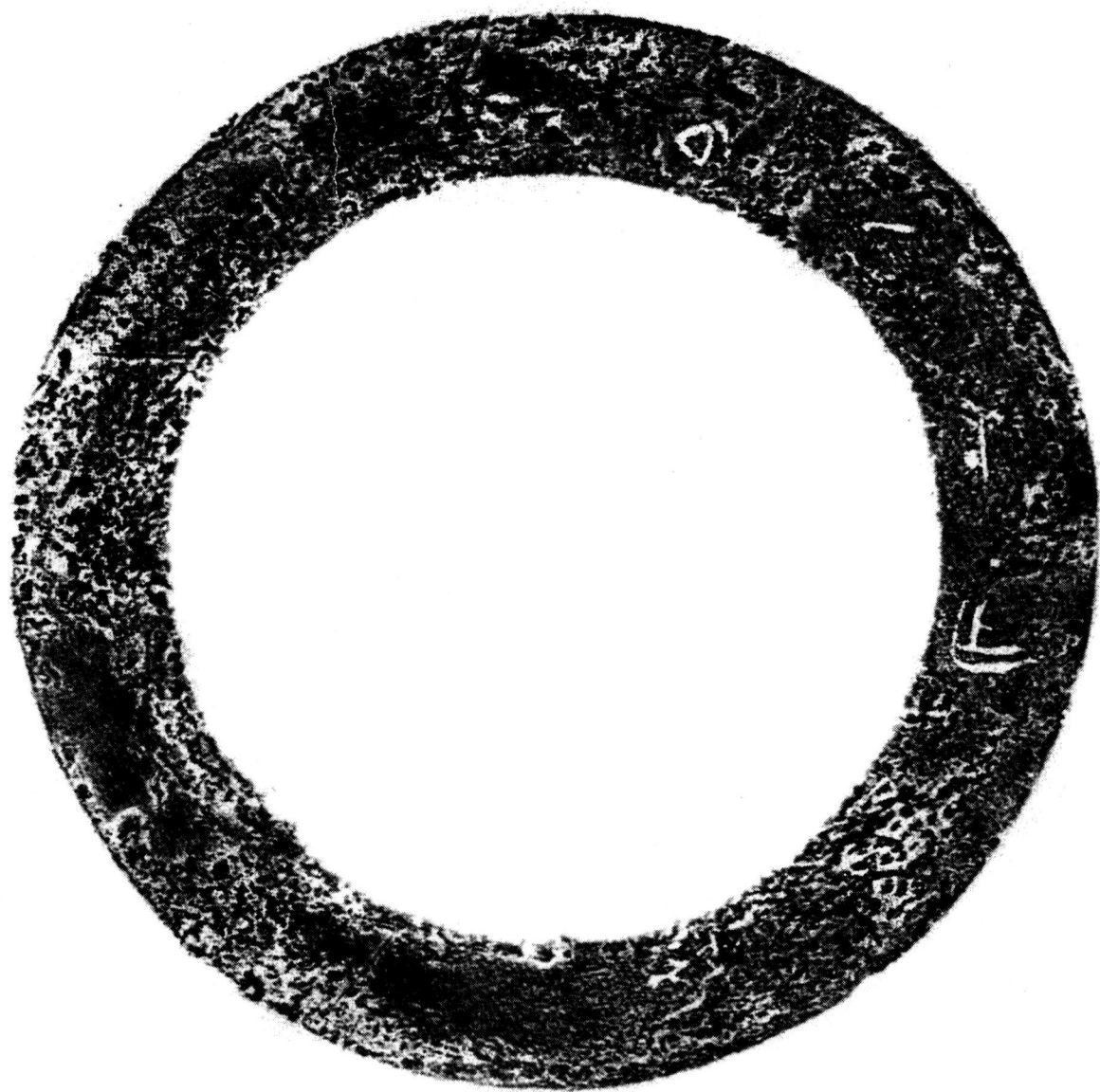

0244. 姑鬲

【時　　代】西周中期後段。

【收　藏　者】某收藏家。

【形制紋飾】直口束頸,寬沿外折,弧形襠,三條柱足,與足對應的腹部各有一條新月
形扉棱。腹部有兩道弦紋,弦紋上下均飾直綫紋。

【著　　錄】未著録。

【銘文字數】口沿鑄銘文 7 字。

【銘文釋文】姑乍(作) 尊尊,用亯(享) 霧(福)。

鬲

0245. 曾侯乙鬲

【時　　代】戰國早期。

【出土時地】1979 年湖北隨縣擂鼓墩（今屬隨州市曾都區）曾侯乙墓。

【收 藏 者】湖北省博物館。

【形制紋飾】窄沿方唇，斂口鼓腹，弧襠，三蹄足，與足對應的腹部各有一條扉棱。腹部飾鑲嵌鳥首龍紋和雲紋。

【著　　録】楚金 339 頁。

【銘文字數】口沿鑄銘文 7 字。

【銘文釋文】曾厌（侯）乙詐（作）旹（持）甬（用）冬（終）。

【備　　注】出土時鬲內放有一匕。

高

0246. 番伯鬲（釆伯鬲）

【時　　代】西周中期後段。

【收　藏　者】某收藏家。

【尺　　度】通高 12.7、口徑 18.2、腹深 7.4 釐米。

【形制紋飾】斂口，寬平沿，弧襠，三足下部呈圓柱形，與足對應的腹部各有一道新月
　　　　　　形扉棱，腹中部有一道橫凹紋，上下均飾直綫紋。通體有一層煙炱。

【著　　錄】未著錄。

【銘文字數】內壁鑄銘文 8 字。

【銘文釋文】釆（番）白（伯）乍（作）畢姬寶障（尊）鬲。

0247. 水姬鬲

【時　　代】西周中期後段。

【收 藏 者】某收藏家。

【尺度重量】通高 11、口徑 14 釐米，重 1.08 公斤。

【形制紋飾】直口束頸，寬平沿，腹較淺，平襠，三足下部呈圓柱形，與足對應的腹部各
　　　　　有一條新月形扉棱。上腹飾變形夔龍紋。

【著　　錄】未著錄。

【銘文字數】平沿上鑄銘文 8 字。

【銘文釋文】水姬乍（作）寶鉎，永寶用。

【備　　注】《説文·金部》：“鉎，鍑也。从金，坐聲。”

0248. 外伯鬲

【時　　代】西周晚期。

【收　藏　者】某收藏家。

【尺　　度】口徑 17 釐米。

【形制紋飾】寬平沿，鼓腹弧襠，三足近似蹄形，與足對應的腹部各有一條雙牙扉棱。腹部飾環帶紋，以雲雷紋襯底。外底有一層煙炱。

【著　　錄】未著錄。

【銘文字數】口沿鑄銘文，照片中能看到 8 字。

【銘文釋文】外白（伯）乍（作）鬲，旨鬻耉（壽）人。

鬲

0249. 邦伯鬲

【時　　代】西周晚期。

【收　藏　者】某收藏家。

【形制紋飾】寬平沿,束頸,鼓腹弧襠,三條蹄形足,足内面呈弧形凹陷,與足對應的腹
部各有一道扉棱。腹部飾三組獸面紋,不施底紋。

【著　　錄】未著錄。

【銘文字數】頸部内壁鑄銘文 11 字。

【銘文釋文】邦白(伯)乍(作)隣(尊)鬲,甘(其)萬年永寶用。

鬲

1

2

0250. 曾卿事寢鬲甲

【時　　代】春秋早期。

【收　藏　者】某收藏家。

【形制紋飾】斂口寬沿，折肩分襠，三條款足。頸部飾簡化竊曲紋。

【著　　錄】未著錄。

【銘文字數】口沿鑄銘文 11 字。

【銘文釋文】隹（唯）曾卿事寢自乍（作）薦鬲，用亯（享）。

0251. 曾卿事寢鬲乙

【時　　代】春秋早期。

【收 藏 者】某收藏家。

【形制紋飾】弇口寬沿，折肩分襠，三條款足。頸部飾簡化竊曲紋。

【著　　錄】未著錄。

【銘文字數】口沿鑄銘文 11 字。

【銘文釋文】隹（唯）曾卿事寢自乍（作）薦鬲，用亯（享）。

鬲

0252. 兑鬲

【時　　代】西周早期。

【收 藏 者】某收藏家。

【形制紋飾】侈口束頸，口沿上有一對立耳，分襠，三足下部作圓柱形。頸部飾兩道
　　　　　　弦紋。

【著　　錄】未著錄。

【銘文字數】內壁鑄銘文 13 字。

【銘文釋文】兑乍（作）乓（厥）考日癸寶隟（尊）鼎，叀（其）萬年用。

鬲

0253. 應姚鬲

【時　　代】西周晚期。

【出土時地】傳出河南平頂山市新華區滍陽鎮應國墓地。

【收　藏　者】某收藏家。

【尺　　度】通高 11、口徑 16 釐米。

【形制紋飾】寬平沿，束頸鼓腹，平襠，三條蹄足，內面平齊，與足對應的腹部各有一條
　　　　　　新月形扉棱。腹部飾三組變形卷體獸組成的獸面紋。

【著　　錄】未著錄。

【銘文字數】口沿鑄銘文 13 字。

【銘文釋文】雁（應）姚乍（作）弔（叔）亯（誥）父䠱（尊）鬲，㞷（其）永寶用亯（享）。

0254. 陳侯鬲

【時　　代】西周晚期。

【收 藏 者】某收藏家。

【形制紋飾】寬平沿，束頸鼓腹，弧形襠，三條蹄足，內面平齊，與足對應的腹部各有一條新月形扉棱。腹部飾三組獸面紋。

【著　　録】未著録。

【銘文字數】口沿鑄銘文 14 字(其中重文 2)。

【銘文釋文】𨻰(陳)乍(作)□鼎，𠀠(其)萬年子=(子子)孫=(孫孫)永寶用。

0255. 䄶匋仲鬲(䄶□仲鬲)甲

【時　　代】春秋早期。

【收 藏 者】某收藏家。

【尺　　度】通高 11.5、口徑 14.5 釐米。

【形制紋飾】寬折沿,束頸平襠,三條蹄形足,與足對應的腹部各有一道扉棱。腹部飾粗綫條的獸面紋。

【著　　録】未著録。

【銘文字數】頸内壁鑄銘文 15 字(其中重文 2)。

【銘文釋文】䄶□(匋)中(仲)比尊鬲,其孫=(孫孫)子=(子子)永寶用亯(享)。

【備　　注】"䄶□(匋)仲比"的"比"字,兩人形面向左,似應釋爲"从",但同人所作之鼎中,該字兩人形面向右,其下並从"又",當隸定爲"𠬝",是"比"字異體。

1

2

0256. 昶䚃仲鬲（昶䚃仲鬲）乙

【時　　代】春秋早期。

【收 藏 者】某收藏家。

【尺　　度】通高 11.5、口徑 14.5 釐米。

【形制紋飾】寬折沿，束頸平襠，三條蹄形足，與足對應的腹部各有一道扉棱。腹部飾粗綫條的獸面紋。

【著　　錄】未著錄。

【銘文字數】頸内壁鑄銘文 15 字（其中重文 2）。

【銘文釋文】昶䚃（䚃）中（仲）比尊鬲，其孫=（孫孫）子=（子子）永寶用盲（享）。

1

2

0257. 晉侯鬲

【時　　代】西周中期後段。

【出土時地】2012 年出現在陝西寶雞。

【收 藏 者】某收藏家。

【形制紋飾】平沿外折,束頸弧襠,三足作圓柱形,與足對應的腹部各有一道扉棱。腹部有一道凹弦紋,通體飾直綫紋。

【著　　錄】未著錄。

【銘文字數】平沿上鑄銘文 16 字(其中重文 2)。

【銘文釋文】晉(晉)矦(侯)乍(作)障(尊)鬲,𠂤(其)萬年子=(子子)孫=(孫孫)永寶用言(享)。

0258. 邾友父鬲（黿客父鬲）

【時　　代】春秋早期。

【出土時地】2002 年 6 月山東棗莊市山亭區東江東江春秋小邾國墓地（M1.7）。

【收　藏　者】棗莊市博物館。

【尺度重量】通高 11.5、口徑 15.6、腹深 6.8 釐米，重 1.6 公斤。

【形制紋飾】寬平沿外折，束頸鼓腹，弧襠，三條獸蹄形足，與足對應的腹部各有一道扉棱，飾三組由卷體夔龍組成的獸面紋，未施底紋。

【著　　錄】海岱考古第四輯 149 頁圖 5B。

【銘文字數】口沿鑄銘文 16 字。

【銘文釋文】黿（邾）客（友）父朕（媵）攴（其）子腒（胙）㜘（曹）寶鬲，攴（其）賁（眉）𦥑（壽）永寶用。

【備　　注】同墓出土 4 件，形制、紋飾、大小、銘文相同。其中一件已著錄於《銘圖》第 6 册 02938 號。

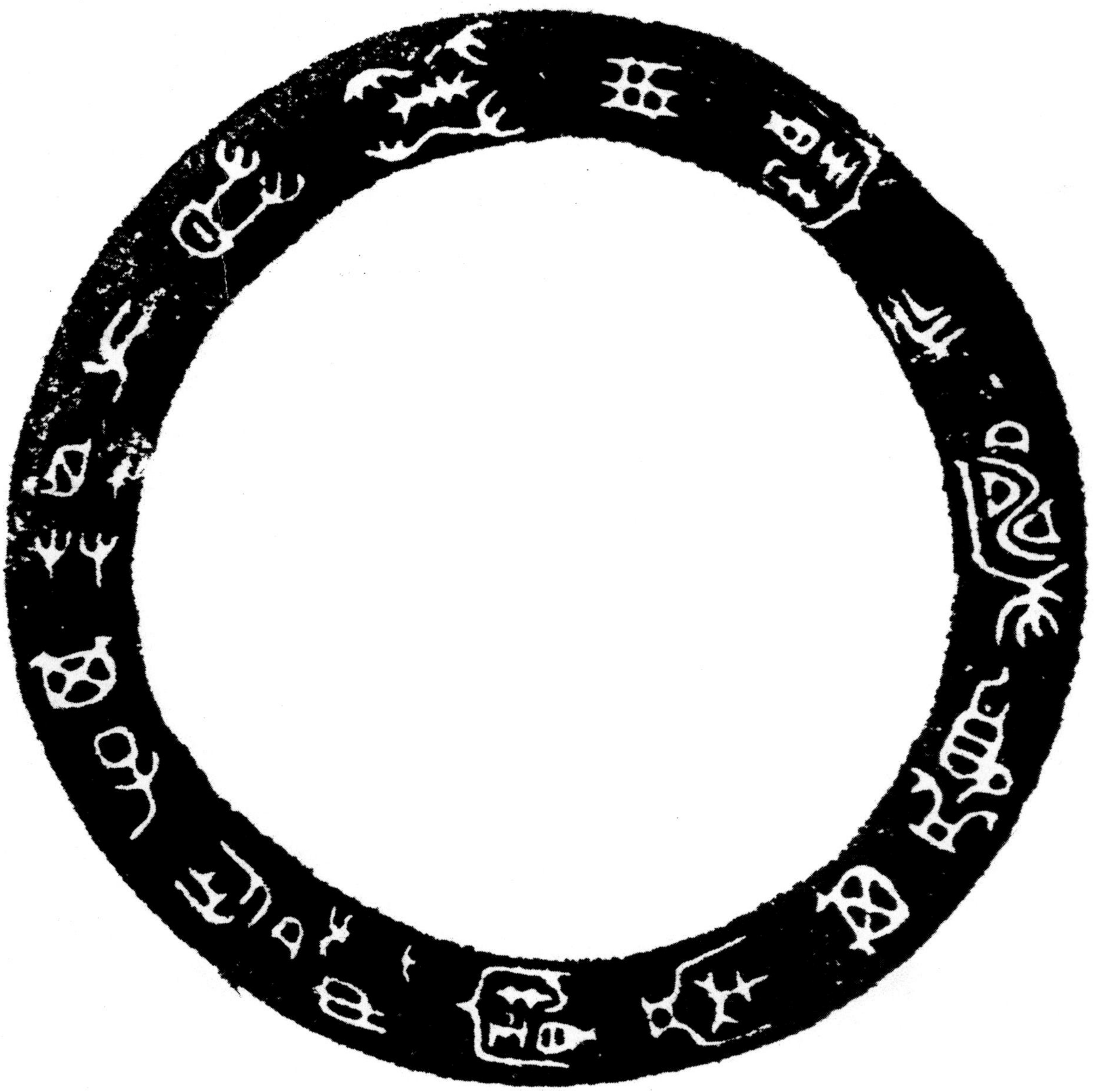

0259. 善夫吉父鬲

【時　　代】西周晚期(宣王世)。

【出土時地】1940 年 2 月陝西扶風縣法門鎮任家村西周銅器窖藏。

【收　藏　者】四川博物院。

【尺　　度】通高 12、口徑 17.3、腹深 6.6 釐米。

【形制紋飾】寬平沿,束頸弧襠,三蹄足,足內面凹進,與足對應的腹部各有一條扉棱。體飾一對卷鼻獸組成的獸面紋。

【著　　錄】文物 2014 年 2 期 79 頁圖 5。

【銘文字數】口沿鑄銘文 17 字(其中重文 2)。

【銘文釋文】蕭(膳)夫吉父乍(作)京姬隣(尊)鬲,弋(其)子=(子子)孫=(孫孫)永寶用。

0260. 齊侯子仲姜鬲甲

【時　　代】 春秋晚期。

【收　藏　者】 某收藏家。

【形制紋飾】 斂口鼓腹，寬平沿，腹部
與足對應之處各有一個
扉棱，弧襠，三條蹄形足。
腹部飾S狀簡化夔龍紋。

【著　　録】 考古會（14）350頁圖2.1。

【銘文字數】 內壁鑄銘文20字。

【銘文釋文】 佳（唯）王正月既死霸丁
亥，齊医（侯）子中（仲）
姜朕（媵）鏪。ズ（其）
［眉］齹（壽）［萬］（下
轉齊侯子仲姜鬲乙）。

【備　　注】 "鏪"即"鬺"字異體，字从金旁，表質地。本器的形制爲鬲，但銘文卻寫
作鏪，這種器形與自名不符的現象，青銅器銘文偶有之。

鬲

0261. 齊侯子仲姜鬲乙

【時　　代】春秋晚期。

【收 藏 者】某收藏家。

【形制紋飾】斂口鼓腹，寬平沿，腹部與足對應之處各有一個扉棱，弧襠，三條蹄形足。腹部飾 S 狀簡化夔龍紋。

【著　　録】考古會（14）350頁圖2.2。

【銘文字數】內壁鑄銘文 17 字（其中重文 2）。

【銘文釋文】（上接鬲甲）生（年），永俘（保）才（其）身，它＝（它它）熙＝（熙熙），老壽（壽）無碁（期），永俘（保）用之。

【備　　注】該鬲銘文與齊侯子仲姜鬲甲連讀。

0262. 杞伯雙聯鬲

【時　　代】春秋早期。

【收 藏 者】中國國家博物館。

【尺　　度】通高 10.5、通長 26.4、口徑左 13、右 13.4 釐米。

【形制紋飾】雙連鬲,每個鬲斂口,寬平沿,溜肩尖襠,三個乳狀足,兩鬲一足相連。肩部飾大小相間的重環紋。

【著　　錄】百年 141 頁 65,甲金粹 267 頁。

【銘文字數】其中一鬲口沿鑄銘文 23 字(其中重文 2)。

【銘文釋文】杞白(伯)乍(作)車母朕(媵)鬲,用亯(享)孝于其姑公,萬年子=(子子)孫=(孫孫)永寶用。

03. 鬳

（0263-0285）

0263. 萬甗

【時　　代】商代晚期。

【出土時地】2012年6月陝西寶雞市渭濱區石鼓鎮石嘴頭村石鼓山西周墓（M3.6）。

【收 藏 者】寶雞市渭濱區博物館。

【尺度重量】通高47.5、口徑28-29釐米，重7.93公斤。

【形制紋飾】甑、鬲連體。侈口方唇，束腰，口沿上有一對扭索狀立耳，腰內有隔，承接心形箅，箅上有五個十字鏤孔，小端有半環鈕與甗體連接，另一端有半環提鈕，分襠，三足下部呈圓柱形。頸部飾三組獸面紋帶，足上部飾三組牛角大獸面，不施底紋。

【著　　錄】考古與文物2013年1期21頁圖38.2，文物2013年2期49頁圖69.1。

【銘文字數】內壁鑄銘文1字。

【銘文釋文】萬。

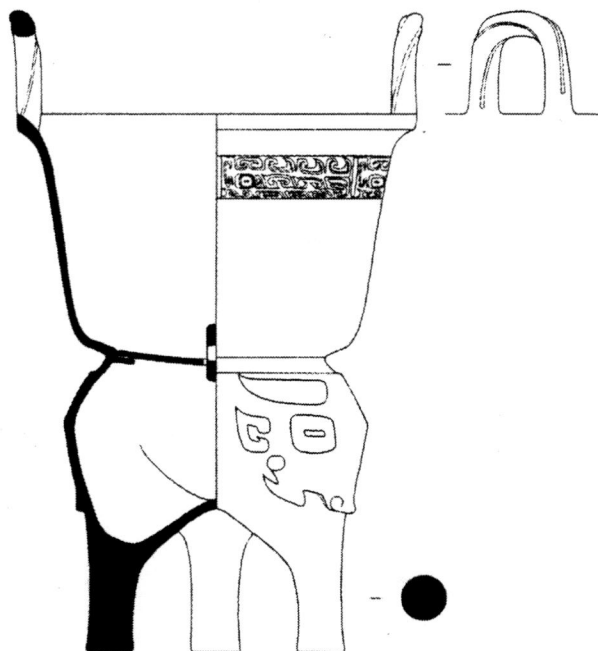

甗

0264. 冊甗

【時　　　代】西周早期前段。

【出土時地】1927年地方軍閥党玉琨（亦作党毓坤）在陝西寶雞縣戴家灣（今屬寶雞市金臺區陳倉鄉）盜掘M10出土。

【收 藏 者】下落不明。

【尺　　　度】通高42.4、器高34.5、口徑25釐米。

【形制紋飾】連體式，侈口深腹，口沿上有一對立耳，束腰分襠，三足下部作圓柱形。口下飾夔龍紋組成的獸面紋帶，鬲腹飾牛角獸面紋。

【著　　　錄】寶戴276頁銘文三：4，251頁圖版十一：3。

【銘文字數】內壁鑄銘文1字。

【銘文釋文】冊。

【備　　　注】《寶戴》將本器的器形照片誤爲戈甗的照片，而將戈甗的照片誤爲本器。

0265. 作寶彝甗

【時　　代】西周早期。

【收　藏　者】某收藏家。

【形制紋飾】連體式，侈口深腹，口沿上有一對扭索狀立耳，束腰，分襠三柱足。頸部飾兩道弦紋，其間爲圓渦紋，鬲部飾三組牛角獸面紋。

【著　　錄】金石拓 18 頁。

【銘文字數】内壁鑄銘文 3 字。

【銘文釋文】乍（作）寶彝。

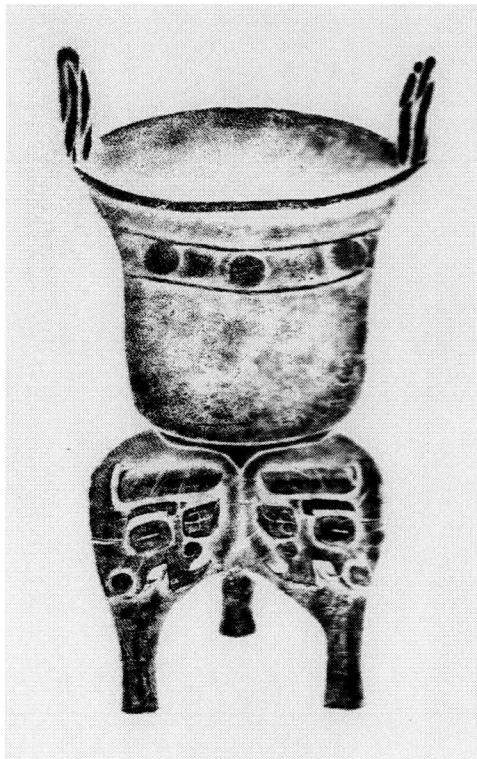

甗

0266. 作母子甗

【時　　代】西周中期。

【收 藏 者】臺北震榮堂（陳鴻榮、王亞玲夫婦）。

【尺度重量】通高 39、兩耳相距 23 釐米。

【形制紋飾】連體式，甑部侈口方唇，深腹，口沿上有一對扭索狀耳，下部有隔，內置十字孔銅箅，口下飾一周長尾鳥紋。鬲部分襠三柱足，鬲腹飾三組牛角獸面紋。

【著　　錄】金銅器 139 頁甗 01。

【銘文字數】甑內壁鑄銘文 3 字。

【銘文釋文】乍（作）母子。

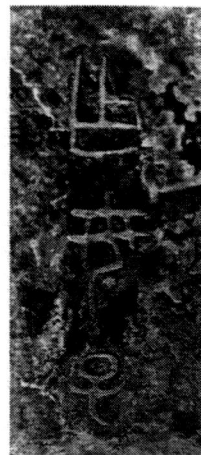

0267. 伯甗

【時　　代】西周中期。

【收 藏 者】某收藏家。

【形制紋飾】連體式，侈口深腹，口沿上有一對扭索狀立耳，束腰內有隔，套置心形箅，鬲部分襠，三足下部呈圓柱形。頸部飾菱形雷紋帶，足上部飾牛角獸面紋。

【著　　錄】未著錄。

【銘文字數】內壁鑄銘文 3 字。

【銘文釋文】白（伯）乍（作）寶（寶）。

0268. 仲甗

【時　　代】西周早期。

【收　藏　者】臺北震榮堂（陳鴻榮、王亞玲夫婦）。

【尺　　度】通高 44、兩耳相距 28.5 釐米。

【形制紋飾】連體式，甑部侈口方唇，深腹，口沿上有一對扭索狀耳，下部有隔，內置十字孔銅箄，口下飾三列雲雷紋組成的獸面紋帶。鬲部分襠三柱足，鬲腹飾三組牛角獸面紋。

【著　　錄】金銅器 139 頁甗 01。

【銘文字數】甑內壁鑄銘文 4 字。

【銘文釋文】中（仲）乍（作）且（祖）庚。

0269. 戈甗

【時　　代】西周早期。

【出土時地】2012 年 9 月見於西安。

【收 藏 者】某收藏家。

【尺度重量】通高 41.9、口徑 25.4 釐米，重 5.34 公斤。

【形制紋飾】連體式，侈口深腹，口沿上有一對扭索狀立耳，束腰，分襠三柱足，腰內有心形箅，五個十字箅孔，箅的一端用環與腹壁相連，另一端有一個半環鈕，可以啓閉。頸部飾三列雲雷紋組成的列旗脊獸面紋帶，鬲部飾牛角獸面紋。

【著　　錄】未著錄。

【銘文字數】內壁鑄銘文 4 字。

【銘文釋文】戈乍（作）父癸。

0270. 曾侯甗

【時　　代】西周早期。

【出土時地】2013 年湖北隨州市曾都區淅河鎮蔣寨村葉家山西周墓地（M28.159）。

【收 藏 者】湖北省文物考古研究所。

【尺度重量】通高 50.6、口徑 33 釐米，重 17.34 公斤。

【形制紋飾】連體式，侈口深腹，口沿上有一對扭索狀立耳，束腰內有隔，以套環連接心形箅，下部分襠，三足下端呈圓柱形。頸部飾三列雲雷紋組成的獸面紋帶，鬲腹飾三組牛角獸面紋。

【著　　錄】葉家山 66 頁，江漢考古 2013 年 4 期 21 頁拓片 9。

【銘文字數】內壁鑄銘文 4 字。

【銘文釋文】曾（曾）厌（侯）用彝。

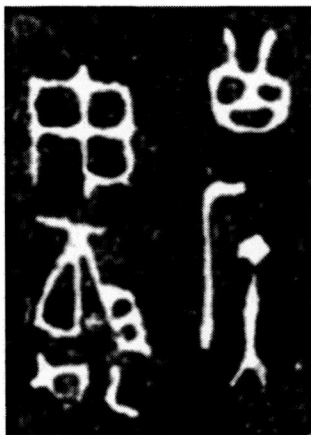

0271. 𢦏甗

【時　　代】商代晚期。

【收 藏 者】海外某收藏家。

【尺　　度】通高 44.2、兩耳間距 29、口徑 28.2 釐米。

【形制紋飾】連體式，侈口深腹，束腰，腰內側有隔承箅，口沿上有一對扭索狀立耳，鬲部分襠，三足下部作圓柱形。頸部飾三列雲雷紋組成的獸面紋帶，鬲腹飾三組牛角獸面紋。

【著　　錄】未著錄。

【銘文字數】內壁鑄銘文 5 字。

【銘文釋文】𢦏乍（作）且（祖）癸彝。

甗

0272. 狀甗

【時　　代】西周早期。

【收 藏 者】某收藏家。

【形制紋飾】侈口方唇，口沿上有一對扭索狀立耳，束腰分襠，三條柱足。頸部飾三列雲雷紋組成的列旗脊獸面紋帶，鬲腹飾三組牛角獸面紋。

【著　　錄】未著錄。

【銘文字數】內壁鑄銘文5字。

【銘文釋文】□，狀乍（作）父乙。

0273. 馭麤塵甗

【時　　代】西周早期。

【出土時地】2012 年徵集。

【收 藏 者】中國國家博物館。

【尺　　度】通高 40、口徑 26.9 釐米。

【形制紋飾】連體式，侈口，口沿上有一對
扭索狀立耳，腹壁較直，束腰，
腰內有隔，腹內壁有小鈕套接
心形箅，箅上有五個十字孔，
鬲部鼓腹分襠，三足下部呈圓
柱形。頸部飾列旗脊獸面
紋帶，足上部飾三組牛角獸
面紋。

【著　　録】百年 48 頁 19，甲金萃 141 頁。

【銘文字數】內壁鑄銘文 6 字。

【銘文釋文】嬰（馭）䴥（麤）麈（塵）乍（作）
旅獸（甗）。

甗

0274. 伯先父甗

【時　　代】西周晚期。

【收　藏　者】某收藏家。

【形制紋飾】分體式,僅存下部。寬平沿,矮頸,溜肩圓腹,平襠,三條足下部呈圓柱形,肩部有一對獸首耳。肩部飾大小相間的重環紋,腹部飾目紋。

【著　　錄】未著錄。

【銘文字數】平沿鑄銘文6字。

【銘文釋文】白(伯)先父乍(作)旅獻(甗)。

0275. 迨甗（會甗）

【時　　代】西周早期。

【收　藏　者】某收藏家。

【形制紋飾】連體式，侈口深腹，口沿上有一對扭索狀立耳，束腰，分襠三柱足。頸部飾三列雲雷紋組成的獸面紋帶，鬲部飾三組牛角大獸面。

【著　　錄】金石拓 54 頁。

【銘文字數】內壁鑄銘文 7 字。

【銘文釋文】迨（會）乍（作）畢公寶隣（尊）彝。

0276. 芮伯甗

【時　　代】西周中期前段。

【出土時地】2004-2007 年山西絳縣橫水鎮橫北村西周墓地（M2022.200）。

【收　藏　者】山西省考古研究所。

【形制紋飾】殘破。

【著　　錄】論衡 97 頁圖 7。

【銘文字數】口內壁鑄銘文 7 字。

【銘文釋文】內（芮）［白（伯）］乍（作）倗姬旅甗。

甗

0277. 曾孫伯國鬸

【時　　代】春秋晚期。

【出土時地】2013 年湖北隨州市曾都區文峰塔曾國墓地（M32.9）。

【收 藏 者】湖北省文物考古研究所。

【形制紋飾】分體式，由甗鼎組成。甗作直口窄沿，頸部一對附耳，頸下部有一道箍棱，斂腹平底，底部有條狀箅孔；其下有子口，嵌入鼎口。鼎作扁圓體，斂口圓底，三條獸面高蹄足。通體光素。

【著　　錄】考古 2014 年 28 頁圖 31.1。

【銘文字數】甗內壁鑄銘文 7 字。

【銘文釋文】曾孫白（伯）國之行膚（鬸）。

0278. 罟甗

【時　　代】西周早期後段。

【出土時地】2015 年 9 月出現在南京。

【收　藏　者】某收藏家。

【形制紋飾】連體式。侈口深腹，口沿上有一對扭索狀立耳，束腰，下體分襠，三足呈圓柱形，腰內有一個半環鈕套接心形箅，箅有五個十字孔。甑沿下飾象鼻夔龍紋，甑腹飾垂葉紋，葉內填以獸面紋，均以雲雷紋襯底，鬲腹飾三組浮雕狀牛角獸面紋。

【著　　録】未著錄。

【銘文字數】內壁鑄銘文 8 字。

【銘文釋文】罟乍（作）父厌（侯）寶隣（尊）彝，𡥐。

甗

371

0279. 夂龏臣甗

【時　　代】西周中期。

【出土時地】2009-2010年山西翼城縣隆化鎮
　　　　　　大河口西周墓地（M1017）。

【收　藏　者】山西省考古研究所。

【形制紋飾】連體式，侈口深腹，口沿上有一對
　　　　　　扭索狀立耳，束腰內有隔，承接心
　　　　　　形箅，下部分襠，三足作圓柱形，一
　　　　　　足下部殘。上腹飾垂冠分尾長鳥紋，
　　　　　　鬲部飾三組簡化獸面紋，均無底紋。

【著　　　錄】中華遺產2011年3期108頁。

【銘文字數】內壁鑄銘文8字。

【銘文釋文】夂羍（龏）臣□乍（作）母己隩（尊）。

0280. 曾公子棄疾齜

【時　　代】春秋晚期。

【出土時地】2011 年 9 月湖北隨州市東城區義地崗春秋墓地（M6.6）。

【收 藏 者】隨州市博物館。

【尺度重量】通高 50.9、齜口徑 33.7、腹深 23.3、鬲口徑 19.6、腹深 12.4 釐米，殘重 8.53 公斤。

【形制紋飾】齜、鬲分體式，齜圓口束頸，窄沿方唇，頸部有一對附耳微向外張，深腹內斂，平底有十字凹槽，當爲箅孔但未穿透，齜底有子口插入鬲口。鬲爲小口圓肩，扁腹平底，三條高蹄足外撇。齜耳飾雲雷紋，上腹飾蟠螭紋，其下有一道絢紋，再下是垂葉紋，鬲體素面，足上部飾獸面紋。從箅孔未穿透可知此爲明器。

【著　　錄】江漢考古 2012 年 3 期 13 頁拓片四。

【銘文字數】齜內壁鑄銘文 8 字。

【銘文釋文】曾公子厽（棄）疾之橙（登、升）膚（齜）。

齜

0281. 鄧子旁鄬甗

【時　　代】春秋中期。

【出土時地】2015 年 3 月出現在北京。

【收　藏　者】某收藏家。

【形制紋飾】分體式，甑部斂口平折沿，頸部左右有一對附耳高聳，前後有一對環鈕，頸腹之間有一道箍棱，深腹向下收斂，平底作算，上有條狀算孔，下有子口納入鬲口；鬲部侈口低領，鼓腹分襠，三足下部作圓柱形，肩部有一對環鈕。甑的頸部和上腹飾蟠虺紋，下腹飾三角紋，鬲部通體光素。

【著　　錄】未著錄。

【銘文字數】甑內壁鑄銘文 8 字。

【銘文釋文】鄬（鄧）子旁鄬盥（鑄）其礄膚（甗）。

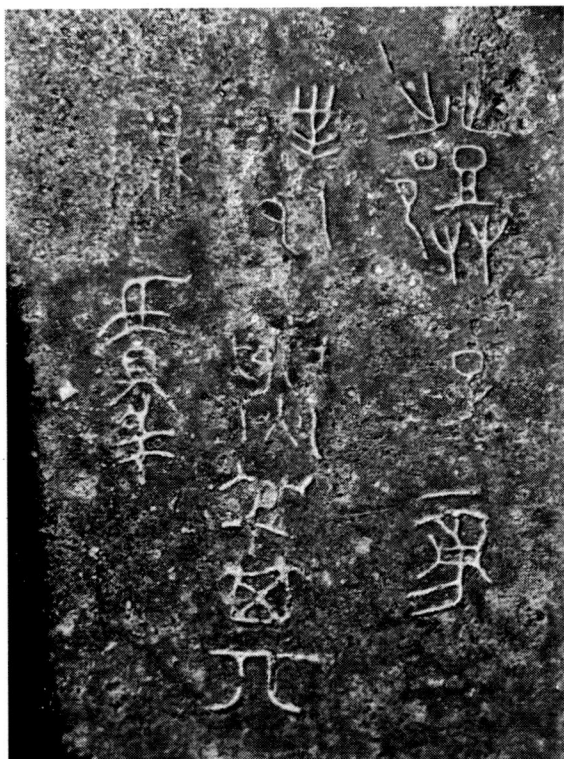

甗

375

0282. 伯大父甗

【時　　代】西周晚期。

【收藏者】某收藏家。

【形制紋飾】侈口方唇,口沿上有一對扭索狀立耳,束腰分襠,內有心形箅,三條柱足。

【著　　錄】未著錄。

【銘文字數】內壁鑄銘文 10 字。

【銘文釋文】白(伯)大父乍(作)寶甗,㠱(其)永寶用。

0283. 吴季大甗

【時　　代】春秋早期。

【收 藏 者】某收藏家。

【尺　　度】通高 38、口徑 31 釐米。

【形制紋飾】分體式，由甑和鼎組成。甑部爲侈口束頸，折肩斂腹，一對獸首半環形耳，平底爲箅，底部有子口，插入鼎部；鼎爲小口圓肩，平襠，三條蹄形足，肩部有一對附耳。甑頸和腹部均飾蟠龍紋，鼎光素。

【著　　錄】未著錄。

【銘文字數】甑内壁鑄銘文 13 字。

【銘文釋文】吴季大乍（作）甗，萬膏（壽）無疆，永缶（寶）用之。

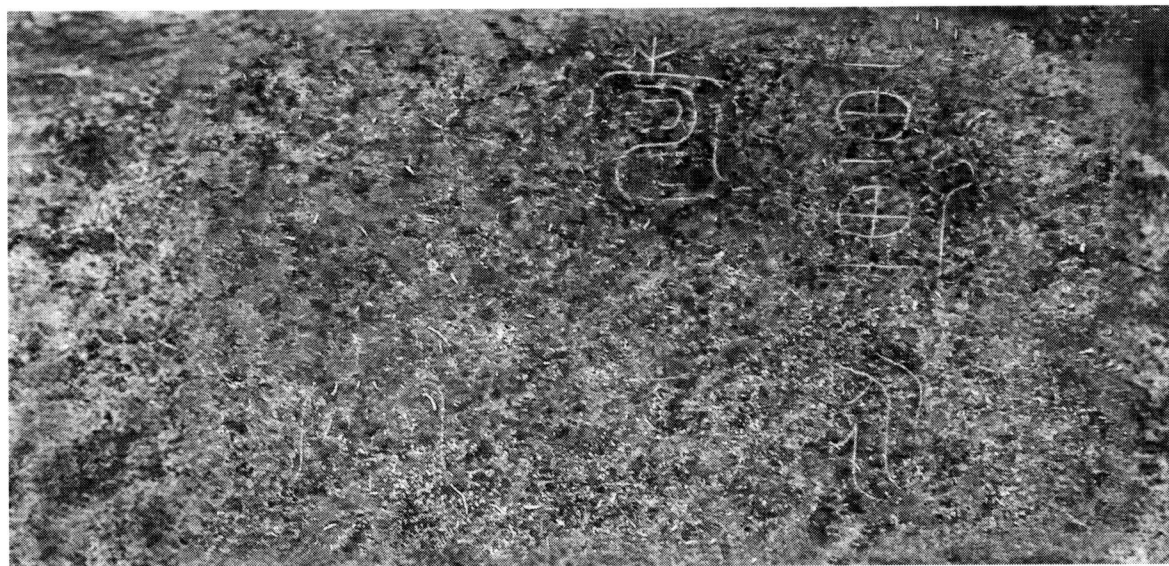

部分銘文（放大）

甗

0284. 南父甗

【時　　代】西周晚期。

【出土時地】2012年9月見於西安。

【收 藏 者】某收藏家

【尺　　度】通高39.3、兩耳間距30.7、口橫29.8、口縱23釐米。

【形制紋飾】分體方甗，甑作侈口深腹，口沿上有一對小立耳，腹部向下漸收，平底爲箅，其下有子口，套於鬲部的凹槽內，箅孔細長條，共三排，每排四條；鬲部窄平沿，短頸，弧襠，四蹄足，足內壁內凹，肩上有一對附耳。甑頸部飾四組竊曲紋，鬲腹光素。

【著　　錄】未著錄。

【銘文字數】內壁鑄銘文19字。

【銘文釋文】隹（唯）正月初吉丁亥，奠（鄭）白（伯）小臣南父乍（作）寶（？）甗，永寶用。

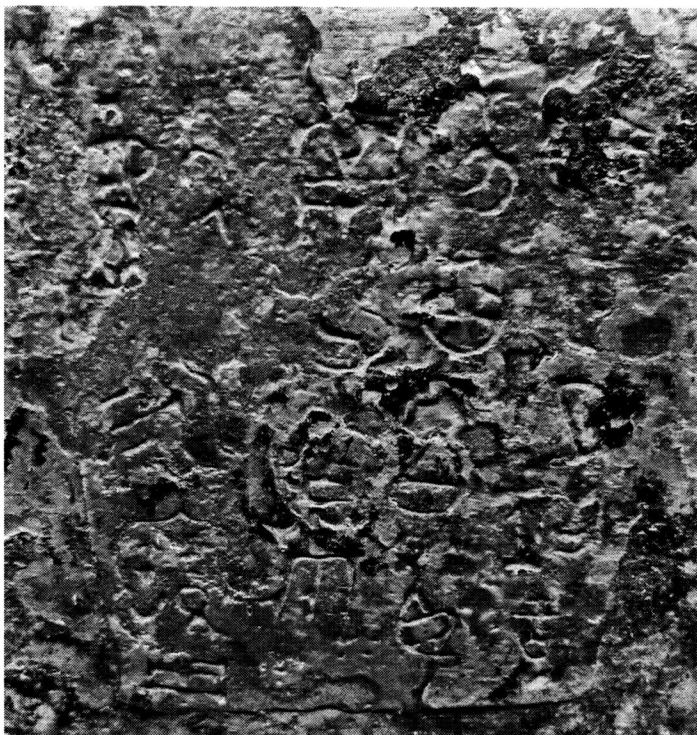

0285. 叔嘼甗

【時　　代】春秋晚期前段。

【收　藏　者】某收藏家。

【形制紋飾】分體式，甑作盂形，直口窄平沿，束頸斂腹，頸部有一對附耳，平底有箅孔，下有子口套在鼎口內。頸部飾蟠螭紋，肩下飾三角紋；下部作釜形鼎，侈口圓腹，肩頸之間有一對斜耳，圜底下設有三條蹄足，通體光素。

【著　　錄】未著錄。

【銘文字數】甑內壁鑄銘文 19 字（其中重文 2）。

【銘文釋文】大曾文之孫弔（叔）嘼自乍（作）飤獻（甗），子＝（子子）孫＝（孫孫）永保用之。

甗

04. 簋

（0286-0462）

0286. 冉簋

【時　　　代】商代晚期。

【收　藏　者】臺北震榮堂（陳鴻榮、王亞玲夫婦）。

【尺度重量】通高 14、口徑 22 釐米。

【形制紋飾】侈口束頸，下腹向外傾垂，弧形底，圈足較高，上有三個方孔。頸部飾獸
　　　　　　體目紋和三角雲雷紋，前後增飾浮雕獸頭，腹部飾雲雷紋組成的曲折角
　　　　　　獸面紋，圈足飾連珠紋鑲邊的雲雷紋帶。

【著　　　錄】金銅器 80 頁簋 01。

【銘文字數】內底鑄銘文 1 字。

【銘文釋文】夈（冉）。

0287. 冉簋（冉簋）

【時　　代】商代晚期。

【收　藏　者】某收藏家。

【形制紋飾】侈口束頸，鼓腹，高圈足。頸部飾夔龍紋，前後增飾浮雕犧首，圈足飾獸面紋。

【著　　録】未著録。

【銘文字數】內底鑄銘文1字。

【銘文釋文】冉（冉）。

0288. 競簋

【時　　代】商代晚期。

【收　藏　者】中國國家博物館。

【尺　　度】通高 11.4、口徑 16.1、足徑 13.1 釐米。

【形制紋飾】侈口矮頸，鼓腹，圈足較高，一對獸首耳，下有鈎狀小珥，獸首大，耳圈扁。
頸部飾目雲紋，前後增飾浮雕獸頭，腹部飾斜方格乳釘紋，上下以連珠紋
鑲邊，圈足亦飾目雲紋。

【著　　録】銅藝術 21 頁 007。

【銘文字數】内底鑄銘文 1 字。

【銘文釋文】競。

簋

0289. 冂簋

【時　　代】商代晚期。

【出土時地】2009 年河南安陽市殷墟王裕口村南地商代墓地（M70.8）。

【收 藏 者】中國社會科學院考古研究所。

【尺　　度】通高 16.9、口徑 23.7 釐米。

【形制紋飾】侈口薄沿，深腹，壁較直，下腹圜收，高圈足。頸部飾雷紋帶，其間有四個
浮雕獸頭，腹部飾斜方格乳釘紋，圈足飾獸面紋帶。

【著　　録】考古 2012 年 12 期 38 頁圖 16.1。

【銘文字數】內底鑄銘文 1 字。

【銘文釋文】冂。

0290. 鳥簋

【時　　代】西周早期。

【出土時地】1998-2001 年山東滕州
市官橋鎮前掌大村西
周墓地（III M309.6）。

【收　藏　者】滕州市博物館。

【尺　　度】通高 12.4、口徑 17.4、
底徑 14 釐米。

【形制紋飾】侈口束頸，鼓腹，圈足，
一對獸首耳，下有長方
形垂珥。頸部和圈足
均飾三列雲雷紋組成的列旗脊獸面紋。

【著　　録】海岱考古第三輯 338 頁圖 95.21。

【銘文字數】內底鑄銘文 1 字。

【銘文釋文】鳥。

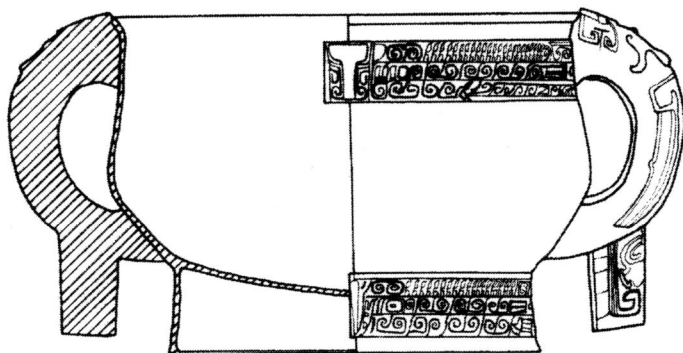

簋

0291. 父丁簋

【時　　代】商代晚期。

【出土時地】2015 年 3 月陝西扶風縣公安局繳獲。

【收 藏 者】陝西扶風縣公安局。

【尺　　度】通高 13.9、口徑 20.8 釐米。

【形制紋飾】侈口圓唇,鼓腹,高圈足,一對獸首耳,下有鈎狀小垂珥。頸部和圈足均
　　　　　飾雲雷紋帶,頸的前後增飾浮雕獸頭,腹部飾斜方格乳釘紋。

【著　　錄】未著錄。

【銘文字數】內底鑄銘文 2 字。

【銘文釋文】父丁。

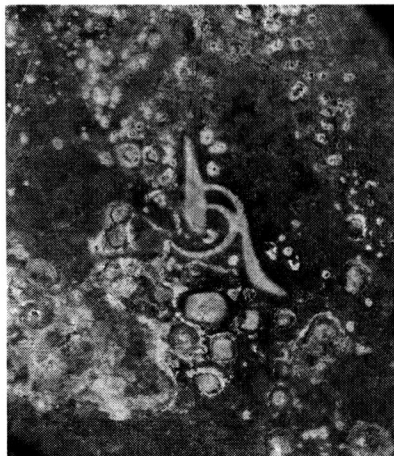

0292. 父癸簋

【時　　代】西周早期。

【出土時地】2015年9月出現在美國紐約佳士得拍賣會。

【收　藏　者】原藏孔祥熙，現藏某收藏家。

【尺　　度】兩耳間距26.7釐米。

【形制紋飾】侈口束頸，窄沿方唇，一對獸首耳，下有方形垂珥，圈足下有邊圈。頸部和圈足各飾兩道弦紋。

【著　　録】未著録。

【銘文字數】內底鑄銘文2字。

【銘文釋文】父癸。

簋

0293. △△簋

【時　　代】西周早期前段。

【出土時地】2012 年 9 月見於西安。

【收 藏 者】某收藏家。

【尺度重量】通高 23.5、口徑 20、腹深 10.3 釐米,重 4.15 公斤。

【形制紋飾】斂口鼓腹,窄沿方唇,一對獸首耳,下有長方形垂珥,高圈足沿外侈,其下
連鑄方座。頸部飾浮雕圓渦紋與小鳥紋相間,以雲雷紋襯底,腹部飾直
棱紋,圈足飾長鳥紋,方座四壁的上部和左右均飾圓渦紋相間的小鳥紋,
中部飾直棱紋。

【著　　錄】未著錄。

【銘文字數】內底鑄銘文 2 字。

【銘文釋文】△△。

0294. 亞盉豕簋

【時　　代】商代晚期。

【收 藏 者】某收藏家。

【尺　　度】通高 19.9、口徑 16.7 釐米。

【形制紋飾】侈口束頸，鼓腹，高圈足，足沿下折，形成很高的邊圈，通體有六道扉棱，其中三道扉棱上方有一個圓雕獸頭，另外三個扉棱上方爲雙牙。頸部飾夔龍紋，其上爲蕉葉紋，腹部飾三組曲折角獸面紋，每組獸面紋兩側填以倒置的夔龍紋，圈足飾夔龍紋，通體以雲雷紋襯底。

【著　　録】未著録。

【銘文字數】内底鑄銘文 3 字（2 字在亞内）。

【銘文釋文】亞盉豕。

簋

0295. 爵父乙簋

【時　　代】西周早期。

【出土時地】2015年西安市長安區馬王鎮西周墓盜掘出土。

【收　藏　者】西安市公安局。

【尺　　度】通高13.5、口徑20.3釐米。

【形制紋飾】侈口方唇，腹部微鼓，一對獸首耳，下有鉤狀垂珥，圈足沿外撇然後下折，形成一道矮邊圈。頸部飾雲雷紋組成的獸面紋帶，頸的前後增飾浮雕獸頭，腹部飾乳釘紋，無底紋。

【著　　錄】未著錄。

【銘文字數】內底鑄銘文3字。

【銘文釋文】爵父乙。

0296. 此父丁簋

【時　　　代】商代晚期。

【出土時地】2014年3月見於北京。

【收 藏 者】香港東坡齋。

【尺　　　度】通高12.2、口徑19.5釐米。

【形制紋飾】侈口束頸,鼓腹,高圈足。頸部飾夔龍紋,間以浮雕渦紋,頸的前後增飾
　　　　　　浮雕獸頭,腹部飾斜方格乳釘紋,圈足飾歧身獸面紋,以雲雷紋襯底。

【著　　　錄】未著録。

【銘文字數】内底鑄銘文3字。

【銘文釋文】此父丁。

簋

0297. 爻父丁簋

【時　　代】商代晚期。

【出土時地】2015年12月出現在西泠印社秋季拍賣會。

【收 藏 者】先後藏於美國凱瑟琳·西·漢考克、紐約艾蘭與西蒙·哈特曼、英國倫敦
　　　　　　克里斯蒂安·戴迪安,現藏比利時弗蘭克。

【尺　　度】通高18釐米。

【形制紋飾】侈口深腹,高圈足,下腹圜收。頸部飾夔鳥紋,以雲雷紋襯底,前後增飾
　　　　　　浮雕獸頭,圈足飾雲雷紋襯底的垂冠回首尾下卷的夔龍紋。

【著　　録】未著録。

【銘文字數】內底鑄銘文3字。

【銘文釋文】爻父丁。

0298. 旅父丁簋（父丁旅簋）

【時　　代】西周早期。

【收 藏 者】某收藏家。

【形制紋飾】弇口鼓腹，有子口，矮
　　　　　　圈足外侈，蓋面隆起，
　　　　　　上有圈狀捉手，捉手上
　　　　　　有一對穿孔。蓋面和
　　　　　　圈足均飾夔龍組成的
　　　　　　獸面紋帶，器口下飾夔
　　　　　　龍紋帶，前後增飾浮雕
　　　　　　獸頭，腹部光素。

【著　　錄】未著錄。

【銘文字數】內底鑄銘文 3 字。

【銘文釋文】父丁，旅。

0299. 叝父戊簋

【時　　代】商代晚期。

【出土時地】1998-2001 年山東滕州市官橋鎮前掌大村西周墓地（III M301.14）。

【收 藏 者】滕州市博物館。

【尺　　度】通高 15、口徑 19.8、底徑 16 釐米。

【形制紋飾】侈口束頸，鼓腹，高圈足，一對獸首耳，垂珥殘缺。頸部和圈足均飾雲雷紋組成的獸面紋，頸的前後增飾浮雕獸頭。

【著　　錄】海岱考古第三輯 338 頁圖 95.1。

【銘文字數】內底鑄銘文 3 字。

【銘文釋文】叝父戊。

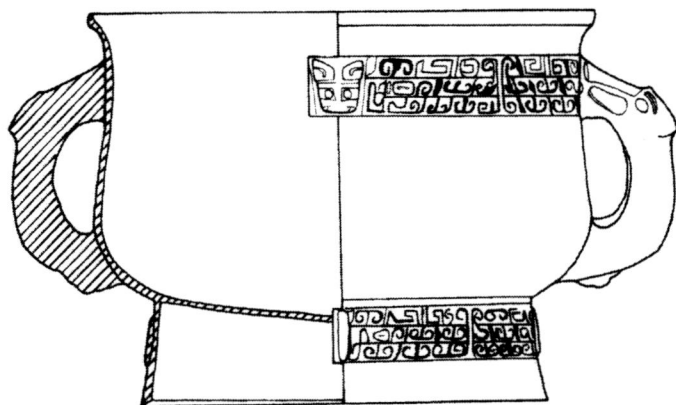

0300. 冉父己簋（龠父己簋）

【時　　代】西周早期。

【出土時地】2012 年 11 月出現在澳門大唐國際藝術品拍賣會。

【收 藏 者】原藏戴潤齋（J. T. TAI1910-1992）。

【尺　　度】通高 14.5、口徑 19.5 釐米。

【形制紋飾】侈口束頸，鼓腹，腹兩側有一對龍首半環耳，下有鈎狀垂珥，圈足沿下折形成一道邊圈。頸部飾列旗脊獸面紋，前後增飾浮雕獸頭，圈足飾目雷紋。

【著　　錄】大唐（2012）14。

【銘文字數】內底鑄銘文 3 字。

【銘文釋文】龠（冉）父己。

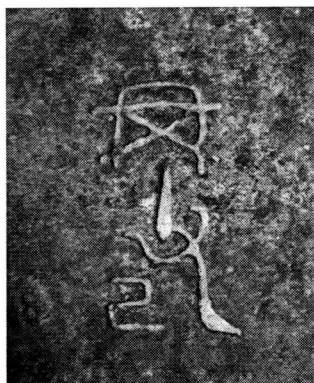

簋

0301. 保父癸簋

【時　　代】商代晚期。

【出土時地】2006 年 9 月河南安陽市殷墟郭家莊賽格金地城市廣場商代墓葬（M13.3）。

【收 藏 者】安陽市文物考古研究所。

【尺度重量】通高 13.7、口徑 18.9 釐米，重 1.9 公斤。

【形制紋飾】侈口束頸，鼓腹，圈足，一對獸首耳，無垂珥。頸部和圈足均飾一周夔龍紋，頸的前後增飾浮雕獸頭，腹部飾曲折角獸面紋，均無底紋。

【著　　錄】徐郭墓 69 頁拓片 5.5。

【銘文字數】内底鑄銘文 3 字。

【銘文釋文】保父癸。

0302. 冉祖癸簋

【時　　代】西周早期。

【收 藏 者】原藏香港美籍收藏家夏洛特·郝思曼女士,後歸澳大利亞國立大學遠東史系費子智教授,其後又歸澳大利亞華裔古董商 David Ho,再後歸澳大利亞悉尼某收藏家,現藏香港御雅居。

【尺度重量】通高 16.3、口徑 22.3、兩耳相距 30.5 釐米。

【形制紋飾】侈口鼓腹,一對獸首耳下有長垂珥,圈足沿下折,形成一道邊圈。頸部和圈足均飾夔龍紋,不施底紋,頸的前後增飾浮雕獸頭。

【著　　録】王侯 16 頁。

【銘文字數】內底鑄銘文 3 字。

【銘文釋文】冉且(祖)癸。

簋

0303. 伯簋

【時　　代】西周早期。

【出土時地】2013 年湖北隨州市曾都區淅河鎮蔣寨村葉家山西周墓地（M55.8）。

【收　藏　者】湖北省文物考古研究所。

【尺　　度】通高 12.8、口徑 17.9 釐米。

【形制紋飾】侈口束頸，鼓腹，圈足沿下折，形成一道邊圈，一對獸首耳，下有鈎狀垂
　　　　　耳。頸部及圈足均飾三列雲雷紋組成的獸面紋帶，頸的前後增飾浮雕
　　　　　獸頭。

【著　　錄】葉家山 235 頁。

【銘文字數】內底鑄銘文 3 字。

【銘文釋文】白（伯）乍（作）彝。

0304. 伯簋

【時　　代】西周早期。

【收 藏 者】某收藏家。

【形制紋飾】侈口束頸,鼓腹,一對龍首耳,下有方形垂珥,高圈足沿下折,形成一道邊
　　　　　　圈。頸部和圈足均飾三列雲雷紋組成的列旗脊獸面紋帶,頸的前後增飾
　　　　　　浮雕獸頭,腹部飾直棱紋。

【著　　錄】未著錄。

【銘文字數】內底鑄銘文 3 字。

【銘文釋文】白(伯)乍(作)彝。

簋

0305. 伯簋

【時　　代】西周早期。

【出土時地】2010 年山西翼城縣隆
　　　　　　化鎮大河口西周墓地。

【收　藏　者】山西省考古研究所。

【尺　　度】兩耳間距 26、方座寬
　　　　　　17、長 16 釐米。

【形制紋飾】侈口束頸，鼓腹，一對
　　　　　　獸首耳，下有方形垂
　　　　　　珥，耳圈較細，獸頭碩
　　　　　　大，圈足下連鑄方座，
　　　　　　方座殘破。頸部和圈
　　　　　　足飾象鼻夔龍紋，腹部
　　　　　　飾斜方格乳釘紋，其上
有一周連珠紋，方座四角飾簡易獸面紋，四壁飾斜方格乳釘紋。

【著　　錄】正經 36 頁。

【銘文字數】內底鑄銘文 3 字。

【銘文釋文】白（伯）乍（作）彝。

0306. 伯簋

【時　　代】西周中期前段。

【收　藏　者】海外某收藏家。

【尺　　度】通高 14.5、口徑 21、兩耳間距 29 釐米。

【形制紋飾】簋體寬矮，侈口束頸，鼓腹，圈足沿外侈，腹部有一對獸首耳，下有雲頭形垂珥。頸部和圈足均飾垂冠分尾長鳥紋，頸的前後增飾浮雕獸頭，腹部飾垂冠回首卷喙大鳳鳥紋，均以雲雷紋襯底。

【著　　錄】未著錄。

【銘文字數】內底鑄銘文 3 字。

【銘文釋文】白（伯）乍（作）彝。

0307. 作寶簋

【時　　代】西周早期。

【收 藏 者】某收藏家。

【形制紋飾】侈口圓唇,束頸鼓腹,一對獸首耳,下有方形垂珥。頸部和圈足均飾獸面紋帶,腹部光素。

【著　　錄】未著錄。

【銘文字數】內底鑄銘文 3 字。

【銘文釋文】乍(作)寶𣪘(簋)。

0308. 作寶簋

【時　　代】西周早期。

【出土時地】2015 年 4 月見於盛世收藏網。

【收　藏　者】某收藏家。

【形制紋飾】侈口坡狀唇，鼓腹圜底，圈足較高，一對獸首耳，下有垂珥。頸部和圈足
　　　　　　均飾獸面紋帶，腹部光素。

【著　　錄】未著錄。

【銘文字數】内底鑄銘文 3 字。

【銘文釋文】乍（作）寶𣪘（簋）。

0309. 作寶簋

【時　　代】西周中期前段。

【收 藏 者】臺北震榮堂（陳鴻榮、王亞玲夫婦）。

【尺度重量】通高 21、兩耳間距 25 釐米。

【形制紋飾】侈口束頸，鼓腹，矮圈足，一對獸首耳，下有方形垂珥，蓋面隆起，上有圈狀捉手，捉手上又有一個小蓋。蓋沿和頸部均飾分尾長鳥紋，以雲雷紋襯底，圈足飾兩周弦紋。

【著　　錄】金銅器 92 頁簋 13。

【銘文字數】蓋、器對銘，各 3 字。

【銘文釋文】乍（作）寶𣪘（簋）。

【備　　注】此爲蓋銘，器銘未拍照。

蓋

0310. 作寶彝簋

【時　　代】西周早期。

【出土時地】1948年希臘駐華大使
阿基洛珀斯購於上海
金才記。

【收 藏 者】原藏希臘阿基洛珀斯
（H.E.Alexandre J.
Argyropoulos），後歸
奧地利朱利思·艾伯
哈特，現藏美國紐約藍
理捷藝術品公司。

【尺　　度】通高25釐米。

【形制紋飾】侈口束頸，鼓腹，圈足下
連鑄方座，雙耳呈半環
形，上部飾卷角吐舌獸首，下部做成鈎喙鳥形，長方形垂珥。腹部有兩道扉
棱，飾兩組下卷角獸面紋，圈足有四道扉棱，飾兩組相對的夔龍紋，方座以四
角爲中綫，飾四組牛角獸面紋，兩側填以高冠勾喙立鳥，均以雲雷紋襯底。

【著　　錄】未著錄。

【銘文字數】內底鑄銘文3字。

【銘文釋文】乍（作）寶彝。

【備　　注】2013年9月紐約蘇富比拍賣會以1680萬美元（合人民幣1.03億元）
拍出。

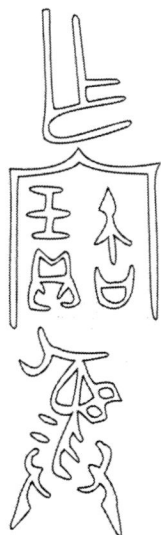

簋

0311. 作寶彝簋

【時　　代】西周早期。

【出土時地】2011 年 6 月湖北隨州市淅河鎮蔣寨村葉家山西周墓地（M3.10）。

【收 藏 者】湖北省文物考古研究所。

【尺度重量】通高 26、口徑 22、腹深 9.8 釐米，重 4.265 釐米。

【形制紋飾】侈口束頸，鼓腹略下垂，一對獸首耳，下有方形垂珥，圈足沿下折，形成一
　　　　　　道邊圈，蓋面隆起，下有子口，上有圈狀捉手。蓋沿、頸部和圈足飾三列
　　　　　　雲雷紋組成的獸面紋帶，頸部前後增飾浮雕虎頭。

【著　　錄】考古 2012 年 7 期 42 頁圖 18.6。

【銘文字數】蓋、器對銘，各 3 字。

【銘文釋文】乍（作）寶彝。

【備　　注】圖像未公布。

蓋　　　　　　　　　　　　　　　　　器

0312. 山丁乳冊簋

【時　　代】商代晚期。

【收　藏　者】某收藏家。

【形制紋飾】侈口方唇，頸部微束，鼓腹，高圈足，沿下折形成一道邊圈，通體有六道扉棱。頸部飾三組小鳥紋，每組四隻，中部有浮雕獸頭。腹部飾三組下卷角獸面紋，圈足飾六組鈎喙卷尾的花冠鳳鳥紋，均以雲雷紋襯底。

【著　　錄】未著錄。

【銘文字數】內底鑄銘文4字。

【銘文釋文】山丁乳冊。

【備　　注】同銘器物有山丁乳冊方鼎。

簋

0313. 亞若父己簋

【時　　代】商代晚期或西周早期。

【收 藏 者】海外某收藏家。

【尺度重量】通高 20、口徑 20.5、兩耳相距 27 釐米，重 3 公斤。

【形制紋飾】斂口鼓腹，圜底，矮圈足，腹兩側有一對獸首半環耳，下有鈎狀垂珥，圈足沿外撇，蓋面呈弧形隆起，上有圈狀捉手。蓋沿和器口沿下均飾三列雲雷紋組成的列旗脊獸面帶，圈足飾兩道弦紋。

【著　　錄】未著錄。

【銘文字數】蓋、器同銘，各 4 字（其中 1 字在“亞”字內）。

【銘文釋文】亞若父己。

蓋　　　　　　　　器

0314. 明亞賽乙簋

【時　　代】西周早期前段。

【出土時地】2012 年 11 月出現在澳門大唐國際藝術品拍賣會。

【收　藏　者】某收藏家。

【形制紋飾】弇口深圓腹，腹兩側有一對獸首半環耳，無垂珥，圈狀足。蓋面、口沿下和圈足均飾三列雲雷紋組成的列旗脊獸面紋。

【著　　錄】大唐（2012）212。

【銘文字數】內底鑄銘文 4 字。

【銘文釋文】明亞賽（賓）乙。

0315. 亞祖丁簋

【時　　代】西周早期。

【收　藏　者】某收藏家。

【尺　　度】通高 12.8、口徑 18.9、腹深 9.8 釐米。

【形制紋飾】侈口束頸,鼓腹,一對獸首耳,下有長方形垂珥,圈足較高,沿下折形成一道邊圈。通體裝飾花紋,頸部爲八隻夔龍紋,前後增飾浮雕獸頭,腹部飾兩組大獸面紋,圈足飾 T 字形角的獸面紋。

【著　　錄】未著錄。

【銘文字數】內底鑄銘文 4 字。

【銘文釋文】亞且(祖)丁□。

0316. 伯簋

【時　　代】西周早期。

【出土時地】2012 年 11 月出現在日本美協拍賣會。

【收 藏 者】日本東京某收藏家。

【尺　　度】通高 15、口徑 22 釐米。

【形制紋飾】侈口圓唇,鼓腹,一對獸首耳,下有方形垂珥,圈足較高,沿外侈。頸部和
圈足均飾三列雲雷紋組成的獸面紋帶。

【著　　録】未著録。

【銘文字數】內底鑄銘文 4 字。

【銘文釋文】白(伯)乍(作)寶彝。

0317. 遒簋（舀簋）

【時　　代】西周中期前段。

【收 藏 者】某收藏家。

【尺　　度】通高18.8、口徑17釐米。

【形制紋飾】侈口束頸，下腹向外傾垂，一對獸首耳，下有垂珥，圈足較高，呈坡狀外伸，然後下折成一道窄邊圈，蓋面呈弧形隆起，上有圈狀捉手。頸部飾雲雷紋襯底的夔龍紋帶，前後增飾浮雕獸頭，蓋沿和圈足均飾突起的目紋和斜角雲雷紋，外底飾陽綫盤龍紋。

【著　　錄】古文字 29 輯 331 頁圖 4。

【銘文字數】蓋、器同銘，各 4 字。

【銘文釋文】遒（舀）乍（作）寶𣪕（簋）。

蓋　　　　　　　　　　　　器

0318. 叔簋

【時　　　代】西周中期前段。

【收　藏　者】臺北震榮堂（陳鴻榮、王亞玲夫婦）。

【尺　　　度】通高 13、寬 25 釐米。

【形制紋飾】體寬矮，侈口束頸，下腹向外傾垂，矮圈足沿外侈，一對獸首耳，下有方形
垂珥。頸部飾垂冠回首長鳥紋，以雲雷紋襯底，前後增飾浮雕獸頭。

【著　　　錄】金銅器 93 頁簋 14。

【銘文字數】内底鑄銘文 4 字。

【銘文釋文】弔（叔）乍（作）寶毁（簋）。

0319. 伯逨簋

【時　　代】西周中期前段。

【收 藏 者】某收藏家。

【著　　録】未著録。

【銘文字數】內底鑄銘文 4 字。

【銘文釋文】白（伯）逨乍（作）簋（旅）。

【備　　注】器物圖像未提供。

0320. 吳姬簋

【時　　代】西周晚期。

【出土時地】2012年10月出現在西安。

【收　藏　者】某收藏家。

【形制紋飾】子口，鼓腹，腹兩側有一
對獸首耳，下有垂珥，圈
足下連鑄三個獸面扁
足，外罩式蓋，蓋面隆
起，上有圈狀捉手，沿下
折。蓋面外圈和口沿下
均飾重環紋，蓋面內圈
和腹部均飾瓦溝紋。

【著　　錄】未著錄。

【銘文字數】蓋、器同銘，各4字。

【銘文釋文】吳姬旅𣪘（簋）。

0321. 亞離示父戊簋

【時　　代】西周早期。

【出土時地】2007 年 9 月山西翼城縣隆化鎮大河口村西周墓地（M1）。

【收 藏 者】山西省考古研究所。

【尺　　度】通高 18.3、兩耳間距 35.5、圈足徑 19.1 釐米。

【形制紋飾】侈口方唇，束頸鼓腹，高圈足微外侈，一對半環形耳，上飾圓雕鹿頭，中部
　　　　　作圓目鈎喙的鷙鳥形，下有卷鼻象首形垂珥。頸部及圈足均飾浮雕圓渦
　　　　　紋，間以四瓣花，以雲雷紋襯底，頸部前後增飾浮雕犧首。

【著　　録】中華遺産 2011 年 3 期 108 頁。

【銘文字數】內底鑄銘文 5 字。

【銘文釋文】亞隹（離）示父戊。

【備　　注】"離"在"亞"內，"示"與"亞"借筆合文。

0322. 燕侯簋

【時　　代】西周早期。

【收　藏　者】臺北震榮堂（陳鴻榮、王亞玲夫婦）。

【尺度重量】通高 12、口徑 19.5 釐米。

【形制紋飾】盆形簋。侈口方唇，深腹圜底，無耳，矮圈足沿外侈。頸部飾雲雷紋組成的獸面紋。

【著　　録】金銅器 91 頁簋 12。

【銘文字數】內底鑄銘文 5 字。

【銘文釋文】匽（燕）厌（侯）乍（作）姬□。

簋

0323. 霸仲簋

【時　　代】西周早期。

【出土時地】2010 年 12 月山西翼城縣隆化鎮大河口西周墓地（M1.67）。

【收　藏　者】山西省大河口墓地聯合考古隊。

【尺　　度】通高 24.8、兩耳相距 15 釐米。

【形制紋飾】弇口圓腹，一對獸首耳，下有鈎狀垂珥，蓋面呈弧形，上有圈狀捉手，矮圈
　　　　　　足沿外撇，下腹鑄有三條柱足。蓋面是一周目雲紋，口沿下飾三列雲雷
　　　　　　紋組成的列旗脊夔龍紋，圈足飾三角雲雷紋。

【著　　錄】今日翼城網，正經 22 頁。

【銘文字數】內底鑄銘文 5 字。

【銘文釋文】霸中（仲）乍（作）肇（旅）彝。

【備　　注】同墓出土有霸簋 1 件，伯作寶尊彝鼎 1 件，燕侯旨卣 1 件，旨作父辛爵 2
　　　　　　件等。

0324. 囗公簋（圍公簋）

0325. □公簋（圍公簋）

【時　　代】西周早期。

【出土時地】2012 年 12 月出現在西安。

【收 藏 者】某收藏家。

【形制紋飾】侈口束頸，鼓腹，高圈足，一對獸首耳，下有方形垂珥。頸部和圈足均飾三列雲雷紋組成的列旗脊獸面紋帶，頸的前後增飾浮雕獸頭。

【著　　錄】未著錄。

【銘文字數】內底鑄銘文 5 字。

【銘文釋文】□（圍）公乍（作）寶彝。

0326. 伯弘簋

【時　　代】西周早期。

【出土時地】2012 年 11 月初現在
澳門大唐國際藝術
品拍賣會。

【收 藏 者】中華古美術公司。

【尺　　度】通高14、口徑28釐米。

【形制紋飾】侈口圓唇，直壁圓
底，腹兩側有一對牛
首半環耳，下有鈎狀
垂珥，圈足下有一道
邊圈。腹部飾兩組
上卷角獸面紋，圈足
飾兩組夔龍紋，均以雲雷紋襯底。

【著　　錄】大唐（2012）240。

【銘文字數】內底鑄銘文 5 字。

【銘文釋文】白（伯）弘（弘）乍（作）寶毀（簋）。

0327. 亞妘簋（亞孎簋）

【時　　代】西周早期。

【出土時地】2011年6月湖北隨州市
淅河鎮蔣寨村葉家山西
周墓地（M3.9）。

【收　藏　者】湖北省文物考古研究所。

【尺度重量】通高12.1-12.6、口徑18、
腹深9.8釐米，重1.715
釐米。

【形制紋飾】侈口束頸，鼓腹，一對獸
首耳，下有方形垂珥，圈
足沿外侈。頸部僅飾兩
道弦紋，前後增飾浮雕
獸頭。

【著　　錄】考古2012年7期42頁圖18.1。

【銘文字數】內底鑄銘文5字。

【銘文釋文】亞孎（妘）乍（作）寶彝。

0328. 應公簋

【時　　代】西周早期。

【收　藏　者】某收藏家。

【形制紋飾】侈口束頸,鼓腹,一對獸首耳,無垂珥,圈足沿外侈然後下折。頸部和圈
足各飾一道弦紋,腹部光素。

【著　　録】金石拓 29 頁上。

【銘文字數】內底鑄銘文 5 字。

【銘文釋文】雁(應)公乍(作)寶彝。

0329. 伯㝮簋

【時　　代】西周早期。

【出土時地】1985年4月平頂山市
薛莊鄉滍陽鎮北滍村
應國墓地（M48.3）。

【收　藏　者】平頂山市文物管理委
員會。

【尺度重量】通高12.8、口徑19.5釐
米，重2.016公斤。

【形制紋飾】體寬矮，侈口束頸，鼓
腹圈足，腹兩側有一對
龍首半環耳，下有方形
垂珥。底部二次補鑄。頸部飾三道弦紋，前後增飾浮雕獸頭，耳環飾三
角雲紋，圈足飾兩道弦紋。

【著　　録】應國墓285頁圖120.1。

【銘文字數】内底鑄銘文5字。

【銘文釋文】白（伯）㝮（？）〔乍（作）〕寶彝。

0330. 大簋

【時　　代】西周早期。

【出土時地】2012 年 10 月出現在北京。

【收 藏 者】某收藏家。

【尺　　度】通高 14.5、口徑 19.5、兩耳相距 25 釐米。

【形制紋飾】侈口方唇，腹部微鼓，兩側有一對獸首耳，下有垂珥，高圈足沿下折，形成一道邊圈。腹部飾下卷角獸面紋，鼻梁之上增飾浮雕獸頭，圈足飾夔龍紋。

【著　　錄】未著錄。

【銘文字數】內底鑄銘文 5 字。

【銘文釋文】大乍（作）寶隫（尊）彝。

0331. 其母簋

【時　　代】西周早期。

【收 藏 者】某收藏家。

【尺　　度】通高 15.5、口徑 15.6 ×
　　　　　　20 釐米。

【形制紋飾】侈口束頸,鼓腹,高圈足,
　　　　　　腹部有一對獸首耳,下有
　　　　　　鈎狀垂珥,圈足沿下折,
　　　　　　形成一道窄邊圈。頸部
　　　　　　飾四組鳥紋,前後增飾浮
　　　　　　雕獸頭,圈足飾獸面紋
　　　　　　帶,均以雲雷紋襯底。

【著　　錄】未著録。

【銘文字數】內底鑄銘文 5 字。

【銘文釋文】其女(母)乍(作)寶彝。

0332. 作父乙簋

【時　　代】西周中期前段。

【收　藏　者】臺北震榮堂（陳鴻榮、王亞玲夫婦）。

【尺度重量】通高 14、口徑 27.5 釐米。

【形制紋飾】侈口束頸，下腹向外傾垂，一對獸首耳，下有方形垂珥，弧形底，圈足沿外
　　　　　　侈。頸部飾兩組卷尾長鳥紋，以雲雷紋襯底。

【著　　録】金銅器 90 頁簋 11。

【銘文字數】内底鑄銘文 5 字。

【銘文釋文】乍（作）父乙寶殷（簋）。

簋

0333. 晉侯簋蓋

【時　　代】西周中期後段。

【收 藏 者】某收藏家。

【形制紋飾】蓋面隆起,上有圈狀捉手,其上有一對穿孔。蓋飾瓦溝紋。

【著　　錄】金石拓 51 頁。

【銘文字數】蓋內鑄銘文 5 字。

【銘文釋文】晉(晉)厌(侯)乍(作)蒦(旅)殷(簋)。

【備　　注】此器銘文自名爲簋,但從器形拓本呈橢方形看,可能爲盨或方簋。

0334. 秦公簋 C

【時　　代】春秋早期。

【出土時地】甘肅禮縣永坪鄉趙坪村大堡子秦公墓地。

【收 藏 者】海外某收藏家。

【尺　　度】通高 24、兩耳間距 36 釐米。

【形制紋飾】斂口鼓腹,腹兩側有一對寬大的龍首耳,龍舌內卷,下有垂珥,圈足下連鑄三個獸首足,足作獸爪形,蓋上有圈形捉手。蓋邊和器沿飾獸目交連紋,每組間設一浮雕獸首,蓋上和器腹飾瓦紋,圈足飾垂鱗紋。

【著　　録】未著録。

【銘文字數】蓋、器同銘,各 5 字。

【銘文釋文】𣄧(秦)公乍(作)寶𣪘(簋)。

蓋　　　　　　　　　　器　　　　　　　　　　簋

0335. 秦公簋 D

【時　　代】春秋早期。

【出土時地】甘肅禮縣永坪鄉趙坪
村大堡子秦公墓地。

【收　藏　者】海外某收藏家。

【尺　　度】通高 23.5、兩耳間距
35.5 釐米。

【形制紋飾】斂口鼓腹，腹兩側有一
對寬大的龍首耳，龍舌
內卷，下有垂珥，圈足
下連鑄三個獸首足，足
作獸爪形，蓋上有圈形
捉手。蓋邊和器沿飾

獸目交連紋，每組間設一浮雕獸首，蓋上和器腹飾瓦紋，圈足飾垂鱗紋。

【著　　錄】未著錄。

【銘文字數】蓋、器同銘，各 5 字。

【銘文釋文】𥡛（秦）公乍（作）寶毁（簋）。

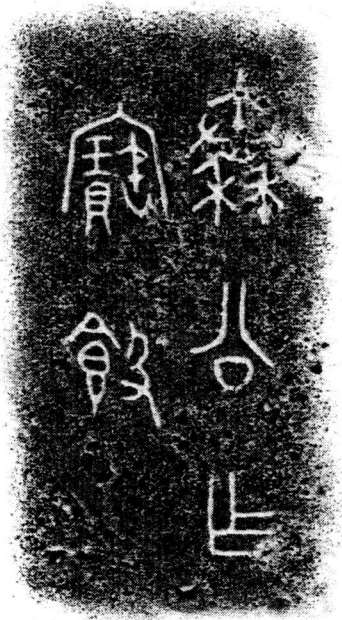

蓋

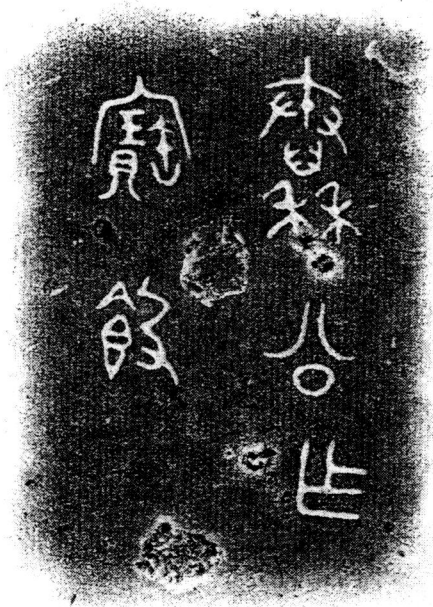

器

0336. 秦劭簋

【時　　代】春秋早期。

【出土時地】2012年9月出現在西安。

【收　藏　者】某收藏家。

【尺　　度】通高16.7、口徑16、腹深8.2釐米。

【形制紋飾】體寬矮，斂口鼓腹，一對獸首耳，無垂珥，圈足沿外侈，其下連鑄三個小扁足，蓋面隆起，上有圈狀捉手。蓋面和腹部均飾瓦溝紋。

【著　　錄】未著錄。

【銘文字數】蓋、器同銘，各5字。

【銘文釋文】鑫（秦）劭乍（作）寶餯（簋）。

【備　　注】同坑出土2件，形制、紋飾、銘文相同，大小相近。"劭"字或釋爲"訧"字。

蓋

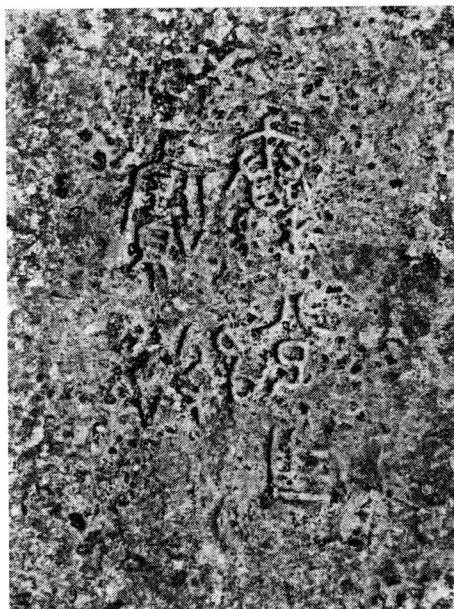

器

簋

0337. 陳侯簋

【時　　代】春秋早期。

【收 藏 者】某收藏家。

【形制紋飾】子口內斂,鼓腹,矮圈足,其下連鑄三條扁足,一對獸首半環形耳,無垂珥,蓋面呈弧形鼓起,頂部有圈狀捉手。蓋沿和器口沿下均飾重環紋。

【著　　錄】未著錄。

【銘文字數】蓋內鑄銘文 5 字。

【銘文釋文】敶(陳)医(侯)乍(作)寶毁(簋)。

0338. 曾侯諫簋

【時　　代】西周早期。

【出土時地】2013 年湖北隨州市曾都區淅河鎮蔣寨村葉家山西周墓地（M28.162）。

【收　藏　者】湖北省文物考古研究所。

【尺度重量】通高 17.8、口徑 21、腹深 12.6 釐米，重 3.31 公斤。

【形制紋飾】侈口束頸，下腹微向外傾垂，圈足沿下折，形成一道較高的邊圈，一對獸首耳，下有長方形垂珥。頸部和圈足均飾三列雲雷紋組成的列旗脊獸面紋帶，頸的前後增飾浮雕犧首。

【著　　録】葉家山 72 頁，江漢考古 2013 年 4 期 16 頁拓片 5。

【銘文字數】內底鑄銘文 6 字。

【銘文釋文】曾（曾）厌（侯）諫乍（作）寶彝。

0339. 山仲簋

【時　　代】西周早期。

【收藏者】美國某收藏家。

【尺　　度】通高 37.2、寬 45、口徑 26.3 釐米。

【形制紋飾】侈口深腹，圈足下連鑄方座，一對半環形獸首耳，獸耳小，獸角寬大高聳，下部作圓雕鷙鳥形，鳥爪延作垂珥。方座四角有扉棱，器腹和方座四壁飾浮雕狀象鼻獸面紋，象鼻高高上卷，獸面人目人耳，闊嘴獠牙，眉作彎曲蛇形，兩側填以倒置的夔龍，圈足飾夔紋，均不施底紋。

【著　　錄】未著錄。

【銘文字數】內底鑄銘文 6 字。

【銘文釋文】山中（仲）乍（作）寶隩（尊）設（簋）。

0340. 魚致簋

【時　　代】西周早期。

【收 藏 者】某收藏家。

【形制紋飾】侈口束頸,窄沿方唇,一對龍首耳,下有鈎狀垂珥,圈足沿外侈,然後下折。頸部飾三列雲雷紋組成的列旗脊夔龍紋,前後增飾浮雕獸頭,圈足飾雲雷紋組成的獸面紋帶。

【著　　録】未著録。

【銘文字數】內底鑄銘文 6 字。

【銘文釋文】魚致乍(作)寶陣(尊)彝。

0341. 作父乙簋

【時　　代】西周早期。

【出土時地】1927 年地方軍閥党玉琨（亦作党毓坤）在陝西寶雞縣戴家灣（今屬寶雞市金臺區陳倉鄉）盜掘出土。

【收 藏 者】下落不明。

【尺　　度】通高 12.2、口徑 17 釐米。

【形制紋飾】侈口束頸，鼓腹，圈足沿外侈，腹部有一對獸首耳，下有鈎狀垂珥。頸部及圈足均飾共首雙身龍紋，腹飾直棱紋。

【著　　録】寶戴 276 頁銘文四：1。

【銘文字數】內底鑄銘文 6 字。

【銘文釋文】午（？）乍（作）父乙𨡃（尊）彝。

0342. 作父己簋

【時　　代】西周早期。

【收 藏 者】某收藏家。

【形制紋飾】侈口束頸，鼓腹，高圈足，一對鹿角獸首耳，下有長方形垂珥。頸部和圈
　　　　　　足均飾三列雲雷紋組成的列旗脊獸面紋帶，頸的前後增飾浮雕獸頭。

【著　　錄】未著錄。

【銘文字數】內底鑄銘文 6 字。

【銘文釋文】□乍（作）父己寶彝。

簋

0343. 伯獸簋

【時　　代】西周早期。

【收 藏 者】某收藏家。

【尺　　度】通高 21.2、口徑 19.9
釐米。

【形制紋飾】侈口鼓腹,一對獸首半
環耳,獸耳高聳,下有
長方形垂珥,矮圈足沿
外侈,蓋面隆起,上有
圈狀捉手,下有子口,
蓋面和圈足各有四道
雙牙扉棱。蓋面和腹
部各飾兩組大獸面紋,
圈足飾蛇紋,均以雲雷紋襯底。

【著　　錄】未著錄。

【銘文字數】蓋、器同銘,各 6 字。

【銘文釋文】白(伯)獸乍(作)寶隋(尊)彝。

蓋

器

0344. 叔紳父簋（叔貔父簋）

【時　　代】西周早期。

【出土時地】2015 年 10 見於盛世收藏網。

【收 藏 者】某收藏家。

【形制紋飾】侈口圓唇，束頸鼓腹，腹較深，一對獸首耳，下有垂珥，圈足沿外侈。頸部飾浮雕圓渦紋間以夔龍紋。

【著　　錄】未著錄。

【銘文字數】內底鑄銘文 6 字。

【銘文釋文】弔（叔）貔（紳）父乍（作）寶設（簋）。

0345. 伯資父簋甲

【時　　代】西周中期前段。

【收 藏 者】某收藏家。

【形制紋飾】侈口鼓腹,一對獸首耳,下有垂珥,圈足沿外侈。頸部飾垂冠回首的夔鳥
　　　　　　紋,以雲雷紋襯底。

【著　　錄】未著錄。

【銘文字數】內底鑄銘文 6 字。

【銘文釋文】白(伯)資父乍(作)寶殷(簋)。

0346. 伯簀父簋乙

【時　　代】西周中期前段。

【收 藏 者】某收藏家。

【形制紋飾】侈口鼓腹，一對獸首耳，下有垂珥，圈足沿外侈。頸部飾垂冠回首的夔鳥紋，以雲雷紋襯底。

【著　　録】未著録。

【銘文字數】內底鑄銘文 6 字。

【銘文釋文】白（伯）簀父乍（作）寶𣪘（簋）。

簋

0347. 楊伯簋

【時　　　代】西周中期。

【出土時地】據傳出自山西吉縣、洪洞縣一帶。

【收　藏　者】北京虎泉齋。

【尺　　　度】通高 21.5、口徑 20-20.5、兩耳間距 24 釐米。

【形制紋飾】直口束頸，口沿有一道箍，形成子口，鼓腹附耳，附耳高出器口，蓋面呈弧形隆起，上有圈狀捉手，捉手封頂，圈足沿外侈然後下折，並連鑄三個長方小足。捉手頂部飾團鳥紋，蓋沿和器頸飾雲雷紋襯底的垂冠回首分尾長鳥紋，蓋面和器腹飾直棱紋，圈足飾一道弦紋。

【著　　　錄】未著錄。

【銘文字數】蓋、器同銘，各 6 字。

【銘文釋文】楊白（伯）自乍（作）𣄰𣪕（簋）。

【備　　　注】同出一對，形制、紋飾、銘文完全相同。另一件見《銘圖》04302。

0348. 伯姜簋

【時　　代】西周中期。

【收 藏 者】某收藏家。

【形制紋飾】體扁圓，弇口鼓腹，腹
兩側有一對獸頭，矮圈
足沿外撇。蓋、器均飾
瓦棱紋。

【著　　錄】未著錄。

【銘文字數】蓋、器同銘，各6字（此
爲蓋銘）。

【銘文釋文】白（伯）姜乍（作）寶毁
（簋），亻。

【備　　注】同坑出土2件，形制、
紋飾、銘文相同，大小
相若。

蓋

0349. 季嗀簋

【時　　代】西周中期後段。

【收 藏 者】某收藏家。

【形制紋飾】低體寬腹，弇口，一對獸首耳，下有垂珥，矮圈足，足沿外侈較甚，蓋面呈弧形鼓起，上有圈狀捉手，下有子口。通體飾瓦溝紋。

【著　　録】未著録。

【銘文字數】蓋、器同銘，各6字。

【銘文釋文】季嗀乍（作）寶旅殷（簋）。

【備　　注】此爲蓋銘，器銘藏家未提供。

蓋

0350. 芮公簋

【時　　代】春秋早期。

【出土時地】2007年1月陝西韓城市昝村鎮梁帶村春秋墓葬（M27.1013）。

【收　藏　者】陝西省考古研究院。

【尺　　度】通高23.5、口徑19.8釐米。

【形制紋飾】斂口鼓腹，圈足沿外侈，下有三條獸面扁足，腹部有一對獸首耳，無垂珥，蓋面隆起，上有圈形捉手。蓋面和器腹飾瓦溝紋，蓋沿和器沿飾竊曲紋，圈足飾垂鱗紋。

【著　　錄】金玉華年87頁32。

【銘文字數】蓋握內及內底各鑄銘文6字，內容相同。

【銘文釋文】內（芮）公乍（作）爲旅殷（簋）。

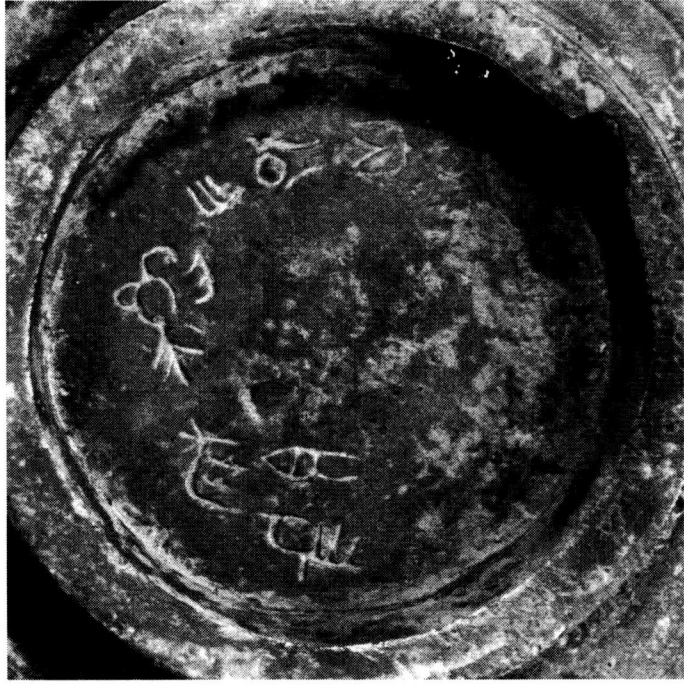

蓋

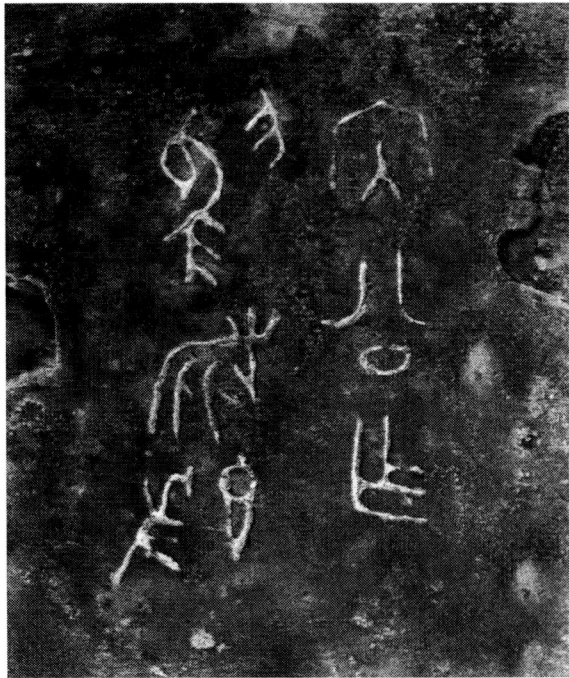

器

0351. 酓簋

【時　　代】西周早期前段
【收 藏 者】某收藏家。
【形制紋飾】侈口束頸,鼓腹圈足,
一對獸首耳,下有鈎狀
垂珥。頸部飾三列雲
雷紋組成的列旗脊夔
龍紋,前後增飾浮雕獸
頭,圈足飾三列雲雷紋
組成的列旗脊獸面
紋帶。

【著　　録】未著録。
【銘文字數】内底鑄銘文 7 字。
【銘文釋文】酓乍(作)父丁冊隣(尊)彝。
【備　　注】銘文應讀爲"酓乍(作)父丁隣(尊)彝,冊。"

0352. 🝔簋（父乙簋）

【時　　代】西周早期。

【收 藏 者】原藏日本正木氏，現藏
福建南平某收藏家。

【尺　　度】通高15.8、口徑22、兩
耳相距29、足徑18釐米。

【形制紋飾】侈口束頸，鼓腹，圈足
沿下折，形成一道窄邊
圈，龍首形雙耳，耳環
作鳥身形，珥上飾鳥爪
紋。腹飾兩組下卷角
獸面紋，每組兩側填以
回首夔龍紋，頸和圈足飾回首小夔龍紋和圓渦紋，頸的前後增飾浮雕
獸頭。

【著　　錄】未著錄。

【銘文字數】內底鑄銘文7字。

【銘文釋文】🝔乍（作）父乙寶隩（尊）彝。

【備　　注】《銘圖》04417著錄一件德國科隆東亞藝術博物館的🝔簋，形制、紋飾、銘
文與此簋相同，大小相若。

0353. 魯侯簋甲

【時　　代】西周早期後段。

【出土時地】2014 年從美國購藏。

【收　藏　者】海外某收藏家。

【尺　　度】通高 27 釐米。

【形制紋飾】侈口束頸,鼓腹,一對獸首半環形耳,下有鈎狀垂珥,圈足沿下折,其下又連鑄四條高足,其上飾獸頭,蓋面呈弧形鼓起,頂部有圈狀捉手。蓋沿和其頸部均飾長尾鳥紋,頸的前後增飾浮雕獸頭,圈足飾一道粗弦紋。

【著　　錄】未著錄。

【銘文字數】器內底鑄銘文 7 字,蓋內 6 字。

【銘文釋文】器銘:魯厌(侯)乍(作)宮寶隮(尊)彝。蓋銘:魯厌(侯)乍(作)寶隮(尊)彝。

簋

蓋

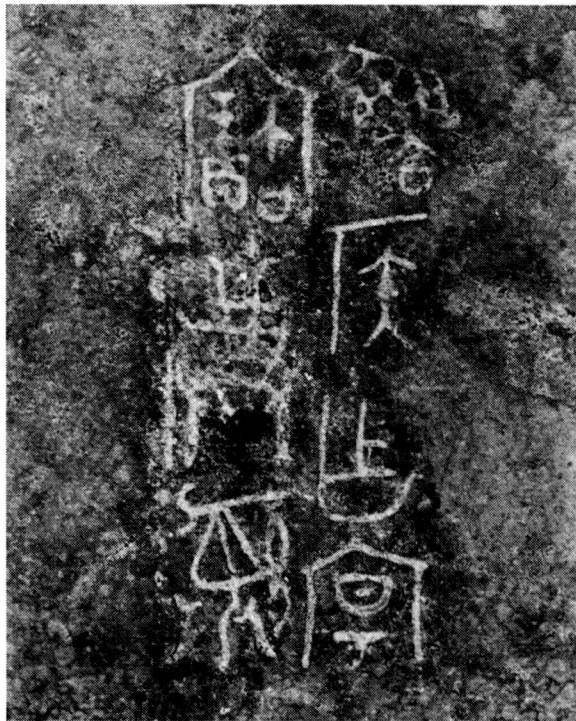

器

0354. 魯侯簋乙

【時　　代】西周早期後段。
【出土時地】2014 年從美國購藏。
【收　藏　者】海外某收藏家。
【尺　　度】通高 26 釐米。
【形制紋飾】侈口束頸，鼓腹，一對
　　　　　　獸首半環形耳，下有鈎
　　　　　　狀垂珥，圈足沿下折，
　　　　　　其下又連鑄四條高足，
　　　　　　其上飾獸頭，蓋面呈弧
　　　　　　形鼓起，頂部有圈狀捉
　　　　　　手。蓋沿和其頸部均
　　　　　　飾長尾鳥紋，頸的前後
　　　　　　增飾浮雕獸頭，圈足飾
　　　　　　一道粗弦紋。
【著　　錄】未著錄。
【銘文字數】器内鑄銘文 7 字。
【銘文釋文】魯医（侯）乍（作）寽寶隞（尊）彝。
【備　　注】蓋内未鑄銘文。

簋

0355. 西簋

【時　　代】西周早期。

【出土時地】2004 年底山東滕州市
官橋鎮前掌大村西周
墓（M1. 盜 3）。

【收 藏 者】滕州市博物館。

【尺　　度】通高 15.2、口徑 20.5、
足徑 16.7 釐米。

【形制紋飾】侈口方唇，束頸鼓腹，
高圈足，一對龍首形雙
耳，下有垂珥。頸部和
圈足均飾夔龍紋，不施底紋，頸的前後增飾浮雕獸頭。

【著　　錄】文物 2014 年 4 期 6 頁圖 8.2。

【銘文字數】內底鑄銘文 7 字。

【銘文釋文】西乍（作）父丁𪔅（肆）彝，史。

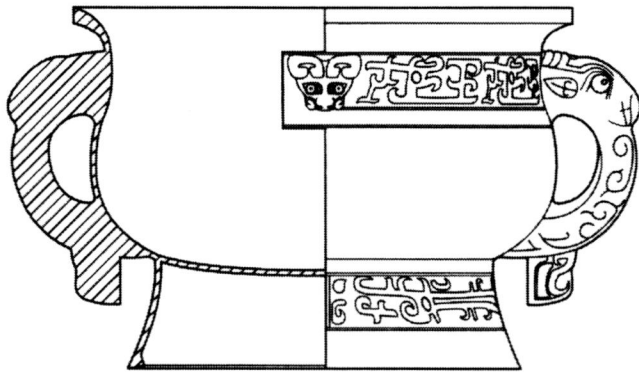

0356. 敵太師齊簋(敵大師齊簋)

【時　　代】西周早期。

【出土時地】2015年2月見於西安。

【收 藏 者】某收藏家。

【尺度重量】通高14、兩耳相距25、口徑17釐米。

【形制紋飾】侈口圓唇,鼓腹,腹兩側有一對鹿角獸首耳,下有鉤狀垂珥,圈足沿下折形成一道很高的邊圈。頸部和圈足均飾目雲紋,頸的前後增飾浮雕獸頭。耳內可見範土。

【著　　錄】未著錄。

【銘文字數】內底鑄銘文7字。

【銘文釋文】敵大(太)師齊乍(作)寶彝。

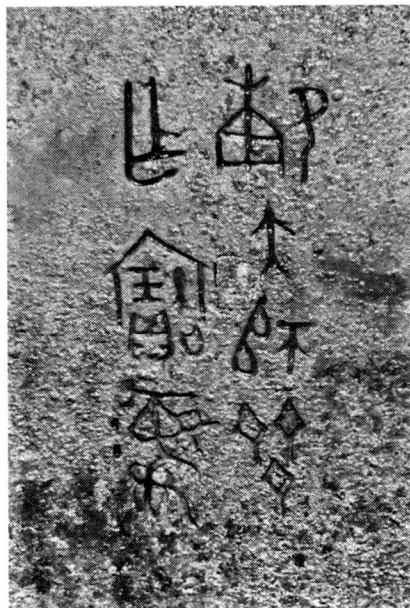

0357. 伯尹簋

【時　　　代】西周早期。

【收　藏　者】某收藏家。

【尺　　　度】通高 13、兩耳相
　　　　　　　距 27.5 釐米。

【形制紋飾】侈口束頸，鼓腹，
　　　　　　　圈足，腹部有一
　　　　　　　對獸首耳，下有垂
　　　　　　　珥，圈足沿外侈。
　　　　　　　頸部和圈足各飾
　　　　　　　兩道弦紋。

【著　　　錄】未著錄。

【銘文字數】內底鑄銘文 7 字。

【銘文釋文】白（伯）尹肇乍（作）寶障（尊）彝。

0358. 仲闢簋

【時　　代】西周早期。

【出土時地】2014 年 3 月出現在甘
　　　　　　肅天水。

【收 藏 者】某收藏家。

【形制紋飾】侈口束頸，鼓腹，一對
　　　　　　獸首耳，下有雲頭形垂
　　　　　　珥，矮圈足沿外侈，然
　　　　　　後下折，形成一道邊
　　　　　　圈。頸部和圈足均飾
　　　　　　三列雲雷紋組成的獸
　　　　　　面紋帶，頸的前後增飾
　　　　　　浮雕獸頭。

【著　　錄】未著錄。

【銘文字數】內底鑄銘文 7 字。

【銘文釋文】中（仲）闢乍（作）宮公寶彝。

0359. 叔桑父簋

【時　　代】西周早期。

【出土時地】2011年湖北隨州市淅河鎮蔣寨村葉家山西周墓地（M4.3）。

【收　藏　者】湖北省文物考古研究所。

【尺度重量】通高20.5、口徑8.1釐米，重2.865公斤。

【形制紋飾】侈口束頸，鼓腹，圈足沿下折，形成一道邊圈，一對獸首耳，下有鈎狀垂珥，蓋面隆起，上有圈狀捉手。蓋沿、頸部和圈足均飾一周圓渦紋間以夔龍紋，頸的前後增飾浮雕獸頭，蓋沿有對稱的四個浮雕獸頭，蓋面和腹部飾直棱紋。

【著　　錄】考古2012年7期42頁圖18.2、5，文物天地2012年7期100頁下（蓋），葉家山244頁。

【銘文字數】蓋、器同銘，各7字。

【銘文釋文】弔（叔）桑父乍（作）寶尊彝。

【備　　注】“桑”或釋爲“葉”。

蓋

器

簋

459

0360. 堯簋（剗簋）

【時　　代】西周早期。

【出土時地】2014 年 6 月見於西安。

【收　藏　者】某收藏家。

【尺　　度】通高 16、口徑 22.2、腹深 13、兩耳相距 30 釐米。

【形制紋飾】口微斂，鼓腹，高圈足，腹部有一對龍首耳，下有長方形垂珥。頸部及圈足飾浮雕圓渦紋，間以短體回首龍紋，頸的前後增飾浮雕獸頭，腹部飾直棱紋。

【著　　錄】未著錄。

【銘文字數】內底鑄銘文 7 字。

【銘文釋文】堯（醫－剗）乍（作）父癸寶隣（尊）彝。

簋

461

0361. 晉侯簋

【時　　代】西周中期前段。

【收 藏 者】原藏某收藏家，現藏中國國家博物館。

【尺度重量】通高 18.8、口徑 17.3 釐米。

【形制紋飾】侈口束頸，下腹向外傾垂，一對獸首耳，下有鈎狀垂珥，圈足較高，呈坡狀
外伸，然後下折成一道窄邊圈，蓋面呈弧形隆起，上有圈狀捉手。頸部飾
雲雷紋襯底的夔龍紋帶，前後增飾浮雕獸頭，蓋沿和圈足均飾突起的目
紋和斜角雲雷紋，外底飾陽綫盤龍紋。

【著　　録】古文字 29 輯 330 頁圖 3，百年 82 頁 39，甲金粹 187-188 頁。

【銘文字數】蓋、器同銘，各 7 字。

【銘文釋文】晉（晉）厌（侯）乍（作）田𡢁（妻）餴（饋）𣪘（簋）。

蓋1

蓋2

器1

器2

簋

0362. 曾侯犹簋（曾侯犹簋）

【時　　代】西周早期。

【出土時地】2013 年湖北隨州市曾都
區淅河鎮蔣寨村葉家山
西周墓地（M111.60）。

【收　藏　者】湖北省文物考古研究所。

【尺　　度】通高 25、口徑 22 釐米。

【形制紋飾】侈口束頸，鼓腹，圈足沿
下折，形成一道邊圈，弧
形蓋，上有圈狀捉手，一
對獸首耳，下有長方形垂
珥。蓋沿、頸部及圈足均
飾三列雲雷紋組成的列
旗脊獸面紋帶，頸的前後增飾浮雕獸頭，垂珥飾鳥爪紋。

【著　　録】文化遺産 2013 年 5 期 76 頁，葉家山 124 頁。

【銘文字數】蓋、器同銘，各 7 字。

【銘文釋文】曾（曾）侯（侯）犹乍（作）寶隞（尊）彝。

【備　　注】器銘未公布。第三字從立從犬，當時爲“犹”，但在同墓出土的犹簋銘中，
卻從亢從犬。

蓋 1

蓋 2

0363. 曾侯犾簋（曾侯犺簋）

【時　　代】西周早期。

【出土時地】2013年湖北隨州市曾都區淅河鎮蔣寨村葉家山西周墓地（M111.59）。

【收　藏　者】湖北省文物考古研究所。

【尺　　度】通高25、口徑22釐米。

【形制紋飾】侈口束頸,鼓腹,圈足沿下折形成一道邊圈,弧形蓋,上有圈狀捉手,一對獸首耳,下有長方形垂珥。蓋沿、頸部及圈足均飾三列雲雷紋組成的列旗脊獸面紋帶,頸的前後增飾浮雕獸頭,垂珥飾鳥爪紋。

【著　　録】葉家山124頁。

【銘文字數】蓋內鑄銘文7字,器內底3字。

【銘文釋文】蓋銘:甶(曾)厌(侯)犾乍(作)寶陴(尊)彝;器銘:乍(作)寶彝。

【備　　注】器銘未拍照。第三字從立從犬,當時爲"犾",但在同墓出土的犾簋銘中,卻從亢從犬。

0364. 鑄仲簋（鼄仲簋、祝仲簋）

【時　　代】西周晚期或春秋早期。

【出土時地】傳山東近年出土。

【收　藏　者】某收藏家。

【形制紋飾】子口内斂，鼓腹，弧面
　　　　　　形蓋，上有圈狀捉手，
　　　　　　一對龍首耳，下有垂
　　　　　　珥，圈足沿外侈，連鑄
　　　　　　三條獸面扁足。蓋沿
　　　　　　和器口沿飾竊曲紋，蓋
　　　　　　面和器腹飾瓦溝紋。

【著　　　録】未著録。

【銘文字數】蓋内鑄銘文 7 字。

【銘文釋文】鼄（鑄－祝）中（仲）乍（作）季姬寶餿（簋）。

【備　　　注】器形及器銘未提供。同坑出土有鼎3、鬲2、簋4、簠2、盤1、匜1、罍2、罐1，
　　　　　　均有銘文。

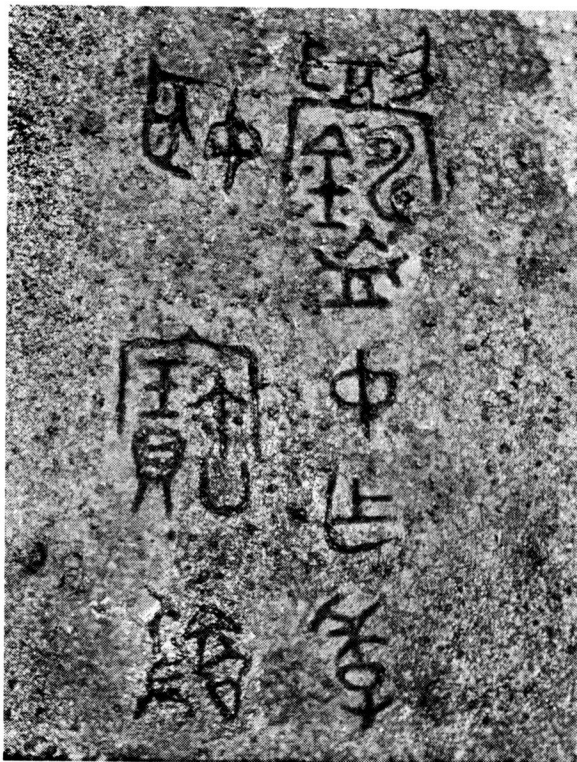

0365. 曾侯諫簋

【時　　代】西周早期。

【出土時地】2013年湖北隨
州市曾都區淅
河鎮蔣寨村葉
家山西周墓地
（M28.154）。

【收 藏 者】湖北省文物考
古研究所。

【尺度重量】通高13.3、口徑
17.9、腹深9.2
釐米，重2.665
公斤。

【形制紋飾】侈口束頸，鼓腹，高圈足，足沿下折，形成一道窄邊圈，一對獸首耳，下有
長方形垂珥。頸部和圈足均飾長鳥紋，以雲雷紋襯底，頸的前後增飾浮
雕犧首，腹部飾直棱紋。

【著　　錄】江漢考古2013年19頁拓片7。

【銘文字數】內底鑄銘文8字。

【銘文釋文】曾（曾）厌（侯）諫乍（作）媿寶隣（尊）彝。

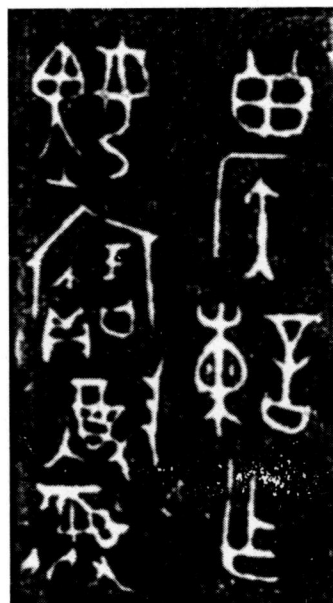

0366. 曾侯諫簋

【時　　代】西周早期。

【出土時地】2013 年湖北隨州市曾都區淅河鎮蔣寨村葉家山西周墓地（M28.153）。

【收　藏　者】湖北省文物考古研究所。

【尺　　度】通高 13.5、口徑 17.5 釐米。

【形制紋飾】侈口束頸，鼓腹，高圈足，足沿下折，形成一道邊圈，一對獸首耳，下有長方形垂珥。頸部和圈足均飾小鳥紋，以雲雷紋襯底，頸的前後增飾浮雕犧首，腹部飾直棱紋。

【著　　録】葉家山 69 頁。

【銘文字數】內底鑄銘文 8 字。

【銘文釋文】曽（曾）厌（侯）諫乍（作）媿寶陼（尊）彝。

0367. 曾侯諫簋

【時　　代】西周早期。

【出土時地】2011 年 6 月湖北隨州市
　　　　　　淅河鎮蔣寨村葉家山西
　　　　　　周墓地（M2.8）。

【收　藏　者】湖北省文物考古研究所。

【尺度重量】通高 13.5、口徑 18、腹深
　　　　　　9 釐米，重 2.69 釐米。

【形制紋飾】侈口束頸，鼓腹，一對獸
　　　　　　首耳，下有方形垂珥，圈
　　　　　　足較高，沿外侈。頸部
　　　　　　及圈足均飾雲雷紋襯底
　　　　　　的鳥紋，頸的前後增飾浮雕獸頭，腹部飾直棱紋。

【著　　錄】考古 2012 年 7 期 42 頁圖 18.7。

【銘文字數】內底鑄銘文 8 字。

【銘文釋文】甶（曾）厌（侯）諫乍（作）媿寶隟（尊）彝。

0368. 叔壴簋蓋

【時　　代】西周早期。

【收 藏 者】海外某收藏家。

【尺　　度】通高7.1、口徑18.2釐米。

【形制紋飾】蓋面隆起,頂部有圈狀
　　　　　捉手。捉手周圍飾一周
　　　　　目雷紋,外圍飾斜方格
　　　　　雷紋帶,上下以連珠紋
　　　　　鑲邊。

【著　　錄】未著錄。

【銘文字數】內壁鑄銘文8字。

【銘文釋文】弔(叔) 壴 謽(啟-肇)
　　　　　乍(作)宗寶隓(尊)彝。

0369. 鈴史簋

【時　　代】西周中期前段。

【收　藏　者】某收藏家。

【尺　　度】通高 21.2、口徑 20.7、
　　　　　　兩耳相距 28.8 釐米。

【形制紋飾】侈口束頸,鼓腹,矮圈
　　　　　　足沿外侈,一對獸首
　　　　　　耳,下有方形垂珥,蓋
　　　　　　面隆起,上有圈狀捉
　　　　　　手。蓋沿和器頸均飾
　　　　　　垂冠回首長鳥紋,以雲
　　　　　　雷紋襯底,頸的前後增
　　　　　　飾浮雕獸頭。

【著　　錄】未著錄。

【銘文字數】蓋器同銘,各 8 字。

【銘文釋文】鈴史乍(作)且(祖)丁寶隣(尊)彝。

蓋　　　　　　　　　　器

簋

471

0370. 倗番生簋

【時　　代】西周晚期。

【出土時地】2004-2007 年山西絳縣橫水鎮橫北村西周墓地（M2508.2）。

【收　藏　者】山西省考古研究所。

【著　　録】論衡 101 頁圖 10。

【銘文字數】蓋、器同銘，各 8 字。

【銘文釋文】倗番生乍（作）□媿朕（朕）叚（簋）。

0371. 狱簋（犹簋）

【時　　代】西周早期。

【出土時地】2013年湖北隨州市曾都區淅河鎮蔣寨村葉家山西周墓地（M111.67）。

【收　藏　者】湖北省文物考古研究所。

【形制紋飾】侈口方唇，腹部微鼓，圈足沿下折，形成一道邊圈，其下連鑄方座，一對獸首耳，扁圓形獸角高聳，耳下有長方形垂珥。腹部前後及方座的四壁均飾下卷角獸面紋，圈足上有四道C字形扉棱，飾夔龍紋，垂珥飾鳥爪紋，均不施底紋。

【著　　錄】江漢考古2014年2期54頁拓片一。

【銘文字數】內底鑄銘文9字。

【銘文釋文】狱乍（作）剌（烈）考南公寶隮（尊）彝。

【備　　注】第1字从宂从犬，可釋犹，但同墓的2件曾侯狱簋銘，卻是从立从犬。

0372. 芮伯簋

【時　　代】西周中期前段。

【出土時地】2004-2007 年山西絳縣橫水鎮橫北村西周墓地（M2158.148）。

【收　藏　者】山西省考古研究所。

【著　　錄】論衡 94 頁圖 1。

【銘文字數】蓋、器同銘，各 9 字。

【銘文釋文】内（芮）白（伯）乍（作）佣姬寶朕（朕）段（簋）三（四）。

【備　　注】同墓出土 2 件，形制、紋飾、銘文相同，大小相若，M2158.149 資料未公布。
同出的還有芮伯盤、盉各 1 件。

0373. 叠簋

【時　　代】西周中期前段。

【收 藏 者】某收藏家。

【形制紋飾】子口內斂，鼓腹，一對
獸首耳，下有方形垂
珥，圈足沿外侈，其下
連鑄三條獸面扁足，蓋
面隆起，沿下折，頂部
有圈狀捉手。蓋沿、器
口下飾雲雷紋襯底的
竊曲紋，蓋面、器腹飾
瓦溝紋，圈足飾變形夔
龍紋。

【著　　錄】未著錄。

【銘文字數】蓋、器同銘，各 9 字（其中重文 1）。

【銘文釋文】叠乍（作）寶（寶）毀（簋），孫子＝（子子）寶（寶）用。

【備　　注】器銘照片未提供。

簋

0374. 穀簋

【時　　代】西周中期。

【收 藏 者】某收藏家。

【形制紋飾】橫截面呈橢方形，子
　　　　　　口內斂，下腹部向外
　　　　　　傾垂，矮圈足沿外
　　　　　　撇，口沿下有一對扭
　　　　　　索狀附耳，外罩式
　　　　　　蓋，蓋面略鼓，沿下
　　　　　　折，上有圈狀捉手。
　　　　　　蓋面和器口沿下均
　　　　　　飾三角形變形夔龍
　　　　　　紋，口沿下前後增飾
　　　　　　浮雕獸頭，圈足飾一
　　　　　　道弦紋。

【著　　錄】未著錄。

【銘文字數】蓋、器同銘，各9字。

【銘文釋文】穀乍（作）己白（伯）父丁寶隣（尊）彝。

蓋

器

0375. 加嬭簋（加芈簋）

【時　　代】春秋中期

【收 藏 者】湖北隨州市公安局。

【尺　　度】通高25、口徑19釐米。

【形制紋飾】斂口鼓腹，有子口，腹
兩側有一對龍首耳，下
有垂珥，矮圈足下連鑄
三條獸面小足；覆缽
形蓋，上有圈狀捉手。
蓋沿、圈足和器口下均
飾竊曲紋，蓋面、腹部
均飾瓦溝紋。

【著　　録】未著録。

【銘文字數】蓋、器同銘，各9字（此爲蓋銘）。

【銘文釋文】加嬭（芈）之行殷（簋），其永用之。

【備　　注】同坑出土4件，形制、銘文相同，現存3件；另2件蓋沿、口下、圈足飾重
環紋，捉手內飾團鳥紋，殘破較甚。

0376. 中簋甲

【時　　代】西周早期。

【收 藏 者】某收藏家。

【形制紋飾】侈口尖唇,束頸鼓腹,
一對鹿角獸首耳,下有
長方垂珥,高圈足。頸
部和圈足均飾浮雕狀
夔龍紋,頸的前後增飾
浮雕獸頭,腹部飾直
棱紋。

【著　　錄】未著錄。

【銘文字數】内底鑄銘文 10 字。

【銘文釋文】亞戈我,串(中)乍(作)父乙𡕘陣(尊)彝。

【備　　注】銘文應讀爲"亞戈我,串(中)乍(作)父乙陣(尊)彝,𡕘"。

0377. 中簋乙

【時　　代】西周早期。

【收 藏 者】某收藏家。

【尺　　度】通高 16.5、口徑 13.2、
兩耳相距 30 釐米。

【形制紋飾】侈口尖唇,束頸鼓腹,
一對鹿角獸首耳,下有
長方垂珥,高圈足。頸
部和圈足均飾浮雕狀
夔龍紋,頸的前後增飾
浮雕獸頭,腹部飾直
棱紋。

【著　　錄】未著錄。

【銘文字數】內底鑄銘文 10 字。

【銘文釋文】亞戈我,串(中)乍(作)父乙𡥀隮(尊)彝。

簋

0378. 積簋

【時　　代】西周早期。

【收　藏　者】某收藏家。

【形制紋飾】侈口束頸,窄沿方唇,鼓
　　　　　　腹,一對獸首半環形耳,
　　　　　　下有鈎狀垂珥,高圈足沿
　　　　　　下折,形成一道較寬的邊
　　　　　　圈。頸部飾雲雷紋組成
　　　　　　的列旗脊夔龍紋,前後增
　　　　　　飾浮雕犧首,圈足飾兩道
　　　　　　弦紋。

【著　　　錄】未著錄。

【銘文字數】內底鑄銘文 10 字。

【銘文釋文】積乍(作)乑(厥)且(祖)丁,子廟,寶隋(尊)彝。

【備　　　注】銘文應讀爲"積乍(作)乑(厥)且(祖)丁,寶隋(尊)彝,子廟"。

0379. 厤京父簋

【時　　代】西周早期。

【出土時地】2015 年 4 月見於盛世
收藏網。

【收 藏 者】某收藏家。

【形制紋飾】侈口圓唇，腹部微鼓，
圜底，圈足較直，一對
獸首耳，下有鈎狀垂珥。
頸部飾連珠紋鑲邊的
雲雷紋帶，前後增飾浮
雕獸頭，腹部飾斜方格
乳釘紋，乳釘低矮。

【著　　錄】未著録。

【銘文字數】内底鑄銘文 11 字。

【銘文釋文】厤京父乍（作）寶彝，用言（歆）王出入。